W0363190

SLOW life

Joanna Glogaza

# Slow life

## Zwolnij i zacznij żyć

znak litera nova

KRAKÓW 2016

Copyright © by Joanna Glogaza

Projekt okładki
Paweł Panczakiewicz / PANCZAKIEWICZ.ART DESIGN

Projekt typograficzny
Robert Oleś / d2d.pl

Ilustracje na pierwszej stronie okładki
Copyright © Canicula / Shutterstock
Copyright © bioraven / Shutterstock
Copyright © Katerina Kirilova / Shutterstock

Fotografia na czwartej stronie okładki
Szymon Wójcik

Fotografie w książce
Joanna Glogaza

Modelki
Marcelina Ziętek (s. 6), Laura Lemus (s. 18)

Redakcja
Joanna Bernatowicz

Opieka redakcyjna
Magdalena Suchy-Polańska

Opracowanie tekstu i przygotowanie do druku
d2d.pl

ISBN 978-83-240-3638-7

Książki z dobrej strony: www.znak.com.pl
Więcej o naszych autorach i książkach: www.wydawnictwoznak.pl
Społeczny Instytut Wydawniczy Znak
ul. Kościuszki 37, 30-105 Kraków
Dział sprzedaży: tel. 12 61 99 569, e-mail: czytelnicy@znak.com.pl

Wydanie I, Kraków 2016
Druk: Colonel

# Wstęp

Czy zdarza ci się tęsknić za czymś, co kiedyś lubiłaś robić, i z żalem stwierdzać, że teraz już nigdy nie będziesz miała na to czasu? Albo zastanawiać się podczas przeglądania Facebooka, skąd twoje koleżanki biorą czas na te wszystkie wycieczki, spotkania z przyjaciółmi, popołudnia z kawą i książką?

Nie powiem ci, co dokładnie robią twoi znajomi, ale chętnie ci pokażę, co ty możesz zrobić, żeby zyskać więcej czasu na realizację dawno odkładanych planów, pasji i marzeń. Tak dawno odstawiłaś je na półkę, że nie wiesz nawet, co miałoby to być? A może wydaje ci się, że to, co sprawia ci największą przyjemność, jest niewystarczająco *cool* i nie wpisuje się w najnowsze trendy?

*Slow life* to życie w zgodzie ze sobą, a nie życie na pokaz. Presję i chęć doganiania „tych fajniejszych" zastępuje poznawaniem i akceptacją siebie. Zamiast powierzchownych, niepewnych relacji z osobami, z którymi wypada się trzymać, podsuwa wartościowe znajomości oparte na wzajemnym zrozumieniu. Zamiast zagonienia i wiecznego zawieszenia pomiędzy czasem pracy a czasem wolnym – rzetelną pracę i równie rzetelny odpoczynek.

Brzmi dobrze? Zapraszam cię w takim razie do lektury. Opowiem ci o tym, co wiem i przetestowałam na sobie, swoim doświadczeniem podzieli się też kilku moich fantastycznych gości. To ludzie, którzy robią to, co lubią, nie zastanawiając się, co myślą o tym inni.

Będzie fajnie, zobaczysz!

# *Slow life* to nie moda, to konieczność

W 1965 roku amerykański senat oszacował, że w konsekwencji rozwoju technologicznego i wzrostu produktywności w 2000 roku tydzień pracy będzie wynosił czternaście godzin. Biorąc pod uwagę wolny weekend, okazuje się, że to niecałe trzy godziny dziennie. Pojawiła się obawa, że podstawowym problemem społeczeństwa będzie nadmiar wolnego czasu. A jednak obywatele masowo leniuchujący w parkach i na miejskich skwerach nie stali się głównym zmartwieniem służb miejskich.

Gdzie senatorzy popełnili błąd? Nie uwzględnili zapewne, że nowe technologie nie tylko ułatwią nam pracę, ale i same w sobie zaczną zabierać mnóstwo czasu. Że konsumpcjonizm osiągnie niesłychane rozmiary. Że tak trudno będzie powiedzieć sobie „wystarczy".

*Ubóstwo czasowe*

Wbrew prognozom to nie nadmiar wolnego czasu jest dziś naszą bolączką. Cierpimy na jego niedobór. To tak powszechny problem, że doczekał się specjalnego określenia – ubóstwo czasowe (ang. *time poverty*).

Po części wynika to ze sposobu, w jaki urządzony jest dzisiejszy świat – by utrzymać wzrost gospodarki, musimy konsumować i produkować coraz więcej. Stąd postrzeganie sukcesu głównie w kategoriach finansowych. W jakiejś mierze nasze ubóstwo czasowe jest wynikiem całkiem prywatnego nadmiaru obowiązków, a czasem również nie najlepszej organizacji.

Jeśli zdarza ci się dziwić, skąd ludzie biorą czas na wakacje, masz wrażenie, że choć starasz się, jak możesz, twoja lista zadań nieustannie się wydłuża, czujesz ciągły niepokój, to na pewno wiesz, o czym mowa. W codziennym zabieganiu często nie znajdujemy czasu, by chociaż na chwilę przystanąć i zastanowić się, gdzie i dlaczego tak bardzo się spieszymy.

Żyjemy w czasach niezliczonych możliwości. Możemy studiować niszowe kierunki albo w ogóle nie myśleć o studiach i też świetnie sobie radzić. Do wyboru mamy dziesiątki sposobów odżywiania, z których każdy wydaje się najlepszy i najzdrowszy. Co roku wychodzą ogromne liczby filmów i książek, które walczą o naszą uwagę. Do naszych szaf trafiają dziesiątki ubrań, które później smutnie wiszą, nigdy nienoszone.

To wszystko sprawia, że czujemy się zagubieni. Przedmioty, zamiast cieszyć, stają się dla nas źródłem stresu. Nie mogąc się zdecydować, który film obejrzeć ze stu trzydziestu siedmiu udostępnionych po jednym przyciśnięciu guzika pilota, nie wybieramy żadnego i spędzamy wieczór na przewijaniu Facebooka w trybie „zombie". A później mamy wyrzuty sumienia.

Nasi rodzice i dziadkowie pewnie wiele by dali za tyle życiowych możliwości. A jednak coś nie działa tak, jak powinno, często jesteśmy przytłoczeni, pełni napięcia.

Powoli zaczyna do nas docierać absurd tej sytuacji. Zaczynamy rozumieć, że więcej – przedmiotów, obowiązków, relacji, wyborów – niekoniecznie znaczy lepiej. Że jakość liczy się bardziej niż ilość, a praca to nie całe nasze życie. Bo skupiając się wyłącznie na niej, nie jesteśmy w stanie zająć się tym wszystkim, co czyni nasze życie satysfakcjonującym i pełnym: rozwijaniem zainteresowań, spędzaniem czasu z ważnymi dla nas osobami, działaniami dającymi poczucie wspólnoty czy rozwojem duchowym.

## Jakość życia

Pierwsze było *slow food.* Włosi, od wieków miłośnicy dobrego jedzenia, wina i ogólnie rozumianego *dolce vita*, sprzeciwili się wszechobecnym fast foodom. Zauważyli, że w coraz większym pośpiechu zaczyna umykać nam istota życia, to, co naprawdę ważne: chwile celebrowane z bliskimi, delektowanie się codziennymi przyjemnościami. Później okazało się, że wiele innych rzeczy również da się robić lepiej i pełniej – pojawiły się ruchy promujące podróże, biznes, a nawet dziennikarstwo w stylu *slow*.

U mnie zaczęło się od szafy. Od ośmiu lat prowadzę bloga, który na początku był klasycznym blogiem szafiarskim – pokazywałam na nim, jak się ubieram i co nowego ostatnio sobie kupiłam albo dostałam od marek odzieżowych, bo te szybko wyczuły w prezentowaniu swoich produktów na blogach złoty interes. W pewnym momencie zaczęło mi przeszkadzać to, że chociaż moje szafy są pełne ubrań, często nie mam co na siebie włożyć. Że moje ubrania nie pasują do siebie, a ja nie czuję się w nich naprawdę dobrze. Sporej części zresztą w ogóle nie nosiłam – były jak odzieżowe eksponaty. Nie zdawałam sobie sprawy, ile mam nienoszonych ubrań, dopóki nie zaczęłam się pakować podczas przeprowadzki. Przy trzecim kartonie powiedziałam sobie „wystarczy" i zaczęłam szukać rozwiązania.

*Minimalizm*

W ten sposób trafiłam na blogi minimalistów – osób, które nie dają się wciągnąć w machinę konsumpcjonizmu, wiedząc, że nadmiar na pewno nie przyniesie im szczęścia, za to dobrowolny umiar – jak najbardziej. Było to dobrych kilka lat temu, o minimalizmie nie mówiło się jeszcze tak często jak teraz, potraktowałam to więc jako ekscytujące i świeże doświadczenie. Zaczęłam stopniowo porządkować swoją garderobę i w bólach pozbywać się nadmiaru ubrań. Kiedy później stanęłam przed niewielką szafą, zaopatrzoną wyłącznie w ubrania dobrej jakości, które naprawdę lubię i w których czuję się fantastycznie, pomyślałam, że można było przeprowadzić ten proces w znacznie prostszy sposób i uniknąć wielu błędów. Postanowiłam więc napisać książkę o organizowaniu dobrze funkcjonującej garderoby, która nie wciska nas w żadne schematy i w stu procentach oddaje nasz styl. *Slow fashion. Modowa rewolucja* stała się bestsellerem, co nie tylko przeszło moje najśmielsze oczekiwania, ale też pokazało, jak powszechnymi problemami są nadmiar, złe nawyki zakupowe i brak planowania.

W międzyczasie odkryłam też, że porządek w szafie pociąga za sobą porządek w głowie. Zachęcona ogromną zmianą jakości życia, jaką dało mi samo doprowadzenie do porządku swojej garderoby, krok po kroku zaczęłam upraszczać i usprawniać inne elementy codzienności. Zastanawiałam się, co zrobić, by moje życie było pełniejsze, by było w nim miejsce na to, co dla mnie naprawdę ważne, by lepiej się czuć i przyjemniej spędzać czas, częściej podskakiwać z podekscytowania i rozpływać się z zachwytu.

*Czym jest slow life?*

I właśnie o tym koncepcie zwanym *slow life* (konia z rzędem temu, kto wymyśli sensowny polski odpowiednik) chcę w tej książce opowiedzieć. Czym jest? Czerpie z założeń minimalizmu, ale nie każdy wyznawca *slow life* to minimalista. To nie jest nowy pomysł na życie, jednak w związku z narastającą potrzebą zmiany na nowo zyskuje popularność. Wiele w nim wpływów starożytnych filozofii, stoicyzmu i epikureizmu, dzieli też podstawowe wartości z największymi religiami świata. Zakłada, że prowadzenie harmonijnego, szczęśliwego życia w zgodzie ze sobą ma zbawienny wpływ nie tylko na nas, ale i na nasze otoczenie.

To styl życia, w którym stawiamy na jakość, nie na ilość. Wolimy zjeść niewielki kawałek doskonałego ciasta z prawdziwej czekolady niż pół blachy brązowej gąbki bez smaku. Raz w tygodniu spotkać się z przyjaciółmi na obiedzie czy spędzić wieczór z relaksującymi grami albo tańcami, niż codziennie wspólnie nudzić się, plotkować i narzekać w towarzystwie ludzi, z którymi tak naprawdę niewiele nas łączy. Wybrać się do kina na dobry film, przeczytać fascynującą książkę, zamiast bezmyślnie przeskakiwać między kanałami w telewizji czy stronami internetowymi. Porzucić konwenanse na rzecz własnych rytuałów i tradycji. Zamiast rzeczami, które „powinniśmy" robić, zająć się sprawami, za którymi tęsknimy.

## Kiedy żyjemy pełnią życia?

- Kiedy zamiast narzekać na nudną pracę, szukamy sposobów, by uczynić ją ciekawszą, a w wolnym czasie z wypiekami na twarzy uczymy się nowych rzeczy. Jeśli dojdziemy do wniosku, że czas na zmianę, możemy się zająć czymś innym.
- Kiedy uczciwie pracujemy nad tym, co dla nas ważne, by później równie uczciwie odpoczywać, tak jak najbardziej lubimy, bez wyrzutów sumienia.
- Kiedy jesteśmy ciekawi świata i chcemy rzeczywiście poznawać ludzi wokół nas – łącznie z tymi, których pozornie już dobrze znamy.
- Kiedy budujemy wartościowe relacje z otoczeniem.
- Kiedy akceptujemy siebie takimi, jacy jesteśmy, ze wszystkimi odstępstwami od „normy", co paradoksalnie pozwala nam wciąż przesuwać granice swojego rozwoju, podejmować odważne decyzje powodowane ciekawością, a nie strachem.
- Kiedy zamiast dać wtłoczyć się innym w utarty schemat, podążamy własną ścieżką – choćby nawet była bardzo niepopularna.
- Kiedy nie rozpamiętujemy, czego nam jeszcze brakuje, ale doceniamy to, co mamy, i wykorzystujemy to w stu procentach.
- Kiedy kochamy całym sercem, angażujemy się w pełni i jesteśmy szczerzy sami ze sobą.

- Kiedy traktujemy samych siebie jak swoich najlepszych przyjaciół – z miłością i wsparciem zamiast ze szkodliwym krytykanctwem.
- Kiedy dbamy o siebie, żeby poczuć się lepiej, nie po to, by sprostać nierealnym, szkodliwym wymaganiom stawianym przez media i reklamy.
- Kiedy zamiast martwić się o przyszłość, staramy się dać z siebie sto procent w teraźniejszości – bo to jedyne, na co mamy wpływ.
- Kiedy zamiast wiecznie odkładać życie na później, dbamy o swoją codzienność, celebrujemy ją tu i teraz.
- Kiedy mamy czas na pogłaskanie kota, popołudniową wycieczkę rowerową w poszukiwaniu pierwszych śladów wiosny i napisanie wierszyków na prezentach świątecznych.

Brzmi jak *Pollyanna* sto lat później? Nie bój się. Mocno stąpam po ziemi, a teoretyczne rozważania i skrzydlate myśli na pograniczu banału zupełnie mnie nie interesują. Ba, zwykle sprawiają, że przewracam oczami – w duchu lub dosłownie.

## Polubić codzienność

Nie wiodę perfekcyjnego życia i nie mam zamiaru cię do tego namawiać. Perfekcja wcale nie jest dla nas dobra, a na dodatek jest potwornie nudna! Nie zamierzam też udawać, że znam odpowiedzi na wszystkie pytania.

Ale przynajmniej zadaję pytania, a w pośpiechu i zabieganiu często zapominamy nawet o tym. Albo jeszcze gorzej: rzucamy się w wir obowiązków, by uniknąć konieczności pochylenia się nad niewygodnymi, ale newralgicznymi sprawami.

Moim ulubionym przedmiotem na studiach była socjologia codzienności. Bardziej niż wydumane teorie albo prehistoria interesowało mnie to, co przyziemne i prawdziwe, oraz zgłębianie czynników wpływających na nasze codzienne decyzje i nawyki.

Przypomniałam sobie o tym, kiedy zastanawiałam się, jak napisać tę książkę. Wiedziałam, że chcę przekazać wszystko, czego nauczyłam się o życiu we własnym tempie, i zebrać wszystkie te rzeczy, które chciałabym wiedzieć, wchodząc w dorosłość. Wychodzimy ze szkoły z wiedzą na temat przyrostu naturalnego w Papui-Nowej Gwinei, ale nikt nam nie mówi, jak sobie radzić z wyzwaniami codzienności.

Jak to zrobić, nie popadając w patos i pustosłowie? Miałam z tym naprawdę poważny problem. W końcu po wielu stresujących wieczorach nad pustą kartką (no dobra, przed pustym plikiem tekstowym) i wielu rozmowach z osobami, które cenię, doszłam do wniosku, że jest tylko jeden sposób, by zrobić to w zgodzie ze sobą, tak żebym nie wywracała oczami, czytając swoje słowa po kilku latach. Jak najprościej.

Wszystko, co przeczytasz, jest szczere i bezpośrednie. Nie cierpię czczej gadaniny, skomplikowanych słów stosowanych tam, gdzie sprawdziłyby się dużo prostsze, i mydlących oczu konstrukcji językowych, które brzmią mądrze, ale kompletnie nic nie znaczą.

Postaram się więc unikać póz i masek i najzwyczajniej w świecie przekazać ci to, co mam w głowie i w sercu. Nie wszystko jest proste, ale większość rzeczy okazuje się mniej skomplikowana, niż się wydaje.

To książka, którą moja młodsza wersja chciałaby przeczytać. Mam nadzieję, że ci się spodoba. Jeśli zainspiruje choć jedną osobę, zachęci do zmiany jakiegoś drobnego wycinka życia na lepsze albo po prostu poprawi humor czy podniesie na duchu, będę wiedziała, że było warto. Wystarczy, że choć jedna osoba zdecyduje się zatrzymać i zastanowić, dokąd niosą ją sprawy, którymi zajmuje się na co dzień.

Dołączam też zestaw praktycznych ćwiczeń i listy zadań – cieszyłabym się, gdybyś zdecydowała się je wykonać. Przede wszystkim dla siebie. Pamiętasz te wszystkie książki, które przeczytałaś podekscytowana, planując, że od tej pory twój jadłospis/szafa/randki/finanse/cokolwiek innego będą wyglądać zupełnie, ale to zupełnie inaczej, i… nic się nie wydarzyło? To dlatego, że możemy przeczytać wszystkie mądrości świata, ale dopóki nie zaczniemy wprowadzać ich w życie, nie będą miały praktycznego przełożenia na naszą codzienność. Wypełnienie wszystkich zaleceń z całej książki naraz wydaje się przytłaczające. Kiedy nie wiemy, od czego zacząć, często się zniechęcamy i nie robimy nic. Dużo łatwiej wykonywać małe kroki według sensownie ułożonego planu – i tak właśnie starałam się rozpisać moje ćwiczenia.

Ta książka pozwoli ci wprowadzić w swojej codzienności małe zmiany. Sprawią one, że poczujesz się lepiej, a być może nawet po pewnym czasie ze zdziwieniem zaobserwujesz, że twoje życie toczy się w kierunku, w którym zawsze chciałaś je popchnąć, ale wciąż coś stało na przeszkodzie. Zmusi też do zastanowienia się nad tym, co robisz i po co to robisz. Pomoże polubić twoją codzienność albo przeprojektować ją tak, żeby lepiej do ciebie pasowała.

Czym nie jest ta książka? Na pewno nie jest poradnikiem psychologicznym – to znacznie przekracza moje kompetencje. Jeśli masz problem z samooceną, z destrukcyjnym środowiskiem, z brakiem chęci do życia lub inne poważne problemy – nie zwlekaj, tylko wybierz się do psychologa lub psychiatry. To najlepsza rzecz, jaką możesz dla siebie zrobić.

Trzymam za ciebie mocno kciuki i wierzę, że dasz radę. Uważam, że każdy z nas, wprowadzając choćby najdrobniejsze zmiany, może widocznie poprawić jakość swojego życia i najzwyczajniej w świecie mieć z niego więcej przyjemności. A jeśli coś w życiu jest warte zachodu, to właśnie to.

## Nie odkładaj życia na potem

Kiedy spojrzy się na nasze zabieganie z dystansu, absurd tej sytuacji jest widoczny od razu. Gdyby zapytać kogoś, czy wolałby poświęcić godzinę dziennie na przygotowanie posiłków, czy żywić się niezdrowym fast foodem, ryzykując swoje zdrowie i dobre samopoczucie, a w rezultacie stracić tego czasu znacznie więcej, odpowiedź byłaby oczywista.

Problem w tym, że w codziennym zabieganiu tracimy umiejętność długofalowego myślenia. Wydaje nam się, że wszystko, co niekorzystne, robimy tylko tymczasowo, ale kiedyś zaczniemy żyć naprawdę. Nie dostrzegamy, że to właśnie te najzwyklejsze wtorki i czwartki w końcu składają się na sposób, w jaki przeżywamy swoje życie.

Nie odkładaj życia na potem. Nie obudzisz się pewnego dnia z magicznie zwiększoną ilością wolnego czasu, umiejętnością odpoczywania bez poczucia winy i wiedzą, co chcesz w życiu robić. Jeśli chcesz żyć pełniej, zacznij stawiać pierwsze kroki w tym kierunku, choćby bardzo drobne. Chętnie podpowiem ci, jak zacząć – o tym właśnie będzie ta książka.

Kilka lat temu zajmowałam się prognozowaniem trendów w londyńskiej agencji, czyli próbą przewidywania, co w ciągu najbliższych kilku lat konsumenci będą chcieli kupować, jak będą spędzać wolny czas, gdzie jeździć na wakacje. Nauczyłam się tam, że tendencje zwykle układają się sinusoidalnie. Po minispódniczkach przychodzą długie, po modnej diecie opartej na tłustym mięsie nastaje faza *raw food*, po maratonach – towarzyskie gry zespołowe. Podobną prawidłowość można zaobserwować w odniesieniu do znacznie poważniejszych zmian.

Propaganda sukcesu rodem z lat dziewięćdziesiątych już do nas nie przemawia. Jesteśmy zmęczeni niekończącą się pracą, której pozytywnych skutków nie możemy bezpośrednio zaobserwować. Męczy nas mierzenie sukcesu wyłącznie skalą materialną i ilością nagromadzonych dóbr. Coraz więcej osób odkrywa, że to po prostu nie działa.

Czujemy się zagubieni w świecie, w którym tysiące komunikatów i powiadomień każdego dnia rozprasza naszą uwagę, a niezakłócona rozmowa z drugim człowiekiem staje się prawdziwym luksusem. Tęsknimy za poczuciem wspólnoty, stąd aktywizacja lokalnych społeczności. Jak grzyby po deszczu wyrastają międzypokoleniowe klubokawiarnie, sąsiedzkie ogródki, organizuje się osiedlowe rozgrywki w przeróżnych dyscyplinach.

Chcemy zobaczyć namacalne rezultaty swojej pracy, zająć się czymś, co naprawdę ma dla nas znaczenie. Przypomnieć sobie, że celem pracy jest przede wszystkim służenie drugiemu człowiekowi, a nie oderwane od rzeczywistości przekładanie papierków z jednego biurka na drugie w atmosferze rywalizacji.

Coraz większą popularnością cieszy się ekonomia współdzielona – dzielimy wakacyjne mieszkania, przejazdy, a nawet obiady. Ruchy promujące dobrowolną rezygnację z nadmiaru, łącznie z dość radykalnym minimalizmem, zyskują na popularności. Oczywiście minimalizm nigdy nie będzie dla wszystkich, ale jest punktem odniesienia, który może pozwolić nam odnaleźć równowagę i zyskać właściwą perspektywę.

To wszystko można po prostu nazwać zdrowym rozsądkiem. Po niezdrowym zachwycie dobrami materialnymi wracamy do tego, co w życiu najważniejsze, o czym od setek lat wiedzieli przywódcy religijni, filozofowie i poeci.

Co z gospodarką? Ostatni kryzys pokazał, że życie ponad stan ma swoje granice i prędzej czy później będziemy musieli znaleźć nowy, bardziej zrównoważony model, w obecnym systemie gospodarczym lub poza nim. Bo życie to dużo więcej niż kupowanie i zarabianie, by móc kupować jeszcze więcej.

Na szczęście życie we własnym tempie nie wymaga ani cudów, ani idealnych warunków, ani nawet szczególnych cech charakteru. Wymaga chęci do zmian, odrobiny praktyki i konsekwencji. Najczęściej jedna zmiana pociąga drugą, a cały proces, choć niekiedy wymaga pokonywania własnego oporu, jest szalenie satysfakcjonujący. W codziennym zabieganiu trudno nam jednak samodzielnie zmotywować się do zmian. Dlatego moja książka z jednej strony pełni funkcję elementarza, a z drugiej – ma zachęcić do dalszego zgłębiania najbardziej interesujących cię kwestii. Nie zapomnij zajrzeć do *Biblioteczki* zamieszczonej na samym końcu!

# Dowiedz się, co tak naprawdę lubisz robić

*Slow life* to nie tylko życie we własnym tempie, to przede wszystkim życie w zgodzie ze sobą. Zwalniamy, by zająć się tym, co dla nas ważne. Musimy więc najpierw dowiedzieć się, czego tak naprawdę chcemy – albo chociaż czego kategorycznie nie chcemy. „Szczęścia, zdrowia i miłości" to zbyt ogólna odpowiedź, oznacza wszystko i nic. To tak ogólne kategorie, że trudno nam opisać konkretne cele i kroki, które do nich prowadzą. Pozwalając innym decydować za siebie, będziemy bezwolnie dryfować, lądować niekoniecznie w tym miejscu, w którym byśmy chcieli.

Priorytety muszą być precyzyjne. Najlepiej ograniczyć się do kilku wartości, które są dla nas w danym momencie najważniejsze. To nie jest decyzja na całe życie. To po prostu deklaracja, co dla nas ważne teraz, na danym etapie, jakie problemy chcemy rozwiązać, gdzie szukać, czemu poświęcić czas. Nie da się zrobić wszystkiego naraz. Biegnąc w wielu kierunkach jednocześnie, nie dotrzemy zbyt daleko. A kiedy uda się nam ustalić, co jest dla nas ważne, z łatwością zawęzimy pole poszukiwań w obrębie konkretnych zajęć.

## Jak nie dać się oczekiwaniom innych?

Kluczem jest skupienie się na obszarach, które są najważniejsze dla nas – nie dla rodziny, znajomych czy szefa w pracy. To trudne, ale życie mamy tylko jedno i warto je przeżyć po swojemu – być reżyserem własnego filmu, zamiast biernie odczytywać tekst przypisany do roli. Nawet jeśli to, co robimy, wydaje się innym dziwne. Nawet jeśli nasi rodzice woleliby, żebyśmy studiowali prawo albo medycynę zamiast weterynarii. Nawet jeśli nasze ukochane zajęcia nie są szczególnie prestiżowe.

Bo czym tak właściwie jest prestiż? To uznanie, którym darzą nas inne osoby, często zupełnie nam nieznane, biorąc pod uwagę między innymi sukces finansowy i społeczne poważanie dla naszego zajęcia. Czy powinno cię obchodzić, co sądzą na twój temat zupełnie obcy ludzie? Oczywiście, że nie. Czy mądre zarządzanie finansami musi mieć jakieś widoczne dla postronnych przejawy typu drogi samochód? Też nie! Znam wielu bardzo dobrze sytuowanych ludzi, którzy żyją skromnie. Według badania CBOS-u dziennikarz cieszy się w Polsce niemal o połowę mniejszym szacunkiem niż strażak lub profesor uniwersytecki. Nie oznacza to jednak, że jego praca jest mniej ważna lub że nie może przynosić spełnienia i satysfakcji. Kierowanie się prestiżem jest niebezpieczne, bo zaburza nasze sądy. Często sprawia, że robimy nie to, co lubimy, lecz to, co – według naszych wyobrażeń – powinniśmy lubić. Przehandlowanie autentyczności w zamian za uznanie otoczenia nigdy nie jest dobrym interesem.

Dużo trudniejsze jest działanie w zgodzie ze sobą na przekór osobom, które są nam dużo bliższe niż nieokreślone grono nieznajomych. Dlatego warto otaczać się ludźmi, którzy będą nas wspierać w naszych wyborach i w poszukiwaniu spełnienia – niezależnie od tego, jak nietypowa czy mało spektakularna będzie nasza droga. Nie możemy wybrać naszej rodziny, ale całą resztę otoczenia już tak. Dobrze wysłuchać rad ważnych dla nas osób, ale trzeba też pamiętać, że ostatecznie nikt nie wie lepiej, co daje nam radość i spełnienie, niż my sami. Że nie ma jednego słusznego sposobu na życie. I że opinie innych osób są tylko opiniami – czasami wypowiadanymi z zazdrości, czasem wynikającymi ze specyficznej mentalności, czasem ze strachu, czasem tylko z tego, że ktoś akurat ma zły dzień. To my decydujemy, czy weźmiemy je do siebie. Przejmujemy się wieloma rzeczami, które na to zupełnie nie zasługują, a cierpią na tym sprawy istotne. Jeśli odkryjesz, co jest dla ciebie naprawdę ważne, będzie ci łatwiej nie przejmować się całą resztą.

*Celebracja indywidualności*

*Slow life* to celebracja indywidualności. To zachęta do zatrzymania się, spojrzenia w głąb siebie i odkrycia, co leży w naszej naturze, co chcemy dać światu, jak chcielibyśmy zostać zapamiętani. Nigdy nie jest na to za późno, ale wbrew pozorom, nigdy nie jest też za wcześnie, by rozpocząć poszukiwania. To, w jakim stopniu podążamy za głosem swojego serca, decyduje, w jakim stopniu spełnione i satysfakcjonujące jest nasze życie.

Jeśli miałabyś zapamiętać tylko jedną rzecz z tej książki, to chciałabym, żeby była to duma z własnej wyjątkowości. Nikt inny nie dysponuje taką mieszanką talentów, doświadczeń i zainteresowań, nikt inny nie może wnieść tego, co ty. Pielęgnuj to, co masz do powiedzenia i zdziałania. To naprawdę ważne sprawy, niezależnie od tego, co sądzą twój wewnętrzny krytyk i wiecznie niezadowolona sąsiadka z czwartego piętra.

Słowo „powołanie" wydaje się wyświechtane i zazwyczaj używa się go w odniesieniu do kleryków. A przecież powołaniem może być pomaganie kobietom w zorganizowaniu sobie codzienności, tak by było w niej miejsce i na spełnienie, i na odpoczynek, i uważne chwile z bliskimi – jak u Oli Budzyńskiej, którą poznasz w drugiej części książki. Albo popularyzowanie wiedzy o prawidłowym obchodzeniu się z psami, nad czym pracuje coraz większe grono psich blogerów, udowadnianie, że wegańskie wypieki mogą być równie smaczne, jak tradycyjne, lub zapewnianie ludziom fascynującej rozrywki, czym zajmują się autorzy gier planszowych, miejskich i wszystkich innych.

Powinniśmy przywrócić słowo „powołanie" do codziennego słownika. I dla równowagi używać słów „powinnam" i „nie wypada" z dużo mniejszą częstotliwością.

Wiem, że to trudne. W sytuacji, gdy wiele osób traktuje pracę jako zło konieczne, a robienie tego, co się lubi, uważa za nieistotną mrzonkę, uparte poszukiwanie swojego powołania nie jest łatwe. Większość ludzi próbuje się dopasować do schematu, nie wychylać bez potrzeby, grać według zasad „prawdziwego życia" (tak jakby jakieś było mniej prawdziwe!). Starają się zaliczać na wyścigi kolejne etapy potrzebne do zdobycia uznania.

Obsesyjne zastanawianie się, co o naszych wyborach pomyślą inni, to droga donikąd. Przede wszystkim dlatego, że ci „inni" zwykle nie myślą o nas tak dużo, jak nam się wydaje. Jesteśmy ważni i powinniśmy się cieszyć swoją wyjątkowością, ale nie jesteśmy pępkiem świata. Inni ludzie mają swoje zajęcia i problemy, nie analizują wnikliwie naszych zachowań. Poza tym kiedy naszym głównym motorem do działania jest „Co ludzie powiedzą?", przestajemy słuchać samych siebie, stajemy się zupełnie niewrażliwi na własne przeczucia i pragnienia.

W moim przypadku decydującą rolę odegrało blogowanie. Dzięki niemu skutecznie oduczyłam się działania w taki sposób, by zadowolić innych. Przekonałam się, że choćbym poświęciła mnóstwo czasu na napisanie tekstu, zawsze znajdzie się ktoś, komu się on nie spodoba. Ze zdziwieniem odkryłam, że ktoś czytający artykuł, w którym opowiadam o tym, jak kupować ubrania, żeby nie żałować i nie tracić pieniędzy, potrafi się przyczepić do tego, jak trzymam kubek na zdjęciu. I zrozumiałam, że jeśli ktoś ma ze mną problem – to nie jest to mój problem. Nigdy nie zadowolimy wszystkich. Równie dobrze możemy przestać próbować i zacząć żyć po swojemu.

Przez kilka ostatnich lat poczucie większego celu i przydatności dawało mi zgłębianie tajników *slow fashion*, systematyzowanie wiedzy i dzielenie się nią z innymi. Mnóstwo ludzi ma kłopoty z własną szafą, ubrania nie służą im tak, jak powinny. Buty szybko się niszczą, swetry elektryzują się, zamiast grzać, w letnich sukienkach można się usmażyć, a w zimowych kurtkach zmarznąć na kość. Góry nie pasują do dołów, buty do sukienek, a torebki do płaszczy. Dobra organizacja i zastosowanie podstawowej wiedzy o materiałach pozwala się pozbyć kłopotów z własną szafą i wyraźnie podnosi komfort życia. Jeśli kupujemy mniej, ale lepiej, przyczyniamy się też do pozytywnej zmiany w kwestiach ekologicznych i etycznych.

*Slow fashion* wymaga bardzo praktycznego, wręcz przyziemnego podejścia – testowania skarpetek, analizowania składu dżinsów, poszukiwania najbardziej sprężystego puchu w kurtkach. Zastanawiania się, w jakiej kolejności najlepiej sprzątać szafę i jakie gadżety do pielęgnacji odzieży sprawdzają się najlepiej.

Wiele razy zdarzało mi się słyszeć: „To tylko ubrania. Po co poświęcać im tyle uwagi?" (po to, żeby później nie musieć sobie zawracać głowy problemami z własną szafą i żebyśmy za kilkadziesiąt lat nadal mieli planetę zdatną do mieszkania) albo: „Wzięłabyś się za coś ambitniejszego, zamiast zajmować się ciuchami jak te puste lale" (brak mi komentarza). Niby nie wątpię w słuszność idei kupowania z głową, ale czasem, kiedy wydaje mi się, że zalew kiepskich, tanich ubrań jest nie do powstrzymania, otwieram któregoś z maili od czytelniczek nawróconych na *slow fashion* i od razu wraca mi energia do działania. Nie jesteśmy w stanie zbawić całego świata. Ja staram się, by był odrobinę lepszy choćby w kwestii skarpetek i szalików, i zupełnie nie przeszkadza mi, że moja praca niekiedy przypomina czasopismo dla gospodyń rodem z lat pięćdziesiątych, w wersji 2.0. Ba, naprawdę lubię tę przyziemność i konkretny efekt!

Po czym poznać, że na pewno pracujemy na rzecz spełnienia własnego, a nie cudzego marzenia? Droga do celu, mimo że czasem wyboista, sprawia nam przyjemność – i o to naprawdę warto zawalczyć. Czy chcemy wieść życie, w którym przez większość czasu zaciskamy zęby, czekając na weekend lub wakacje? Myślę, że odpowiedź jest oczywista. Łatwo jednak pomylić uznanie dla celu z zamiłowaniem do kolejnych etapów drogi. Być może marzy ci się zostanie sławną piosenkarką. Tłumy na koncertach, listy od fanów, współpraca ze znanymi artystami – brzmi wspaniale, wszystkie sąsiadki będą zazdrościć twojej babci takiej wnuczki. Jeśli jednak brak ci gotowości do żmudnych ćwiczeń, powtarzanych w nieskończoność nagrań i męczących podróży, to nie jest marzenie dla ciebie.

## Dlaczego warto robić to, co się lubi?

„Wybierz pracę, którą kochasz, a nie przepracujesz ani jednego dnia w swoim życiu" – to złota myśl nie do końca znanego autorstwa, od kilku lat nieprzerwanie krążąca w internecie. Przywołuję ją tutaj, żeby się z nią nie zgodzić. Każda praca, nawet najbardziej przez nas uwielbiana, ma elementy mniej ekscytujące i nie da się ich wszystkich zlecić komuś innemu. Każda z nas ma gorsze dni, chwile niepewności i zwątpienia, momenty, kiedy kompletnie nic nam się nie chce – nawet wykonywać „pracy marzeń".

Niezależnie od tego, czy swoje pasje połączymy z życiem zawodowym, czy będziemy je realizować w wolnym czasie, warto je mieć. Są składnikiem ciekawego, satysfakcjonującego życia. Pozwalają nam doszukać się głębszego sensu, poczuć, że jesteśmy w czymś lepsi niż w innych dziedzinach, radzimy sobie na tym polu lepiej niż inni, a to prawdziwy zastrzyk witaminowy dla naszej samooceny.

Samoświadomość to podstawa autentycznego życia. Pasje pozwalają nam lepiej poznać siebie, dowiedzieć się, co jest dla nas naprawdę ważne, czego chcemy od życia i co możemy dać. Im więcej dowiemy się o sobie, o tym, jakie wartości przyświecają naszemu działaniu, co sprawia, że podskakujemy z ekscytacji, i co nas motywuje, tym lepiej będziemy się czuć, tym skuteczniej działać i tym więcej mieć do zaoferowania innym.

*Samoświadomość*

Robiąc to, co lubimy (jak zobaczysz później, najczęściej jest to po prostu to, co idzie nam wyjątkowo dobrze), i wkładając w to systematyczny, przemyślany wysiłek, możemy zmieniać świat – swój i innych. Nieważne, czy efektem będzie czyjś możliwie komfortowy poród, czy idealnie zrobiony makijaż, który sprawi, że ktoś poczuje się jak gwiazda filmowa, czy cokolwiek innego. Jeśli tylko uda nam się komuś pomóc, zmienić czyjeś życie na lepsze choć w minimalnym stopniu – wzruszając, inspirując, bawiąc, ucząc czy lecząc – zyskamy poczucie wielkiej satysfakcji i uczestnictwa we wspólnej, większej sprawie. Paradoksalnie właśnie robiąc to, co naprawdę kochamy, czemu jesteśmy w stanie wiele poświęcić, wychodzimy z własnej bańki i dostrzegamy „większy obrazek". Wtedy też naprawdę łączymy się z drugim człowiekiem. Jestem przekonana, że każdy z nas ma w sobie przynajmniej jeden unikatowy talent i że świat potrzebuje tych talentów – twojego też.

Nie wierz ludziom, którzy mówią, że chęć robienia czegoś, co sprawia ci ogromną frajdę, świadczy o egoistycznym nastawieniu czy niedojrzałości. Jest odwrotnie. Kiedy wkładasz całe serce w coś, w co głęboko wierzysz, wnosisz w swoje otoczenie wartości, które nigdy nie byłyby w twoim zasięgu, gdybyś robiła coś, co jest ci obojętne. Warto tak żyć.

To nie jest proste. Wymaga otwartości, szczerości, wystawia nas na pierwszą linię ognia. O wiele wygodniej robić coś, na czym nam nie zależy, ze sporą dawką zblazowania, a porażki tłumaczyć działaniem na pół gwizdka – jakby to była jakakolwiek okoliczność łagodząca. Robienie czegoś na sto procent, prosto z serca, z zaangażowaniem, wymaga odwagi. Porażki bolą dotkliwiej, ale za to nagrody są bezcenne.

W czasach studenckich wybraliśmy się kiedyś ze znajomymi z uczelni na karaoke, żeby uczcić czyjeś urodziny. Nikt nie chciał wystąpić pierwszy. W końcu udało się kogoś wypchnąć, a może wytypowaliśmy biedaka metodą losowania. Kolega, na którego padło, najpierw zamiast śpiewać, powtarzał, że to bez sensu, po czym udawał, że nie radzi sobie z czytaniem tekstu, i recytował tylko ostatnie słowa z każdej linijki. Potem występowałam ja. Celowo mijałam się z tonacją i wykonywałam dramatyczne gesty, żeby wszyscy wiedzieli, że nie robię tego na serio. Aż w końcu na scenę wyszła koleżanka, która stanęła wyprostowana, poprosiła o swoją ulubioną piosenkę i zaśpiewała ją głośno, wyraźnie, z radością i zaangażowaniem. Wszyscy słuchaliśmy z rozdziawionymi ustami. Nie dlatego że śpiewała wybitnie (chociaż radziła sobie bardzo dobrze), ale dlatego że ujęła nas prostota i szczerość występu. Jego siła leżała w tym, że dziewczyna nie próbowała udawać, że jej nie zależy.

Miałam podobne momenty zwątpienia podczas pisania tej książki. Kiedy tylko przyznałam się przed sobą: „Tak, to jest to, co naprawdę chcę robić", jak na komendę pojawił się szereg wątpliwości. A co, jeśli książka, która jest dla mnie tak ważna, w którą włożyłam duszę, po prostu się nie spodoba? Co, jeśli nie jestem wystarczająco dobra? Może z ubraniami mi się udało, ale mówić innym ludziom, jak mają spędzać swój czas? A co, jeśli nie wnoszę nic nowego? Może lepiej nie wygłupiać się z tym zamiłowaniem do pisania, jest przecież tylu wspaniałych autorów.

Zauważyłam, że obawy pojawiają się tym częściej, im dłuższe przerwy robię w pisaniu – jak gdyby były pretekstem, by trwać w tym stanie. Kiedy rzetelnie pracowałam, realizując krok po kroku plan, który sobie rozpisałam, mój wewnętrzny krytyk się uspokajał.

Praca nigdy nie sprawiała mi większej przyjemności niż wówczas. Mimo że pisanie wymagało wielu dni dość powtarzalnych czynności, przez większość czasu czułam się jak wtedy, gdy byłam dzieckiem i brałam udział w podchodach (szalałam za podchodami, nadal zresztą lubię wszelkiego rodzaju gry miejskie). Uwielbiam moment, kiedy chaotyczne przemyślenia układają się w mniej lub bardziej spójną całość. Czasem zdarzały się trudniejsze chwile, czasem po prostu mi się nie chciało, czasem niecierpliwiłam się, że słowa na papierze nie nadążają za dziesiątkami myśli. Podobno przyjemność z pisania to ewidentny sygnał grafomanii, ale ja wierzę, że ekscytacja tym, co robimy, to informacja zwrotna, że jesteśmy na dobrej drodze. Nie kupuję patrzenia na świat w taki sposób, jakby wartościowe było tylko to, co powstało w bólach, cierpieniu, podlane solidnym koktajlem używek i przekleństw. W obu przypadkach trudno obyć się bez wysiłku, a różnica to często kwestia nastawienia.

Dotarło też do mnie, że panika związana z odbiorem dzieła pokazuje, jak bardzo zależy mi na opinii bliżej niezidentyfikowanych innych. Do tego stopnia, że pod koniec prac nad książką śniło mi się, że mój brudnopis wyciekł i na Lubimy Czytać zaczynają się pojawiać druzgocące recenzje. Oczywiście chcę, jak każdy, poczuć, że moja praca jest doceniana. Chciałabym, żeby moja książka podnosiła na duchu i inspirowała do działania. Nie mam jednak nad tym kontroli i jedyne, co mogę zrobić, to zamiast zamartwiać się, biegać w kółko i machać rękami niczym postać z kreskówki, po prostu usiąść i przyłożyć się do tego, co robię, najlepiej jak potrafię.

Działając z pasją, mamy więcej satysfakcji, radości, energii do działania. Nie tylko spełniamy się w czymś, co daje nam szanse na urzeczywistnienie swojego potencjału i przysłużenie się światu w największym stopniu, ale też zarażamy innych. Nic tak nie motywuje do odkrywania i realizowania swojej prawdziwej pasji jak obserwowanie osoby, która nią żyje. Żyjąc z pasją, sprawiamy więc, że świat staje się odrobinę lepszym miejscem.

No i przede wszystkim: dlaczego mielibyśmy robić rzeczy, których nie lubimy, albo takie, które są nam obojętne, i pozwolić życiu przeciekać nam przez palce, skoro możemy robić to, co lubimy, i przy okazji dobrze się bawić? Pytania w stylu trzylatka to czasem najlepsze pytania, jakie możemy sobie zadać.

## Jak znaleźć to, co lubisz robić?

No dobrze, brzmi ekstra, ale jak stwierdzić, co jest naszą pasją?

*Pasja*

Przede wszystkim zdjęłabym nacisk ze słowa „pasja". To nic innego, jak czynność, którą lubimy i która daje nam poczucie spełnienia – a przynajmniej tak przyjmijmy na potrzeby tej książki. Zresztą również w słownikach definiuje się to pojęcie po prostu jako „zamiłowanie do czegoś", bez precyzowania, czy musi spalać od środka albo trwać do grobowej deski.

Często zadawane pytanie, jak odnaleźć swoją pasję, sugeruje, że jest nam przeznaczona jakaś jedna dziedzina, która porwie naszą duszę i serce, i jeśli tylko uzbroimy się w cierpliwość, w końcu na nią trafimy i będziemy urządzeni do końca życia. I że nie ma niczego innego, co byłoby godne naszej uwagi.

Tymczasem bywa, że „to coś" leży na styku różnych dyscyplin i docieramy tam drogą długich poszukiwań, eliminacji i korekcji kursu.

Czasem okazuje się, że istnieje kilka rzeczy, które dają nam dużo przyjemności i satysfakcji.

Czasem nasza pasja zmienia się w czasie – specjalizujemy się albo zupełnie zmieniamy obiekt zainteresowań.

Czasem okazuje się, że to dużo mniej „poważna" rzecz, niż się spodziewaliśmy, i nasze serce podskakuje na myśl o układaniu kwiatów czy robieniu kolaży.

Mamy to szczęście, że żyjemy w czasach, gdy można mieć najbardziej osobliwą pasję, znaleźć ludzi o podobnych zainteresowaniach (dobrodziejstwa nowoczesnych technologii) i, jeśli będziemy mieć na to ochotę, z dużą szansą powodzenia uczynić ze swojej pasji sposób na życie. Wśród moich bliższych i dalszych znajomych mam zawodowego prognozowacza trendów, improwizatora, testera whisky, psią psycholożkę, doulę, pełnoetatową projektantkę włóczkowych akcesoriów w kształcie zwierząt, klauna odwiedzającego dzieciaki w szpitalach i profesjonalne youtuberki.

Nic się jednak nie wydarzy, jeśli będziemy siedzieć, czekać i narzekać, że nie możemy „odnaleźć tej jednej rzeczy". Najbardziej ryzykujesz, nie robiąc nic. Próbuj nowych rzeczy. Testuj marzenia. Chcesz mieć własną markę odzieżową? Najpierw zacznij sprzedawać swoje projekty na Etsy czy innym portalu dla twórców i zobacz, jak ci się to podoba. Praca PR-owca wydaje ci się pociągająca? Zgłoś się jako wolontariusz w biurze prasowym festiwalu filmowego lub tygodnia mody. Chcesz się zająć fotografią? Poświęć kilka godzin tygodniowo na pomoc w lokalnym studiu, zadawaj pytania doświadczonym fotografom z różnych dziedzin, pytaj, na co poświęcają najwięcej czasu, dlaczego lubią to, co robią.

Niektóre cele są bardziej pracochłonne niż inne. Trudno z marszu zostać rozchwytywaną aktorką teatralną, ale zawsze można zrobić mały krok w dobrym kierunku, na przykład zacząć ćwiczyć dykcję, niekoniecznie na drogich lekcjach, w internecie jest cała wiedza świata, można znaleźć mnóstwo ćwiczeń. No i warto pamiętać, że czasem drogi na skróty jednak istnieją. Może oprócz (albo zamiast) nauki w szkole aktorskiej dobrym pomysłem jest założenie komediowego czy dramatycznego kanału na YouTubie? Na pewno kojarzysz *Dumę i uprzedzenie*, porywającą powieść Jane Austen. A słyszałaś o *Lizzie Bennet Diaries*? To stworzona przez młodych ludzi współczesna interpretacja tej romantycznej historii, w której główna bohaterka opowiada o swoich przygodach w formie codziennego wideobloga. Zamiast falbaniastych sukni nosi dżinsy, a zamożny angielski arystokrata pan Bingley został zastąpiony studentem medycyny azjatyckiego pochodzenia o nazwisku Bing Lee. Serial odniósł spory sukces i doczekał się nagród. Można? Można.

Bardzo często się zdarza, że marzymy o jakimś zajęciu, zupełnie nie mając pojęcia, jak ta praca wygląda na co dzień. Pół biedy, jeśli to po prostu wymarzone hobby. Gorzej, gdy na takich romantycznych przekonaniach opieramy swoje życiowe plany. Wiele osób, chcąc urzeczywistnić marzenia, poświęca mnóstwo czasu na czynności wstępne (na przykład idzie na pięcioletnie studia z archeologii), a później przeżywa ogromne rozczarowanie (gdy okazuje się, że codzienna praca archeologa ma niewiele wspólnego z filmami o Indianie Jonesie). I jasne, łatwiej przetestować pracę wizażystki niż neurochirurga, ale zawsze warto wychodzić poza obraz zbudowany na podstawie filmów, obiegowych opinii i miejskich legend.

Bardzo często też nasze marzenia mają drugie dno, którego nie dostrzegamy. Jeśli od wielu lat chcesz napisać powieść fantasy, ale za nic nie możesz się zabrać do pisania, to może wcale nie chcesz być pisarzem aż tak bardzo? Może chodzi o samo bogactwo światów i magię opowieści, którą masz okazję współtworzyć innymi sposobami – choćby wymyślając gry planszowe czy recenzując gry komputerowe.

Nie dowiesz się, dopóki nie spróbujesz. Pasji nie znajduje się, losując hasło w encyklopedii, ale działając. Jak pisze Oliver Emberton, amerykański bloger niezwykle trafnie i precyzyjnie rozkładający naszą codzienność na czynniki pierwsze, pasja rodzi się z wysiłku i towarzyszącego mu sukcesu.

Jeśli testujemy coś nowego, na przykład próbujemy swoich sił w kuchni, i okazuje się, że robimy szybkie postępy i radzimy sobie lepiej niż inni, to satysfakcja, którą czujemy, sprawia, że zaczyna nam się to coraz bardziej podobać. Jeśli raz za razem będziemy ponosić spektakularne porażki, nasze ciasta zawsze będą opadać, a steki wychodzić żylaste, z pewnością szybko się zniechęcimy.

Oczywiście nie wszystkie pasje i talenty się pokrywają. Czasem ogromną przyjemność sprawia nam brnięcie w coś, w czym jesteśmy beznadziejnie kiepscy, i to też jest w porządku (bywa nawet wyjątkowo urocze i odprężające). Będę jednak obstawać przy przekonaniu, że większość ludzi zmieniających świat dzięki swojej pasji spełnia się w obszarach, w których są naturalnie uzdolnieni. To nie przypadek, ale mechanizm nagradzający nas za działanie w tych dziedzinach, w których jesteśmy w stanie najwięcej osiągnąć. Wbrew temu, co często słyszymy, to nie odnalezienie pasji jest gwarancją sukcesu – to sukces rodzi pasję, która wynika z wysiłku i działania. I koło się zamyka.

Poczucie wyższego celu, uczucie, że to, co robimy, czyni świat (choćby tylko nasz lub naszych bliskich) odrobinę lepszym miejscem, sprawia, że pracujemy sprawniej, możemy więcej, nie zniechęcamy się przeciwnościami. Nawet człowiek o najlepszej etyce pracy w końcu da sobie spokój, jeśli będzie wykonywał zadania, w które nie wierzy i które nie dają mu satysfakcji.

Być może kojarzysz postać Viktora E. Frankla. Ten austriacki psychiatra i psychoterapeuta zasłynął z badań nad postrzeganiem sensu życia. W czasie II wojny światowej był więźniem kilku obozów koncentracyjnych, między innymi w Oświęcimiu i w Dachau. Podczas codziennych zmagań z ekstremalnie trudną rzeczywistością zaobserwował, że z dramatycznymi warunkami lepiej radzą sobie ci więźniowie, którzy mają poczucie wyższego celu, są przekonani, że sytuacja, w jakiej się znaleźli, ma jakiś sens. Na przykład wierzą, że cierpienie jest próbą zesłaną przez Boga, umożliwia im przeprowadzenie badań w zupełnie unikatowych warunkach albo sprawdzenie się w działalności konspiracyjnej.

Chociaż nie żyjemy w ekstremalnych warunkach, także potrzebujemy poczucia, że jesteśmy częścią czegoś większego od nas. Dobrze stworzyć ogólniejszy kontekst dla swoich działań. To prawda znana od tysięcy lat – tę funkcję spełniają przecież religie. Przekonanie, że nasze czyny zmierzają do celu, który jest częścią jakiejś większej wizji, daje nam poczucie przynależności, motywację do działania i siłę, by nie dać się pokonać w słabszych momentach. Tę funkcję spełnia już wspomniany system wierzeń, ale również działalność naukowa, społeczna, charytatywna, niekoniecznie na wielką skalę. Można powtórzyć słowa piosenki: „trudno nie wierzyć w nic".

Oczywiście sama pasja nie wystarczy, żeby przybliżyć nas do spełnienia – musimy jeszcze podjąć działania i trwać w nich konsekwentnie dzień po dniu. Możemy przeczytać wszystkie poradniki o pisaniu, jakie tylko istnieją, ale dopóki nie siądziemy przed komputerem i nie zaczniemy wytrwale klepać w klawiaturę, nie dając się rozproszyć, zniechęcić ani zjeść wątpliwościom, w niczym nam one nie pomogą.

Pasję na drodze do sukcesu mogłaby więc zastąpić po prostu żelazna samodyscyplina, ale musimy się zastanowić, co jest naszym celem – finisz osiągnięty po znużeniu drogą pełną udręki czy droga dająca nam radość i przyjemność mimo wybojów, na której końcu czeka dodatkowa nagroda w postaci linii mety.

Jeśli traktujemy coś po prostu jako niezobowiązujące hobby, pasja pozwala nam osiągnąć relaksujący stan zatracenia w jakiejś czynności, dać przyjemność z realizowania się w dziedzinie, która sprawia nam ewidentną radość. Dobrze jest mieć coś, co po prostu lubimy robić, bez nakładania na siebie oczekiwań czy zbędnej presji. W świecie, w którym wszystko przelicza się na konkretny wynik, to bardzo odświeżające.

W moim przypadku tak właśnie działa praca z psem – uczenie go nowych komend czy po prostu zabawa. Robię to dla własnej przyjemności, z radością obserwuję jego rozbrajający entuzjazm. I choć staram się to robić jak najlepiej, nie jestem ekspertem. Nie mam ambicji startowania w konkursach czy zawodach. Nie frustruję się, jeśli przez wiele tygodni nie robimy żadnych postępów. No dobra, może trochę, kiedy Chrupek odkłada na komendę znalezioną na trawniku starą bułkę, a gdy tylko stracę czujność, pędzi co sił w łapkach z powrotem, by jednak ją pożreć.

*Flow*

Jeśli postanowimy potraktować naszą pasję poważnie i podeprzemy ją samodyscypliną, zyskujemy potężne narzędzie. Pasja będzie dodawać nam skrzydeł, pchać do rozwoju, bez oglądania się na okoliczności wtrącać w stan twórczego działania, który węgierski psycholog Mihály Csíkszentmihályi nazwał stanem *flow*. Najtrafniejszy polski odpowiednik tego określenia to odrobinę już przykurzony „ferwor". Samodyscyplina pozwoli nam krok po kroku dążyć do celu, kiedy emocje chwilowo opadną i zaczną nam być potrzebne konsekwencja i wytrwałość. Pomoże też podejmować zdroworozsądkowe decyzje i nie zniechęcać się w bardziej wymagających momentach.

Nie oznacza to, że każdą pasję musimy traktować śmiertelnie poważnie, osiągać profesjonalny poziom czy łączyć ją ze swoją karierą zawodową. Kochasz robić na drutach, ale nie planujesz bić rekordu Guinnessa w długości wełnianego szalika? Dziergaj do woli, zwłaszcza że to bardzo relaksujące zajęcie. Dzięki swej powtarzalności ma działanie zbliżone do mantr. Poza tym w ten sposób można zrobić sobie świetny sweter czy czapkę z doskonałej naturalnej włóczki za ułamek sklepowej ceny.

Te „niepotrzebne" z pozoru zainteresowania, zwłaszcza jeśli są z zupełnie innej bajki niż to, czym zajmujemy się na co dzień, pozwalają nam się zrelaksować i przypomnieć sobie, jaką radość daje robienie czegoś zupełnie bezinteresownie.

Dokładnie tak jak wtedy, gdy byłaś dzieckiem. Ile razy słyszałaś w życiu „dorośnij wreszcie" czy „nie zachowuj się jak dziecko"? Ja będę cię namawiać do czegoś wręcz odwrotnego. Nie mówię o tym, by pozwolić swojemu wewnętrznemu rozkapryszonemu trzylatkowi spełniać każdą zachciankę w stylu „obejrzeć siedemnasty odcinek serialu, zamiast pisać pracę magisterską". Chodzi mi o ciekawość świata, o kwestionowanie pozornie oczywistych spraw, o zadawanie „głupich" pytań, o chęć próbowania nowych rzeczy dla ekscytującego dreszczu uczenia się czegoś od zera.

W powieściach romantycznych czy artykułach motywujących często czytamy o spalającej bohatera pasji, której poświęca cały swój czas i wszystkie zasoby. Historia pokazuje, że tego typu zapaleńcy często docierają tam, gdzie chcą – o ile wcześniej się nie wypalą ani nie popadną w problemy emocjonalne. Steve Jobs. Michael Phelps. Beyoncé. Będę się jednak upierać, że w przypadku większości ludzi znacznie lepiej niż pasja na granicy niezdrowej obsesji sprawdza się równowaga – tym bardziej że nie znamy każdego szczegółu życia podziwianych osób, a większość z nich ma profesjonalnie opracowany odpoczynek wpisany na stałe w kalendarz, a często i w kontrakt. Potrzebny jest zdrowy balans między czasem pracy i czasem wolnym, kiedy pracujemy z zaangażowaniem i odpoczywamy z czystym sumieniem, a aktywność umysłową przeplatamy aktywnością fizyczną.

Taka „aktywnościowa trójpolówka" nie tylko pozwala nam nabrać zdrowego dystansu do tego, co robimy, zapewnia spokój ducha i pomaga uniknąć wypalenia. Gwarantuje też, że nawet gdy chwilowo mamy dość głównego zajęcia, i tak zajmujemy się czymś, co daje nam radość i satysfakcję.

Wiele lat temu przeczytałam w gazecie historię, która była dla mnie niezwykle inspirująca i mocno zapadła mi w pamięć. Opowiadała o Zygmuncie Kukli, znanym dyrygencie odnoszącym wiele sukcesów i z dość nietypowym hobby. Kiedy nie pracuje w orkiestrze, Kukla spełnia się jako kierowca miejskich autobusów albo autokarów wycieczkowych. Z wypiekami na twarzy śledziłam jego opowieść o tym, ile radości daje mu wyjątkowo zgrabne zawrócenie przegubowym autobusem na pętli czy manewr w wąskiej uliczce włoskiego miasteczka oraz kontakt z drugim człowiekiem, choćby tak przelotny, jak przy sprzedawaniu biletu. Czy znajomi z branży patrzą z rozbawieniem na jego dziwactwo? Na pewno! Ale jest najbardziej odjazdowym dyrygentem, jakiego kojarzę. I założę się, że także jednym z najbardziej spełnionych.

Być może znasz dobrze siebie i swoje zamiłowania. Może miałaś kiedyś pasję, ale codzienne obowiązki cię od niej oderwały. A może jesteś w zupełnej kropce i nawet nie wiesz, od czego zacząć. Bez względu na to, który przypadek dotyczy ciebie, nie wierz w utarte przekonanie, że pasja jest prawdziwa tylko wtedy, kiedy przychodzi sama (to nędzna wymówka dla bierności!), i bądź proaktywna. Nie martw się na zapas, nie stresuj, tylko zacznij działać.

Oto kilka pierwszych kroków, które mogą się okazać pomocne:

1 **Bądź czujna.**

Zastanów się, przy jakiej czynności towarzyszył ci ostatnio stan ekscytacji, kiedy tak się w czymś zatopiłaś, że zupełnie straciłaś poczucie czasu, zapomniałaś o jedzeniu i piciu. Następnym razem, kiedy ci się to przytrafi, zapisz koniecznie, jakie towarzyszyły temu okoliczności. Możesz przygotować specjalną kartkę, na której odnotujesz takie pełne dziecięcego szczęścia momenty, i nosić ją w portfelu czy w kalendarzu albo użyć aplikacji lub pliku w chmurze i łączyć się z każdego urządzenia (Google Keep sprawdza się tu idealnie – aż trudno uwierzyć, że nikt mi za to nie płaci, polecam tę aplikację wszystkim dookoła). Po miesiącu czy dwóch zerknij na swoją listę i zastanów się, co łączy te momenty.

2 **Zrób listę rzeczy, które naprawdę lubisz robić.**
Wyobraź sobie, że nikt nie ma wobec ciebie żadnych oczekiwań, nie masz żadnych zobowiązań, porażki nie istnieją – czym chciałabyś się wtedy zajmować? Koniecznie umieść to na liście.

Jeśli masz do zrobienia coś ważnego, na przykład musisz się uczyć do egzaminu albo podliczyć podatki, ale bardzo ci się nie chce, czym się zajmujesz? Może przeglądasz strony o wystroju wnętrz, grasz w gry komputerowe albo przesadzasz zioła w balkonowym ogródku? Za czym tęsknisz, kiedy jesteś zajęta obowiązkami? Też wpisz to na listę.

3 **Zajrzyj w głąb siebie.**
Co lubiłaś robić, kiedy byłaś dzieckiem? Jakie hobby porzuciłaś z braku czasu? Dopisz to do listy.

4 **Zrób listę rzeczy, w których jesteś dobra.**
Co przychodzi ci bez większego wysiłku? Co jest wyjątkowo proste, mimo że inni często się z tym zmagają? W czym najczęściej pomagasz innym? Pomyśl o pochwałach, które najczęściej słyszysz. Zapytaj swoich przyjaciół i rodzinę o trzy cechy, które najbardziej w tobie cenią. To mogą być „poważne” rzeczy takie

jak analityczny umysł albo umiejętność sprawienia, że zawsze czują się mile widziani w twoim domu, ale i zupełne głupoty – ja na przykład wymiatam w wymyślaniu prezentów.

### 5 Wybierz jedną lub dwie rzeczy z listy i poświęć im trochę czasu.

Jeśli po prostu szukasz czegoś, co będzie sprawiać ci szczerą radość, możesz śmiało wybierać ze wszystkich aktywności, które sobie spisałaś. Jeśli chcesz uczynić swoją pasję również sposobem na zarabianie pieniędzy, zacznij od rzeczy, które pojawiły się zarówno na liście 4, jak i na którejś z list 2–3. Nie wiesz, co wybrać? Zastanów się, jakie problemy, z którymi borykają się ludzie, nie dają ci spokoju. Nie musisz pracować nad lekarstwem na raka, to może być coś znacznie mniej spektakularnego. Mojej koleżance Mai nie podobał się sposób, w jaki szkoły podchodzą do talentów uczniów. Powołała więc do życia redakcję magazynu, tworzonego przez młodych ludzi dla młodych ludzi – sama, od zera, nie czekając na niczyje pozwolenie, finansując redakcję z unijnego grantu. W Redakcji BB młodzi, współpracując ze sobą, tworzą wyjątkowe treści, uczą się na warsztatach od doświadczonych dziennikarzy, a przede wszystkim mogą w pełni wyrazić siebie. Wspaniale jest to obserwować. Może denerwuje cię marnotrawstwo jedzenia w szkolnej stołówce i masz pomysł, jak to naprawić? Może nie możesz patrzeć na znajomych nieporadnie wyszukujących informacje w sieci?

Tak stawiając sprawę, przenosisz ciężar z zaspokajania swojej potrzeby nowości na służenie innym, wnoszenie jak największej wartości. To bardziej zrównoważone podejście chroni przed porzucaniem jednego zajęcia po drugim, kiedy tylko mija ekscytacja nowością. Uderza bezpośrednio w istotę pasji jako narzędzia wydobywającego z nas to, co najlepsze. Każdy ma w sobie unikatową mieszankę talentów, doświadczeń, zainteresowań i dzięki temu może dać światu coś naprawdę wartościowego. Niekoniecznie na ogromną skalę, nie musi to też być nic innowacyjnego. Jest wielu trenerów fitness, ale z jakiegoś powodu setki tysięcy kobiet potrzebowało usłyszeć te same rady właśnie z ust Ewy Chodakowskiej, żeby odmienić swoje figury, formę fizyczną, a nierzadko i życie. Już Arystoteles mówił, że powołanie każdego człowieka leży na skrzyżowaniu jego talentów i potrzeb świata. Wszyscy potrzebujemy twojego unikalnego wkładu, nie pozwól mu się zmarnować.

6 **Zacznij działać.**
Przygotowania teoretyczne są w porządku, ale najważniejsze to zacząć działać. Im dłużej coś analizujesz, tym większa szansa, że najdą cię wątpliwości i zrezygnujesz. Zamiast czytać o tym, jak zostać iluzjonistą, po prostu zacznij uczyć się sztuczek. Szukaj teoretycznej wiedzy tylko wtedy, kiedy będzie ci rzeczywiście potrzebna – i zamiast zgłębiać całą książkę, poszukaj fragmentu dotyczącego tej konkretnej umiejętności, która cię interesuje. Wszystkie „czynności dookoła" lubią zamieniać się w wymówkę, by nie podejmować działań: jeszcze nie wiem wystarczająco dużo, żeby zacząć coś robić, jeszcze tylko obejrzę ten dokument i biorę się do pracy. Żaden z wielkich magików, o których kręci się filmy i pisze książki, nie doszedł tam, gdzie jest, dzięki czytaniu na kanapie. Naucz się więc trzech najprostszych tricków, zrób minipokaz dla rodziny i zobacz, czy sprawia ci to przyjemność. Wyznacz sobie deadline dla tego pierwszego zadania, zapisz go w kalendarzu i po prostu się go trzymaj – potraktuj to jako zobowiązanie wobec samej siebie i inwestycję na przyszłość, być może jedną z najlepszych w twoim życiu. Jeśli tego nie zaplanujesz, bardzo możliwe, że całe przedsięwzięcie rozjedzie ci się w czasie tak bardzo, że w końcu o nim zapomnisz.

7 **Po prostu próbuj nowych rzeczy.**

Jeśli żadna z wypróbowanych przez ciebie aktywności cię nie ekscytuje, to znaczy, że albo czegoś nie zauważyłaś, może pomyślałaś, że to zbyt oczywiste lub trywialne, albo twoja pasja jest wśród tych rzeczy, których jeszcze nie doświadczyłaś. Idź do biblioteki i wylosuj trzy przypadkowe książki z działu *non-fiction*. Prasując, oglądaj losowo wybrane *TED Talks*. (To wystąpienia różnych ciekawych ludzi z konferencji TED, promującej idee warte rozpowszechniania – jeśli nie znasz, nadrób koniecznie! Są po angielsku, więc możesz przy okazji podszkolić język, ale jest też możliwość włączenia polskich napisów). Na okres poszukiwań ustaw słowo „tak" jako swoją domyślną odpowiedź. Znajomi idą na ściankę wspinaczkową? Super! Na imprezie integracyjnej można postrzelać z łuku? Bardzo proszę! Działająca w twojej miejscowości fundacja organizuje warsztaty pisania pamiętników? Jesteś pierwsza na liście! Przy okazji: nie wymyśliłam tego ostatniego przykładu. Często nawet się nie spodziewamy, jak ciekawe rzeczy dzieją się w naszym sąsiedztwie. Wystarczy się otworzyć na nowe doświadczenia i aktywnie szukać.

8 **Kwestionuj utarte przekonania, swoje i innych.**

Nie da się sensownie zarobić na pisaniu. Ale czy na pewno? Są ludzie, którym się to jednak udaje. Jak to robią? W Polsce nie ma szans na karierę sportową. A jak mocno próbowałaś? Robótki ręczne są bez sensu, bo przecież w sklepach jest wszystko i to dużo taniej. A czy bierzesz pod uwagę inne korzyści, jakie niesie ze sobą robienie czegoś własnoręcznie? Bardzo często słyszę, że na sukces w internecie jest już za późno, bo wszyscy czytają tylko znanych blogerów i oglądają słynnych youtuberów. Tym osobom opowiadam o Arlenie Witt. Ze swoim kanałem Po Cudzemu, na którym uczy poprawnej wymowy w języku angielskim, szturmem podbiła YouTube. W kilka miesięcy! Zaczęła w ubiegłym roku.

9 **Nie komplikuj sprawy niepotrzebnie.**

Jeśli chcesz zacząć biegać, nie musisz od razu wyposażać się w pulsometr i buty biegowe najnowszej generacji. Po prostu włóż obuwie sportowe, które masz w domu, i idź potruchtać na dziesięć minut. Zacznij z tym, co masz. Jeśli jakiś specjalistyczny sprzęt naprawdę jest ci potrzebny, sprawdź, gdzie albo od kogo możesz go pożyczyć – przy okazji prawdopodobnie zyskasz cenne wskazówki od prawdziwego pasjonata. Zastanów się, jakie najmniejsze, najprostsze działanie możesz podjąć, żeby sprawdzić się w nowej dziedzinie – a raczej przekonać się, jak nowa dziedzina sprawdzi się dla ciebie.

Napisz krótkie opowiadanie, takie na trzy strony. Przez tydzień rysuj jeden satyryczny rysunek dziennie. Stwórz prostą stronę internetową ze swoim krótkim biogramem i danymi kontaktowymi, tak jak autor Roślinnych Porad, bloga i profilu na Instagramie popularyzujących wiedzę o działaniu roślin. Zamiast robić sobie wymówki z powodu braku odpowiednio profesjonalnego tła czy rekwizytów, fotografuje liście, owoce i korzenie, trzymając je w ręce na tle białej ściany. Telefonem. Jego wpisy śledzi mnóstwo osób. Podejrzewam, że warsztaty, które organizuje, również cieszą się dużym powodzeniem.

Z jednej strony pozwoli to łatwo przetestować, czy pomysł, który wydał się ciekawy, podoba ci się naprawdę, czy tylko w teorii. Z drugiej unikniesz spirali wymówek w stylu: „Zacznę się uczyć projektowania graficznego, gdy tylko wymienię komputer na nowy". W głębi serca na pewno wiesz, że równie dobrze mogłabyś spróbować na obecnym sprzęcie i darmowym oprogramowaniu, a to, co naprawdę cię powstrzymuje, to strach przed porażką, brak wiedzy, gdzie postawić pierwszy krok, czy zwyczajny brak nawyku podejmowania działania – bo o ile łatwiej prowadzić niekończące się przygotowania czy narzekać na wyimaginowane przeszkody. Albo… źle odczytałaś swoje pragnienia i tak naprawdę wcale nie pociąga cię samo projektowanie graficzne, ale na przykład typografia, być może w dużo bardziej tradycyjnym wydaniu – i stąd opór przed działaniem. Tak czy inaczej, nie dowiesz się, dopóki nie poczynisz choćby najmniejszego kroku i nie spróbujesz.

PS: *Jeśli zdecydujesz, że bieganie to coś dla ciebie, kup porządne buty. Twoje kolana ci podziękują.*

### 10 Zaakceptuj to, że poszukiwanie pasji to proces, i ciesz się nim.

Nawet jeśli trwa długo, i tak jesteś krok przed tymi wszystkimi ludźmi, którzy zajmują się czymś, co jest im obojętne, i nie próbują niczego zmienić. A uwierz mi, jest ich mnóstwo. Próbowanie nowych rzeczy pozwoli ci nauczyć się wiele o sobie – samoświadomość to jeden z filarów spełnionego życia. Może samo w sobie stanie się twoją pasją? Możliwe też, że po jakimś czasie uda ci się zauważyć zależności pomiędzy czynnościami, które sprawiają ci satysfakcję. Może lubisz działać zespołowo, liczy się dla ciebie współpraca z drugim człowiekiem, więc spełniasz się w sztuce improwizacji, organizowaniu gier miejskich lub akcji charytatywnych, albo pokochałaś wspinaczkę ściankową i grę na giełdzie, bo napędzają cię rywalizacja z samą sobą i wymierne rezultaty. Jeśli kręci cię wypróbowywanie skomplikowanych technik rękodzieła, jeśli cała rodzina zgłasza się do ciebie z prośbą o pomoc w wypełnianiu rocznego zeznania podatkowego, pewnie cechuje cię wyjątkowa dokładność i przywiązywanie wagi do detali. Może dzieci wszystkich twoich koleżanek uwielbiają cię odwiedzać i zazdroszczą twoim pociechom kreatywnych zabaw, których wymyślanie przychodzi ci łatwo i zupełnie naturalnie. Nie przejmuj się też, jeśli eliminujesz jedno zajęcie za drugim i wszystko wydaje ci się nieodpowiednie.

Bądź cierpliwa i spróbuj się dobrze bawić. Wiedza o tym, czego nie lubisz, to też bardzo cenna wiedza – wiele osób zupełnie się nad tym nie zastanawia.

11 **Nie nakładaj na siebie presji.**

Zdejmij ze słowa „pasja" zbędne oczekiwania. To nie musi być zajęcie na całe życie, nie musisz zarabiać na niej milionów, nie musi być odpowiednio „ambitna". Nie oczekuj fajerwerków i wichrów namiętności. Szukasz czegoś, co będzie dawało ci radość i satysfakcję – po prostu. Chociaż słowo „pasja" często kojarzy nam się z twórczą gorączką czy porzucaniem życia towarzyskiego na rzecz spełnienia, nie zawsze musi mieć tak dramatyczny przebieg. Dobrze jest marzyć, ale zamiast się nakręcać i opowiadać z utęsknieniem o wielkim odległym celu, po prostu usiądź i zastanów się, jaki najmniejszy, najprostszy krok możesz poczynić. A potem to zrób. Jeśli nie jesteś w stanie się do tego zmobilizować, może jednak nie było to twoje marzenie.

I choćby nie wiem co, pamiętaj: to nie jest kolejny projekt z określonym terminem, którego musisz dotrzymać, bo inaczej czekają cię wyrzuty sumienia. Pozwól sobie błądzić, nie pędź do celu jak rakieta. Robisz to dla siebie, ten proces powinien być ekscytujący i przyjemny, nie frustrujący. Powinnaś czuć się tak samo jak w dzieciństwie, gdy stawiałaś na stole plakatówki i kubek z wodą. Próbując ciekawych rzeczy, otaczając się ludźmi z pasją (jest w końcu zaraźliwa!), spędzasz czas w rozwijający albo po prostu bardzo przyjemny sposób. Droga jest tu ważniejsza od celu. Nie nakładaj na siebie zbędnej presji ani oczekiwań. To ostatnia rzecz, jakiej potrzebujesz.

## Nie bój się błądzić

Nie przejmuj się, jeśli zabrniesz w ślepy zaułek. Jeżeli jakaś aktywność przestała sprawiać ci przyjemność, to po upewnieniu się, że to nie chwilowy kryzys, zastanów się, czy możesz jakoś skorygować kurs na bardziej interesujące cię tory. Jeśli nie, zrezygnuj.

*Efekt utopionych kosztów*

Dobrze wiem, jakie to trudne. Czujemy się rozczarowani, czasem nawet mamy poczucie porażki. Ale patrząc w ten sposób, tylko znęcamy się nad sobą i zniechęcamy do przyszłych poszukiwań. Spróbowałaś czegoś nowego? Super! Na dłuższą metę okazało się to nie spełniać twoich oczekiwań? Też super – dobrze było się czegoś nauczyć, a teraz przed tobą ekscytujący nowy rozdział. Nie ma co kurczowo trzymać się aktywności, która nie daje nam satysfakcji, tylko dlatego, że wcześniej poświęciliśmy jej dużo czasu i energii. W psychologii nazywa się to efektem utopionych kosztów – trzymamy się wcześniej podjętej decyzji nawet w sytuacji, gdy okazała się błędna, ponieważ wiązał się z nią znaczny wysiłek lub duże koszty. Kiedy patrzy się na to z boku, takie działanie wydaje się zupełnie bez sensu, ale to jedna z wielu pułapek, które zastawiają na nas nasze umysły.

Pięć lat temu zastanawiałam się, co zrobić ze swoją karierą zawodową. Skończyłam socjologię, która jest ciekawym i rozwijającym kierunkiem, ale po pewnym czasie wiedziałam już, że nie mam serca do badań i analiz. Prowadziłam bloga, na którym pokazywałam swoje stylizacje, dość naturalnie pojawiły się więc propozycje pracy w charakterze stylistki. Po kilku sesjach zdjęciowych i tygodniu spędzonym na planie serialu dla młodzieży, prawie płacząc nad górą ubrań do poskładania w sensowne zestawy, byłam pewna, że to nie dla mnie. Lubię mieć mało ubrań i innych przedmiotów wokół siebie, czuć się swobodnie, pracować w swoim rytmie. Dlatego bieganie po showroomach, stresujące rajdy taksówkami, a potem siedzenie cały dzień w sztucznie

## Zrób pierwszy krok!

Odpowiedz na poniższe pytania, szczerze i za jednym zamachem. Pamiętaj, że robisz to dla siebie, nie staraj się więc dobrze wypaść – nie ma lepszych ani gorszych zainteresowań. A potem rzuć sobie wyzwanie!

1 Co sprawia, że podskakujesz z podekscytowania?

2 Co robiłabyś, gdyby nie istniały ograniczenia finansowe, gdybyś mogła być kimkolwiek chcesz, nie zważając na oceny innych?

3 Co zawsze odkładasz na później? Za czym tęsknisz, kiedy jesteś bardzo zajęta?

4 Co lubiłaś robić jako dziecko?

5 Co przychodzi ci z łatwością? W czym często pomagasz innym?

6 Jakie są twoje sekretne talenty? Zawsze umiesz rozładować atmosferę, piszesz na komputerze z prędkością światła, a może nikt lepiej niż ty nie wyszukuje tanich lotów?

Uroczyście zobowiązuję się wypróbować aktywność . . . . . . . . . . .

Moim pierwszym krokiem będzie . . . . . . . . . . . . . . . . . . . .

a wykonam go najpóźniej . . . . . . . . . . . . . . . . . . . . . . . .

oświetlonym wnętrzu, z dużą ilością nerwów i kiepskiego jedzenia, były dla mnie koszmarem.

Jakiś czas później zupełnie przypadkiem trafiłam na informację o studiach podyplomowych z prognozowania trendów w modzie i designie. Brzmi egzotycznie, ale chodzi po prostu o próbę przewidywania na podstawie obecnych i przeszłych wydarzeń oraz zachowań, co ludzie będą chcieli kupować, jeść, nosić, jak spędzać wolny czas w ciągu najbliższych dwóch, pięciu czy dziesięciu lat. Nie dość, że brzmiało intrygująco (kto nie chciałby mieć supermocy przewidywania przyszłości?), to jeszcze wydawało się idealnie łączyć dziedziny, którymi zajmowałam się wcześniej, czyli socjologię i modę. Zapisałam się na studia, które okazały się całkiem ciekawe, ale nie dały mi odpowiedzi na pytanie, jak właściwie prognozuje się te trendy. Nie zraziło mnie to, w końcu niewiele jest kierunków studiów, które pokazują, jak dana profesja wygląda w praktyce. Wkrótce przeprowadziłam się do Londynu, gdzie robiłam studia magisterskie, więc korzystając z okazji, że jestem w jednym ze światowych centrów prognozowania trendów, wysłałam do prestiżowej agencji trend forecastingu maila z pytaniem o staż.

Po długim procesie rekrutacji w końcu się udało. Pierwszego dnia rano zameldowałam się w kamienicy w modnej dzielnicy wschodniego Londynu. Robiła wrażenie. Na podwórko wchodziło się przez miniaturowe drzwiczki i po chwili stawało w spektakularnym ogrodzie, pełnym warzyw, ziół i innych roślin, serwowanych regularnie na lunche ludziom z branży. Na dachu był kolejny ogród, z widokiem na wieżowce City. A z tyłu jeszcze jeden. Po wejściu do środka pierwsza rzucała się w oczy drukarka 3D, wyglądająca jak urządzenie do teleportacji z filmów *science fiction*. Jedna z pierwszych firmowych zasad, jakie dane mi było poznać, to zakaz używania kubków o innym kształcie i kolorze niż model wybrany przez szefostwo. Stawiane na biurkach psuły estetykę wnętrza.

Wszędzie stały probówki, oszklone gabloty i inne okołomedyczne akcesoria w wersji superstylowej – agencja nazywała się The Future Laboratory. Podczas otwartych wydarzeń wszyscy pracownicy od stażystów po szefa wszystkich szefów nosili białe laboratoryjne fartuchy, oczywiście w wyjątkowo modnej wersji.

To było imponujące, ale bardzo szybko zorientowałam się, że rozbuchana forma nie rekompensuje mi treści. Nie przekonywała mnie metodologia, nie odnajdywałam się też w nieustannym śledzeniu setek kanałów informacyjnych. Dotarło do mnie, że same moje założenia były błędne. Skoro ani badania, ani moda nie sprawiały mi takiej satysfakcji, jak oczekiwałam, to nic dziwnego, że połączenie tych dwóch dziedzin też nie było strzałem w dziesiątkę.

Czy żałuję czasu spędzonego na odkrywaniu tajników trend forecastingu? Absolutnie nie. To ciekawa i niszowa dziedzina, przyjemnie było poznać ją od środka. Z londyńskiego stażu mam dużo świetnych wspomnień, ze studiów – kilka fantastycznych znajomości. Przede wszystkim nauczyłam się czegoś o sobie, o sposobie, w jaki lubię pracować – to bardzo cenna wiedza.

Z niezwiązanych z karierą zawodową zajęć przetestowałam i zarzuciłam grę na ukulele, jazdę konną, taniec na rurze, narciarstwo zjazdowe (trenowałam je intensywnie przez dziesięć lat!), freeskiing, lekkoatletykę – a to tylko te aktywności, które udało mi się przywołać z zakamarków pamięci.

## Nie daj się modzie na pasję!

Pamiętaj, że nie ma gorszych i lepszych zainteresowań – okej, pewnie dałoby się znaleźć jakiś drastyczny przykład, ale nie mówimy o skrajnościach. To, że obecnie dobrze się pochwalić na Facebooku zdjęciem z dalekiej podróży albo treningu crossfit, wcale nie znaczy, że te sposoby spędzania czasu są lepsze od chodzenia po górach, rekonstrukcji historycznych czy stylizacji włosów. Cokolwiek sprawia ci przyjemność, a przy tym nie narusza wolności drugiej osoby, jest super.

Obserwowanie takich przelotnych mód na konkretny styl życia jest zresztą bardzo ciekawe. Najpierw pojawiają się pierwsze jaskółki. Pasjonaci danej dziedziny z jakiegoś powodu przyciągają uwagę różnego rodzaju liderów opinii i robi się wokół tego szum. Z początku cichy, potem medialna śnieżna kula rusza i o aktywności X czy Y możemy przeczytać niemal wszędzie. Angażowanie się w dziedzinę, która do tej pory była bardzo niszowa (tatuaże! ostre koło! frisbee!) robi się modne. Wszyscy goniący za pozorną oryginalnością starają się załapać, póki czas, bo tego typu fale odpływają tak samo szybko, jak się pojawiają, a przecież to straszny obciach zajmować się czymś, co właśnie przestało być na czasie. I w ten właśnie sposób, starając się być tak oryginalni, jak tylko się da, ludzie goniący za trendami stają się do siebie bliźniaczo podobni.

To nie jest ten rodzaj pasji, którego szukamy. Trudno jest nie dać się presji, którą narzuca nam otoczenie, zwłaszcza jeśli jesteśmy młodzi. Warto jednak uświadomić sobie, że nie uczestniczymy w żadnym konkursie. Dla mnie moment, w którym dotarło do mnie, że wszystko, co robię w życiu, robię przede wszystkim dla siebie, był absolutnie przełomowy.

Czy możesz porzucić swoje ukochane zajęcie na rzecz takiego, którym można przyszpanować przed znajomymi? Pewnie, że możesz! Czy będzie ci to przynosiło długofalową radość i satysfakcję? Myślę, że sama znasz odpowiedź na to pytanie. Zresztą warto się zastanowić nad przebywaniem w otoczeniu osób, które dają nam odczuć, że musimy im imponować tą czy tamtą aktywnością albo zakupem. Jesteśmy różni i lubimy różne rzeczy, mamy różne talenty. Świat jest tak ciekawy i piękny właśnie dzięki ludziom, którzy poświęcili czas i energię na odkrycie, co sprawia im autentyczną frajdę, a potem podążyli tą ścieżką.

Jest jakaś magia pomiędzy osobami, które żyją z pasją. Wspólna pasja na pewno zbliża ludzi, ale równie ciekawy i wzbogacający bywa kontakt z osobą, której zainteresowania są na zupełnie innej orbicie niż nasze. Ja mam do tego typu rozmów szczególne zamiłowanie i zawsze zadaję dziesiątki pytań. Bo jeśli ktoś z wypiekami na twarzy opowiada mi o tym, co kocha robić, zawodowo lub w wolnym czasie, to od razu jestem kupiona, niezależnie od tego, czy chodzi o zarządzanie bazami danych, czy o grę na harfie celtyckiej. Spędzanie czasu z ludźmi, którzy żyją z pasją, sprawia, że wracając ze spotkania, czuję się zainspirowana i pełna energii do działania. Pasja jest zaraźliwa.

Mój tata do dziś wspomina przypadkowo spotkanego na górskim szlaku Czecha, który zajmował się wytwarzaniem ozembuchów i był chyba ostatnią osobą trudniącą się tym fachem. Ozembuch to tradycyjny czeski instrument muzyczny o dziwacznej budowie – wygląda trochę jak tamburyn przyczepiony do kija od miotły. I pewnie historia zapadła mu w pamięć po części ze względu na osobliwość samego instrumentu, ale najważniejszą rolę odegrał zapał, z jakim mistrz ozembucha opowiadał o swoim zajęciu.

Wydaje ci się, że to, co cię fascynuje, nie jest wystarczająco spektakularne, by robić wrażenie na innych? Po pierwsze, przejmowanie się tym, co myślą o nas inni, to prosta droga do frustracji. Po drugie, pomyśl wtedy o Jimie Hensonie, który poświęcił swoje życie… lalkom w kształcie zwierzaków. Robił to z taką miłością, talentem i zaangażowaniem, że efekty jego pracy poruszyły miliony osób – czy znasz kogoś, kto nie kojarzy *Muppetów* albo *Ulicy Sezamkowej*? Nagranie z pogrzebu Jima, na którym pacynki śpiewają podnoszącą na duchu piosenkę *Just One Person*, naprawdę chwyta za serce i przywraca wiarę w sens życia z pasją nawet największym cynikom.

## Ściąga z hobby

Wciąż nic nie przychodzi ci do głowy? Zerknij na chmurę przykładowych aktywności, może znajdziesz tam dawne hobby lub odkryjesz coś, co cię zainteresuje – od razu je zakreśl i zaplanuj pierwsze kroki!

gry miejskie, gotowanie, tworzenie gier planszowych, gry RPG, LARP, szycie, tworzenie biżuterii, scrapbooking, florystyka, formowanie krzewów, fryzjerstwo, renowacja mebli, tworzenie papeterii/zaproszeń, projektowanie wzorów na tkaninie, tańce balowe, tworzenie podcastu, taniec irlandzki, tworzenie kolaży, animacja poklatkowa, lalkarstwo, projektowanie wnętrz, programowanie, geocaching, renowacja książek, tworzenie murali, biegi i marsze na orientację, robienie świec, perfumiarstwo, stand-up, tworzenie drzew genealogicznych, kryptografia, gry miejskie, gry typu escape room, tworzenie komiksów, pisanie scenariuszy, opowiadanie historii, pole dance, parkour, capoeira, sztuka iluzji, szkolenie zwierząt, psie sporty (frisbee, agility, tropienie, rally-o), uprawianie ogrodu (nie musi być typowy – zobacz Forest Forever), joga, tworzenie map myśli, improwizacja, śpiew biały, śpiew w chórze, pantomima, survival, speleologia, wspinaczka, szachy, ratownictwo, łucznictwo, szydełkowanie, savoir-vivre, robienie na drutach, haftowanie, koronkarstwo, stolarstwo, typografia, zielarstwo, kaligrafia, paintball, hula-hoop, szermierka, żonglerka, slackline, pszczelarstwo, narty biegowe, makijaż, fotografia, epistolografia, wystąpienia publiczne, recytacja, DJ-ing, blogowanie, tworzenie krótkich filmików (vine), urban exploration, projektowanie stron www, sztuki walki, gra na ukulele, ilustrowanie książek dla dzieci, bike polo

## Czy warto zmienić pasję w zawód?

To pytanie, na które nie ma jednej trafnej odpowiedzi. Albo właściwie jest, ale bardzo irytująca: to zależy. Zależy od konkretnej osoby i konkretnej pasji. Są pasje bardzo niszowe i może się okazać, że próba zarobienia na nich przyniesie więcej frustracji niż przyjemności. Nie jest ich wiele (najczęściej to, co wydaje nam się niszowe, w ogóle nie jest niszowe, zwłaszcza w czasach internetu. Mówimy tutaj o niszy niszy niszy), ale są. Są osoby, których pasja łączy się nieodzownie z prowadzeniem własnej firmy, podczas gdy one dużo lepiej czują się, pracując na etacie. Albo najzwyczajniej w świecie chcą, by ich hobby pozostało tym, czym jest – hobby. I to też jest super.

Warto też pamiętać, że zamiana pasji w zawód nie sprawi automatycznie, że z naszego życia zawodowego znikną jakiekolwiek problemy, a każdy dzień będziemy kończyć radosnym tańcem zwycięstwa w biurowej windzie. Niezależnie od tego, jak bardzo lubimy dziedzinę, którą się zajmujemy, wciąż będziemy musieli dzień po dniu zjawiać się w miejscu pracy i robić to, co musi zostać zrobione. I na pewno pojawią się gorsze momenty, chwile zwątpienia. „Prace marzeń" nie istnieją, a przynajmniej nie w takiej formie, w jakiej je sobie często wyobrażamy.

Zmiana pasji w zawód niesie też ze sobą ryzyko frustracji. Może się okazać, że to, co dawało nam satysfakcję jako hobby, nie cieszy nas robione pod dyktando innych. Ja mam tak z fotografią. O ile z przyjemnością robię zdjęcia podczas spacerów, podróży, a nawet na potrzeby bloga czy Lunaby, mojej marki piżamowej, o tyle robienie ich na zlecenie zabija całą moją radość z działania. Nawet jeśli pasja doskonale sprawdza się jako praca, a właściwie zwłaszcza wtedy, musimy pamiętać o balansie między czasem pracy a czasem odpoczynku i zabawy – inaczej znajdziemy się na prostej drodze do wypalenia.

Jeśli czujesz, że twoje zajęcie przestaje sprawiać ci przyjemność, oderwij się, odpocznij, a potem spójrz na to świeżym okiem i sprawdź, czy możesz wprowadzić drobne zmiany, które przywrócą dawną energię. Może wysysają ją z ciebie formalności, które możesz komuś zlecić? Może angażujesz się w zbyt wiele projektów naraz? Może twoje zainteresowania się skrystalizowały i pomoże odbicie w kierunku, który interesuje cię w danej dziedzinie najbardziej? Może nie dbasz o siebie odpowiednio, jesz bezwartościowe jedzenie i nie ruszasz się sprzed komputera? Może brakuje ci rozrywki i zabawy?

Richard Feynman, amerykański fizyk, człowiek o rozległych zainteresowaniach i niezwykłej ciekawości świata, opisywał w swojej autobiografii okres, w którym zajmowanie się problemami fizyki przestało sprawiać mu frajdę. Niby nic nie uległo zmianie, ale kiedy miał usiąść do badań, nie mógł się zmobilizować (jestem pewna, że znasz to uczucie). Ponieważ intrygowało go, w jaki sposób działa świat (stał się ekspertem od rozbrajania sejfów, bomb atomowych i samby), szybko doszedł do źródła swojego problemu. Był już wtedy rozpoznawalny ze względu na swoje osiągnięcia i to oczekiwania innych wobec niego okazały się powodem jego wypalenia. Wszyscy czekali na kolejną błyskotliwą ideę „tego Feynmana". „Ten Feynman" postanowił więc działać na przekór. Przypomniał sobie, co uwiodło go w fizyce za pierwszym razem – zabawa i eksperymenty przeprowadzane z czystej ciekawości, bez martwienia się o wynik. Postanowił przestać się przejmować wynikami i wrócić do korzeni. Kilka dni później zainteresował go sposób, w jaki obracał się talerz rzucony przez któregoś ze studentów w uniwersyteckiej stołówce. Z radością odkrył, że badanie tego wydawałoby się trywialnego problemu przychodzi mu z dawną lekkością. Za osiągnięcia w dziedzinie elektrodynamiki kwantowej, zapoczątkowane rozwiązaniem problemu dziwnie obracającego się talerza, niedługo później otrzymał Nagrodę Nobla.

Nie bój się zmian, ale pamiętaj, że nawet podążanie za pasją wymaga wytrwałości. Na początku wszystko wydaje się ekscytujące. To trochę tak jak z udanym związkiem – nie wystarczy raz się zakochać i liczyć na to, że cała praca zrobi się sama. Jest różnica pomiędzy odpuszczaniem wtedy, kiedy dana aktywność nie wnosi wartości w twoje życie albo przestała dawać ci radość, a skakaniem z kwiatka na kwiatek spowodowanym brakiem konsekwencji.

I chociaż uważam, że warto łączyć swoje zainteresowania z pracą, a raczej pracę z zainteresowaniami, albo przynajmniej próbować tak robić, nie oznacza to, że zarabiając pieniądze na czymś, co niekoniecznie jest tożsame z twoją pasją, nie masz szans na spełnione życie. Nie żyjemy w idealnym świecie i nie każdy ma szansę na łączenie pasji z zawodem w każdym momencie życia. I przecież nie każdy musi tego chcieć! Można swoją pracę po prostu lubić. Można mieć satysfakcję z tego, że dzięki naszej pracy czyjeś życie staje się odrobinę łatwiejsze. Nawet jeśli twoje obecne zajęcie nie wydaje się szczególnie ekscytujące, szukaj swojej drogi w wolnych chwilach i staraj się tak podejść do tego, co robisz obecnie, żeby nie chodzić do pracy ze zniechęceniem.

## A co, jeśli nie lubisz swojego zajęcia, ale chwilowo nie możesz go zmienić?

Czasem warto przez chwilę zacisnąć zęby, by później korzystać. Na przykład przez jakiś czas pracować więcej, by spłacić niefrasobliwie zaciągnięty kredyt konsumpcyjny, który zakłóca nam spokój. Albo skończyć niezbyt lubiane studia, jeśli jedyne, co nam zostało, to napisanie pracy magisterskiej. Zniechęcenie nie oznacza, że mamy spisać ten okres na straty.

1 **Postaraj się poszukać jasnych punktów w niezbyt lubianej całości.**

Może nie przepadasz za pracą wykonywaną w biurze, ale cenisz sobie znajomości, które tam nawiązałaś. Może gdyby nie ta praca, nigdy nie poznałabyś dziewczyny z działu obok, z którą się zaprzyjaźniłaś. Może studia są kiepskie, ale praca w radiu studenckim okazała się ciekawa. Może zdobyłaś kilka praktycznych umiejętności albo dowiedziałaś się sporo o sobie i swoich upodobaniach.

2 **Spróbuj wprowadzić drobne zmiany.**

Często potrafią zupełnie odmienić nasze doświadczenie. Jeśli denerwuje cię, że tracisz mnóstwo czasu na dojazdy, a twoja praca pozwala na zdalne wypełnianie obowiązków, może mogłabyś jeden dzień lub dwa dni w tygodniu pracować w domu?

3 **Przypomnij sobie, po co powstał twój zawód.**

Może monotonia pracy na poczcie doprowadza cię do szału, ale gdyby nie ty, starsza pani nie dostałaby swojej emerytury na czas. Może tempo pracy w agencji reklamowej przyprawia cię o zawrót głowy, ale gdyby nie ty, nie powstałaby ważna kampania społeczna.

4 **Rozwijaj się w wolnym czasie.**

Wiem, że po powrocie z nielubianej pracy najczęściej mamy ochotę po prostu zalec na kanapie, ale jeśli zmobilizujesz się, by poświęcić choć godzinę na rozwój umiejętności, którą chcesz się w przyszłości zajmować, po kilku miesiącach będziesz nieźle zorientowana w temacie. W większości przypadków nie potrzebujesz do tego drogich kursów, nie musisz mieszkać w dużym mieście – ogromne ilości praktycznej wiedzy są dostępne w internecie.

5 **Ucz się tak dużo, jak to możliwe.**
Wyciągnij z obecnej sytuacji tyle, ile się da. Potraktuj ją jak laboratorium życiowych umiejętności. Ćwicz nawiązywanie kontaktów, asertywność, odwagę w wyrażaniu swoich opinii. Zgłaszaj się na każdy kurs doszkalający organizowany w pracy. Poproś o pomoc w nauce nowego programu. Da ci to nie tylko nowe umiejętności, ale i poczucie sensu.

6 **Pamiętaj, że twoja praca to nie twoje życie.**
Nie definiuje cię, masz jeszcze mnóstwo innych obszarów, w których możesz osiągać spełnienie.

7 **Zadbaj o siebie w wolnym czasie.**
Jeśli do swojego zajęcia nie podchodzisz z entuzjazmem, tym bardziej powinnaś zadbać o jakość odpoczynku i atrakcyjność czasu wolnego. I nie mówię tu absolutnie o rzucaniu się w wir destrukcyjnych zachowań – chodzi mi o robienie tego, co sprawia ci prawdziwą frajdę, i rozpieszczanie się drobnymi codziennymi przyjemnościami.

Pamiętaj jednak, by zaciskanie zębów nie weszło ci w nawyk. Wypełniaj swoje obowiązki i nie pal za sobą mostów. Osiągnij zamierzony cel, a później włóż całą swoją energię w coś, co da ci spełnienie.

## Jak bez obciachu mówić o tym, co robisz?

Gdy dostałam propozycję napisania książki o *slow fashion*, nie mogłam w to uwierzyć. To było jedno z moich dziecięcych marzeń i nie przypuszczałam, że uda mi się je spełnić tak szybko. Kiedy książka pojawiła się w księgarniach i już w pierwszych dniach po publikacji okazało się, że ktoś ją kupuje i czyta z zainteresowaniem, najpierw przecierałam oczy ze zdumienia, a później odtańczyłam taniec radości na łóżku, wprawiając mojego psa w osłupienie.

*Przyjmowanie komplementów*

A co robiłam, kiedy ktoś z bliższych czy dalszych znajomych gratulował mi doskonale sprzedającej się książki? Mówiłam: „Dziękuję, ale wiesz, to tylko poradnik, nie prawdziwa książka, poza tym to dlatego, że jestem blogerką...". Przestałam, kiedy trafiłam na fantastycznego bloga amerykańskiej pisarki Alexandry Franzen (zgodziła się udzielić mi wywiadu, będzie w dalszej części!) i przeczytałam tam bardzo prawdziwy wpis dotyczący bliźniaczo podobnej sytuacji, ilustrujący, że umniejszanie własnych osiągnięć kompletnie nic nie wnosi. Nie pomaga ani nam (nie doceniamy siebie), ani innym (nie pozwalamy im cieszyć się naszym szczęściem i dajemy zły przykład). Może spowodujemy, że następnym razem, kiedy nasz rozmówca będzie chciał opowiedzieć komuś o swoim sukcesie, dwa razy się nad tym zastanowi. Nasi bliscy, przyjaciele, inni życzliwi nam ludzie chcą być z nas dumni! Nie ma żadnego powodu, aby im to utrudniać.

Nie mam na poparcie swojej tezy żadnych naukowych dowodów, ale wydaje mi się, że mówienie o swoich osiągnięciach jest szczególnie trudne, gdy jest się kobietą i mieszka się w Polsce. Skromność na wyrost wydaje się naszym sportem narodowym, wpaja się to szczególnie dziewczynkom. Tymczasem przyjmowanie komplementów z klasą, bez marudzenia („dziękuję bardzo" najzupełniej wystarczy), mówienie o tym, co udało nam się osiągnąć, na co poświęcamy swoją energię, co nas ekscytuje, powinno się znaleźć w zestawie narzędzi każdej osoby, która chce żyć rozsądnie i świadomie.

Zachęcanie znajomych dziewczyn do mówienia o swojej pasji i swoich osiągnięciach bezpośrednio, bez zbędnych wstępów i umniejszeń, to od jakiegoś czasu moja osobista misja. Oto kilka rad, które pomogły mi nauczyć się cieszyć publicznie ze swoich osiągnięć, bez wrażenia, że brzmię jak zapatrzona w siebie samochwała.

1. **Mów zwięźle i prosto.**
   Wystarczy jedno zdanie lub dwa. Jeśli rozmówca będzie zainteresowany, dopyta o resztę.

2. **Nie bój się nazwać po imieniu tego, co robisz.**
   Jeśli piszesz, jesteś pisarką, jeśli fotografujesz, jesteś fotografką, jeśli kodujesz, jesteś programistką. Mniej lub bardziej doświadczoną, zawodową czy nie, to nie ma żadnego znaczenia.

3. **Kiedy już rozwijasz swoją wypowiedź, opowiedz pełną historię.**
   Niech osoba, z którą rozmawiasz, wie, że twój sukces nie wziął się znikąd jak za dotknięciem czarodziejskiej różdżki. Że kosztował cię wiele pracy, wyrzeczeń, że po drodze pojawiały się przeszkody i chwile zwątpienia – takie pokazanie swojej ludzkiej strony w połączeniu z pewnością siebie bywa naprawdę inspirujące.

4. **Za wszelką cenę unikaj nieszczerych intencji!**
   W języku angielskim jest na to bardzo trafne nowe określenie – *humblebrag*. Na pewno kojarzysz tę koleżankę, która narzeka, że jej włosy taaaak okropnie wyszły w tym wywiadzie do telewizji, albo znajomego lamentującego na Facebooku, jaką jest ofermą, bo właśnie wylał kawę na umowę kupna domu w luksusowej dzielnicy. Ktoś bardzo chciałby się czymś pochwalić, ale nie ma odwagi powiedzieć tego wprost, więc zasłania się narzekaniem czy opisywaniem rzekomych wpadek – najczęściej wychodzi to niezręcznie. Nikt nie lubi być poddawany manipulacji, więc jeśli cieszysz się z czegoś, co ci się przytrafiło, i masz ochotę o tym powiedzieć, zrób to wprost!

5 **Kiedy ktoś cieszy się twoim sukcesem, pozwól mu na to.**
Nie wyrzucaj z siebie litanii wymówek, nie mów, że miałaś szczęście albo że ci się udało. To kompletnie niczemu nie służy. Po prostu podziękuj i dla równowagi zadaj jakieś pytanie swojemu rozmówcy.

6 **Nie obawiaj się.**
Jeśli obawiasz się, że mówiąc o tym, co dobrze ci wychodzi, zrazisz do siebie odbiorcę, to pomyśl, że jeśli nie cieszą go sukcesy innych, pewnie i tak nie jest osobą, z którą chciałabyś spędzać czas.

## Moja historia

Droga do odkrycia tego, co naprawdę lubi się robić, nie zawsze jest prosta i szybka. Zaryzykuję stwierdzenie, że najczęściej nie jest. Żeby pokazać ci, że mnie też nie poszło jak z płatka, opowiem swoją historię. Na pewno jest mnóstwo rzeczy, które dawałyby mi poczucie spełnienia, a jeszcze ich nie odkryłam. Może w czymś innym byłabym lepsza, ale nigdy się tego nie dowiem. Wiem, że mam pracę, która daje mi ogromną radość, pozwala się rozwijać i zarabiać na swoje potrzeby.

Najpierw była ciekawość. A jeszcze wcześniej lenistwo. Nie mogąc zebrać się do nauki przed maturą, trafiłam w raczkującej wtedy blogosferze na strony szafiarek – dziewczyn, które publikowały zdjęcia i opisy swoich stylizacji. Spodobała mi się świeżość tego zjawiska. W przeciwieństwie do modelek z magazynów z szafiarkami można było się utożsamić – nie miały idealnych figur ani koszmarnie drogich ubrań. Ujęło mnie też poczucie wspólnoty, które wytworzyło się między dziewczynami – komentowały nawzajem swoje blogi, doradzały sobie w potrzebie, stworzyły nawet specjalne forum, do którego nikt z zewnątrz nie miał dostępu.

Bez zbędnego zastanawiania się zarejestrowałam więc pierwszą w miarę sensowną nazwę, jaka przyszła mi do głowy, i poprosiłam mamę, żeby zrobiła mi zdjęcia w moim dawnym pokoju – był akurat świeżo odmalowany na umiarkowanie fotogeniczny kolor lekko zgniłej moreli. Miałam na sobie szare spodnie pumpy, które uszyła mi krawcowa, wtedy nie do kupienia w żadnym sklepie. To było dla mnie coś tak nowego i ekscytującego, że zamiast zastanawiać się, czy publikacja pierwszego posta to na pewno dobry pomysł albo co sobie pomyślą znajomi, po prostu zaczęłam działać.

Kilka lat później, kiedy mój blog miał już duże grono regularnie zaglądających czytelników, dotarło do mnie, że nie czuję się dobrze z górą ubrań zawalających szafę, szafki i większość innych powierzchni w mieszkaniu. Z natury jestem bałaganiarą, więc można sobie wyobrazić, jaki chaos przez to powstawał. Postanowiłam podać w wątpliwość utarte przekonania w rodzaju „nie można mieć zbyt wielu par butów" lub „to normalne, że kobieta staje przed pełną szafą i mówi, że nie ma się w co ubrać". Krok po kroku, za punkt wyjścia biorąc blogi minimalistów i ideę *slow fashion*, wypracowałam system, który pozwolił mi zbudować niewielką, dobrze funkcjonującą garderobę, pełną ubrań świetnej jakości, w których czuję się najlepszą wersją siebie.

Okazało się, że temat nie tylko interesuje i angażuje znacznie większą liczbę czytelników niż pokazywane przeze mnie stroje, ale też zmienia odzieżowe zwyczaje kobiet w każdym wieku, łącznie z tymi, które nigdy nie zajrzały na mojego bloga – a to dzięki książce wypromowanej pocztą pantoflową. Do dziś dostaję maile od czytelniczek, którym książkę poleciła koleżanka, siostra czy synowa, i za każdym razem bardzo mnie wzruszają.

Z tymi wielkimi momentami w życiu, na które długo czekamy, często jest tak, że wypadają dużo mniej triumfalnie, niż je sobie wyobrażaliśmy – a przynajmniej tak się dzieje w moim przypadku. Umowę z wydawnictwem podpisywałam na kolanie pod urzędem pocztowym, świeżo wydrukowane książki przyniósł mi bardzo niemiły pan kurier w bardzo zajęty poranek, a na pierwszym spotkaniu autorskim byłam tak zestresowana, że niewiele z niego pamiętam – oprócz kołaczącej mi się wtedy w głowie sceny z *Seksu w wielkim mieście*... Tej, w której pod koniec spotkania autorskiego Carrie z widowni pada tylko jedno pytanie, dotyczące występującego po niej psiego celebryty.

Zupełnie drobne rzeczy nieoczekiwanie najbardziej zapadają nam w pamięć – i tak jest właśnie z wieloma historiami inspirujących odzieżowych przemian, które podesłały mi moje czytelniczki. W dni, kiedy wszystko, co robię, wydaje mi się kiepskie i bez sensu, przypominam je sobie albo wręcz przekopuję archiwum skrzynki. Czytam i dociera do mnie, że jeśli moja praca wpłynęła pozytywnie na codzienność innych osób, to warto nie tylko ją kontynuować, ale i próbować nowych rzeczy.

Po kilku latach prowadzenia bloga uświadomiłam sobie, że to nie moda jest moją pasją. Jasne, lubię zarówno piękne ubrania (zwłaszcza gdy są porządnie wykonane), jak i dobrze wyglądać, ale trzymam się tego, co pasuje do mnie najlepiej. Sezonowe trendy mogłyby dla mnie nie istnieć, a pokazy projektantów traktuję jako egzotyczną ciekawostkę. Cały system organizowania garderoby opracowałam w końcu po to, by ciuchy nie utrudniały mi życia i zajmowały mniej czasu. Trafniej niż „blogerka modowa" określałoby mnie sformułowanie „edukatorka odzieżowa".

Za to z ogromnym entuzjazmem tłumaczyłam każdemu kolejnemu znajomemu, który postanawiał założyć bloga, jak pisać angażująco, co zrobić, żeby przekazać swój komunikat tak, by był przydatny i pomocny. Odkryłam, że prawdziwą przyjemność sprawia mi dialog z odbiorcą, bezpośrednie przekazywanie tego, co jest dla mnie ważne, za pomocą tekstu, ale i zdjęć, i czekanie na informację zwrotną.

Często słyszę, że moje teksty czyta się tak, jakby rozmawiało się z dobrą koleżanką – i zawsze po takim komplemencie moje serce wykonuje triumfalny piruet, bo właśnie na tym najbardziej mi zależy. Na dostępności, bezpośredniości, szczerości. Wierzę, że nawet bardzo trudne idee da się wyrazić prostymi słowami – a jeśli nie, to może samemu się ich nie rozumie?

Najpierw pisałam o ubraniach, później o tym, jak nie dać im wejść sobie na głowę, w międzyczasie pojawiło się wiele innych tematów związanych ze świadomym życiem: podróże, celebracja codzienności, własny biznes. Bardziej niż na konkretny temat piszę dla konkretnego typu kobiet, podobnych do mnie: chcących przeżyć swoje życie świadomie, dobrze, ciekawie, satysfakcjonująco i po prostu przyjemnie. To kobiety, do których nie trafia bełkotliwa papka serwowana przez magazyny, gdzie co drugie zdanie zaczyna się od „Każda kobieta marzy o..." albo „Każda kobieta powinna...", a następnie występuje litania nazw marek butów, szminek i zabiegów kosmetycznych, jakie są w tym sezonie obowiązkowe. To kobiety, które nie lubią być traktowane jak niespełna rozumu, doceniają rozmowę w życzliwym dziewczyńskim gronie, czasem na poważne, a czasem na zupełnie błahe tematy.

Taki jest mój blog. Miesięcznie notuje ponad pół miliona odwiedzin, daje mi możliwości, o których nawet mi się nie śniło – od poznawania wielu niezwykłych ludzi po wydawanie książek. Sprawił, że ani jednego dnia w życiu nie musiałam przepracować w „prawdziwej" pracy, i choć czasem bywa stresująco i męcząco, zwykle w niedzielę wieczorem z uśmiechem kładę się do łóżka, rozmyślając, co ciekawego przyniesie kolejny tydzień.

Jak to się stało, że kaprys obijającej się maturzystki do dziś daje mi spełnienie? Myślę, że jest przynajmniej kilka czynników.

Po pierwsze i najważniejsze, wytrwałość, ale i umiejętność skorygowania kursu, kiedy zajdzie taka potrzeba. Z natury jestem niecierpliwa i miewam słomiany zapał. Jednak dzięki temu, że w przypadku bloga mogę liczyć na niemal natychmiastową informację zwrotną i wymianę doświadczeń, ten monotonny u swych podstaw proces nigdy mi się nie nudzi. Na pewno pomaga też różnorodność – w przeciwieństwie do większości tradycyjnych dziennikarzy mogę pisać o tym, co w danym momencie mnie pasjonuje, a to zapewnia moim tekstom sporą dawkę świeżości i entuzjazmu. W ramach pracy zdarzyło mi się już jeździć kabrioletem po francuskim wybrzeżu, filetować ryby pod kierunkiem znanego szefa kuchni, wędrować po Bieszczadach, by wysłuchać historii mieszkających tam samotników i miłośników przyrody, wybierać stroje do serialu dla nastolatek (co nauczyło mnie, że duża liczba ubrań sprawia, że mam ochotę krzyczeć nie ze szczęścia, ale z przerażenia), polerować bursztyny, brać udział w marokańskim rytuale hammam (i znienacka znaleźć się nago wśród kilkudziesięciu równie nagich kobiet, z których żadna nie mówiła po angielsku), robić relację ze studia, w którym kręcono filmy o Harrym Potterze... i tak dalej.

Po drugie, dużą rolę odegrało rozwijanie unikatowego zestawu wzajemnie uzupełniających się umiejętności. Oczywiście to nie wyglądało tak, że pewnego kwietniowego poranka 2008 roku usiadłam przed kartką papieru i postanowiłam postawić na umiejętności X, Y i Z, tak jak przy tworzeniu postaci w grze komputerowej. Jak już pisałam, pasja bierze się z sukcesów – małych i dużych. Mimo że na początku swoje treści opierałam głównie na zdjęciach stylizacji, szybko okazało się, że czytelniczkom podoba się sposób, w jaki piszę. Zaczęłam więc zamieszczać dłuższe teksty, co spotkało się z jeszcze większym entuzjazmem i zaangażowaniem, a dzięki temu bardziej przykładałam się do formułowania zdań, pisałam posty z wyprzedzeniem, robiłam porządną edycję. Zadziałał tu schemat: wysiłek → sukces → pasja → więcej wysiłku → więcej sukcesu → więcej pasji.

Jest mnóstwo lepszych pisarzy, lepszych fotografów, lepszych researcherów, sprawniejszych właścicieli biznesów. Okazało się jednak, że połączenie umiejętności pisania o rzeczach, które są dla mnie w danym momencie ważne, w lekkim, konwersacyjnym tonie, ze zdobywaną powoli wiedzą o komunikowaniu się w internecie to przepis na zainteresowanie grona mądrych, zaangażowanych czytelniczek. Zdarzają się komentarze, które wnoszą zdecydowanie więcej wiedzy, inspiracji, dają więcej pretekstów do rozmyślań niż mój oryginalny post!

Po trzecie, trudno osiągnąć równowagę pomiędzy mówieniem „tak" a mówieniem „nie", co nie pozwoliło mi się ani znudzić, ani wypalić. Żeby rozwinąć bloga do poziomu, na którym jest teraz, musiałam wielokrotnie wyjść ze swojej strefy komfortu. Pójść na imprezę branżową, na której nikogo nie znałam (teraz nie byłby to dla mnie większy problem, ale kiedy miałam dziewiętnaście lat, byłam taką perspektywą przerażona). Wygłosić prelekcję do widowni liczącej kilkaset osób. Zaryzykować zupełną zmianę frontu, jeśli chodzi o tematykę bloga – bardzo się bałam, że nikt nie będzie już tam zaglądał, kiedy przestanę pokazywać swoje stylizacje.

Paradoksalnie nie udałoby mi się tego osiągnąć, gdybym przynajmniej równie często nie mówiła „nie". „Nie" dla kolejnej konferencji dla blogerów, która zabiera mi cały dzień, a niewiele wnosi. „Nie" dla lukratywnych, ale niekoniecznie zgodnych z moimi wartościami ofert współpracy, które stale do mnie spływają. „Nie" dla powiązań ze światem show-biznesu, ścianek, imprez i pudelków – od zawsze wiedziałam, że to nie moja bajka. I w końcu – „nie" dla wątpliwości, które pojawiają się w mojej głowie.

Przez osiem lat nieraz miałam ochotę rzucić to wszystko, skasować bloga i zająć się czymś innym. Czasem powodem były przerażające przypadki internetowej nienawiści, czasem wystarczył komentarz kogoś „życzliwego", zamartwiającego się o moją przyszłość. Niekiedy spędzałam zbyt wiele czasu przed komputerem, innym razem posty, w które włożyłam mnóstwo pracy, nie przynosiły takiego rezultatu, na jaki liczyłam, a niekiedy po prostu miałam gorszy dzień. Zawsze udawało mi się jednak uciszyć złośliwy głosik w głowie powtarzający, że nie jestem wystarczająco dobra, że to, co robię, nie jest wystarczająco wartościowe, a w ogóle przecież wygodniej byłoby to wszystko rzucić i zająć się czymś normalniejszym.

Robiłam przerwę, brałam głęboki oddech i stawiałam kolejny krok, a potem jeszcze jeden i następny. Nie wykluczam, że kiedyś zajmę się czymś zupełnie innym, ale dopóki blogowanie daje mi satysfakcję i dopóki dostaję informacje, że inspiruję moje czytelniczki, nie mam zamiaru przestawać.

I oczywiście byłoby mi dużo trudniej rozwijać swoją blogową pasję i zamienić ją w pracę, gdyby nie wsparcie rodziny, przyjaciół, a wreszcie i czytelników – oto siła naszego otoczenia.

Podobnych przypadków znam zaskakująco sporo.

Piotr Sikora. Chłopak, który w trakcie studiów stwierdził, że kariera prawnika nie da mu spełnienia, i zaczął szukać czegoś, co mu je zapewni. Znalazł. I sam ci o tym opowie.

# Wywiad z Piotrem Sikorą

Piotrek zajmuje się improwizacją, czyli sztuką odgrywania scen spontanicznie, bez przygotowania. Trudno to wytłumaczyć, lepiej zobaczyć na własne oczy – na przykład w Klubie Komediowym w Warszawie, gdzie zawsze dzieje się coś związanego z impro. Oprócz grania w teatrach improwizowanych Klancyk i Hofesinka Piotr uczy też improwizacji w Szkole Impro, a od czasu do czasu gra koncerty, na których śpiewa swoje piosenki – i zawsze porywa publiczność.

**Jak to się stało, że kilka lat temu zająłeś się impro? To była chyba dość niszowa dziedzina?**

Myślę, że dalej jest bardziej niszowa niż nieniszowa. A zaczęło się tak, że miałem trudny moment na studiach prawniczych – nie mogłem się na nich odnaleźć, rzucałem je, a potem wracałem. Czułem, że to nie jest to. Wtedy tak tego nie postrzegałem, ale byłem bardzo zagubiony. I cieszę się, że ten moment nastąpił, bo wielu ludzi robi rzeczy, dlatego że je robi. Nie widzą sensu, ale je kontynuują. Zacząłem zadawać sobie sporo pytań: Dlaczego jestem w tym miejscu, w którym jestem? Dlaczego nie do końca wiem, co chciałbym robić w życiu? Długo nie mogłem tego odkryć, ale wiedziałem na pewno, że nie chcę robić tego, co robiłem do tej pory.

Najpierw pomyślałem o dziennikarstwie. Zacząłem współpracować z radiem Kampus – to zresztą do dziś bardzo ważne dla mnie miejsce. Jeśli improwizacja to liceum, to Kampus był podstawówką – stawiałem tam pierwsze kroki, zdobywałem pierwsze doświadczenia, i to był naprawdę fajny czas. Obie dziedziny mają jakieś wspólne źródło – skupiają się na tym, co dzieje się w danej chwili, wymagają ciekawości świata.

W którymś momencie kolega zajmujący się stand-upem zabrał mnie na przedstawienie Klancyka – teatru impro. Poszedłem na warsztaty i zobaczyłem, że jest tam bardzo wiele rzeczy, których szukam. Dużo rzeczy w życiu robiłem – dziennikarstwo było okej, było przyjemne, ale raczej zawsze musiałem w sobie budować jakąś motywację większym obrazkiem, a tutaj miałem takie uczucie: „Wow, po prostu lubię to robić, to jest fajne i wartościowe". Improwizacja dużo daje, bardzo otwiera, pozwala być sobą w bezpiecznych warunkach, akceptuje cię takiego, jakim jesteś. Poczułem, że nie wiem, czy to jest coś, co chcę robić całe życie, ale w tym momencie na pewno chcę się w to zaangażować. Może zaprowadzi mnie też do czegoś nowego.

Na spektaklu zobaczyłem coś, co mnie urzekło, ale kiedy poszedłem na warsztat i poznałem to od środka, urzekło mnie jeszcze bardziej. Bo były tam bardzo bliskie mi wartości.

**A co to za wartości?**

Kontakt z ludźmi, robienie rzeczy, które zawsze sprawiały mi wielką frajdę, ale nikt nie mówił, że to jest okej. Świadome przebywanie z drugim człowiekiem i obserwowanie tego, co się wydarza – każdy, kto improwizuje, powie ci to samo: że to jest po prostu wielka radość, kiedy jesteś z inną osobą, na chwilę się z nią łączysz i wspólnie coś tworzycie.

Kolejna ciekawa rzecz – zwykle jesteśmy uczeni fortyfikowania się w swoich poglądach, a nagle okazuje się, że w improwizacji ten rodzaj myślenia jest nieskuteczny. Raz, że granie na siebie nie jest fajne, dwa, że nie przynosi tak dobrych efektów jak współpraca. Okazuje się, że kiedy dwie osoby się otworzą i strzelają do jednej bramki, powstają niesamowite rzeczy. Gdy grałem pierwsze sceny, wydawało mi się, że muszę być śmieszny, że muszę komuś udowodnić, że jestem lepszy, a jest zupełnie na odwrót. Im mniej mi zależy na tym, czy to, co mówię, jest zabawne, tym lepiej. Zrozumiałem, że fajnie jest przegrywać. Czasem najwięcej scenie daje ten, kto przegrywa, kto daje się dotknąć. Teraz to rozumiem, ale wtedy bardzo mnie to uderzyło.

**Zastrzegasz, że nie jesteś profesjonalnym muzykiem, a jednak grasz koncerty dla wielu osób, śpiewasz piosenki z bardzo osobistymi tekstami. To chyba wymaga sporej odwagi?**

Na pewno trochę pomogła mi w tym improwizacja. Wcześniej zawsze czułem taką potrzebę, chciałem coś powiedzieć, ale nigdy mi nie wychodziło (śmiech).

Dużym odkryciem był dla mnie wyjazd do Stanów Zjednoczonych na warsztaty improwizacji, gdzie jednym z elementów szkolenia była nauka monologu. Dostaliśmy duże wsparcie na zasadzie: „Chcesz to robić, więc rób". Ten, kto jest na scenie, jest artystą. Ten, kto tworzy, jest artystą. W improwizacji dużo się mówi o tym, żebyśmy traktowali siebie jak geniuszy – troszczyli się o partnerów, hołdowali im. To mnie bardzo zainspirowało. I przy monologu zobaczyłem pierwszy raz w życiu, że kiedyś chciałem coś powiedzieć i czułem, że w to nie trafiam, a teraz to działa.

Monolog polega na tym, że dostajesz dużo wsparcia. Wychodzi jedna osoba i wygłasza monolog, który powinien być szczery, prawdziwy i osobisty, trwający minutę czy dwie. Zachęcano nas, by nie starać się być śmiesznym, i dotarło do mnie, że chęć bycia śmiesznym była dla mnie ucieczką, że bałem się powiedzieć coś prawdziwego, bo łatwiej schować się za jakimś komizmem, za ironią, zblazowaniem. A tam doświadczyłem tego, że kiedy mówię monolog, ludzie mnie słuchają, śmieją się, mimo że wcale nie starałem się być śmieszny, jest w tym jakiś ładunek energetyczny, coś bardzo pięknego. Czułem, że zawsze tego gdzieś szukałem, ale brakowało mi odwagi.

Wygłaszając swój monolog i słuchając innych, zrozumiałem, że nieważne, kim się jest. Kiedy mówisz coś prawdziwego do ludzi, to oni cię słuchają – i w tym jest wielka wartość. Widać, że każdy trochę się obawia powiedzieć coś prawdziwego, ale jeśli już się odważysz, to czujesz, że warto.

Te monologi mają też taką funkcję, że na ich podstawie powstają później sceny. I zachętą dla osoby, która wykonuje monolog, jest to, że im lepszy będzie ten monolog, im bardziej inspirujący, tym lepsze będą sceny. I to mi pokazało, że, wow, można być szczerym, że właściwie to bycie szczerym wobec siebie jest prawdziwą odwagą, a nie chowanie się za jakimiś maskami – możesz się oszukiwać, ale nic na tym nie zyskujesz. Zobaczyłem, że dużo ludzi ma z tym problem i ja sam mam z tym problem, więc to stało się kierunkiem, na którym zacząłem się od tej pory wzorować.

**_À propos_ Stanów: zauważam tam coś, czego wszyscy moglibyśmy się od nich uczyć – bezproblemowe mówienie o tym, co się robi, i nazywanie rzeczy po imieniu. Piszesz książki? Super, jesteś pisarzem! Śpiewasz piosenki? Super, jesteś artystą muzykiem!**

Tak, mam wrażenie, że tam to przegięcie jest w drugą stronę. Ale faktycznie w Polsce często można się spotkać z postawami, które wynikają z zazdrości czy niezaspokojonych potrzeb. I też mam takie wrażenie, że jak dzielisz się jakimiś swoimi osiągnięciami, to budzi trudne uczucia w ludziach i wielu osobom brakuje dojrzałości, żeby wyciągnąć z tego jakąś mądrość. Spotykasz się z człowiekiem, który robi coś fajnego, i ty też byś chciał. Budzi to zazdrość, ale ona może być dobrym uczuciem, bo pokazuje, że okej, jest w tobie coś, co byś chciał, a jeszcze tego nie masz, może wyniknie z tego coś nowego. Ale często ludzie nie chcą na to popatrzeć z tej perspektywy, łatwiej im kogoś skrytykować. Stąd często lęk przed mówieniem: „jestem artystą", „robię fajne rzeczy", „piszę piosenki, które podobają się ludziom", zaniżanie swojej wartości. Ale trzeba pamiętać, że jeśli mówię o sobie dobre rzeczy, a ktoś ma z tym problem, nie jest to mój problem.

**Improwizacja stała się Twoją pracą. Czy coś się wtedy zmieniło?**

Nigdy nie rozumiałem, jak ludzie, którzy robią coś fajnego, robią to, co lubią, mogą jeszcze narzekać. Ale kiedy zacząłem zajmować się improwizacją zawodowo, odkryłem, że pojawiły się problemy, których się zupełnie nie spodziewałem – że nawet jak jesz superciasteczka, to możesz się nimi przejeść. Też masz jakąś swoją ograniczoną pojemność, pojawiają się inne problemy – z nadmiaru rodzą się frustracje, wypalenie. Tyle poświęciłeś, żeby robić to, co lubisz, a teraz czujesz się dziwnie. I powstaje pytanie, jak znaleźć równowagę, tak żeby nie przestać lubić tego, co się robi. Doszedłem do takiego momentu, może nie kryzysowego, ale czułem się wypalony.

**I co wtedy zrobiłeś?**

Zrobiłem sobie wolne. Pojechałem na wakacje na Filipiny. Nie jestem niewolnikiem luksusu, nie potrzebuję dużo, żeby podróżować. Nabrałem dystansu, poznałem innych ludzi, inne myślenie, wróciłem z tej podróży świeży.

**A dlaczego w takim razie robienie rzeczy, które się lubi, jest ważne?**

Bo warto. Nie tylko daje nam to dużo radości, ale też przy okazji dowiadujemy się wiele o sobie. Kiedy robiłem rzeczy, których nie lubiłem, każda najmniejsza grudka była dla mnie murem, a każdy mur był zaporą na czterysta metrów w górę. A kiedy robisz to, co lubisz, to ci się chce, po prostu. Kiedy realizujesz siebie, świat ci sprzyja, chce, żeby ci się udało. Fajne jest uczucie, że nie tylko robisz to, co lubisz, ale też jest to pożyteczne – ma jakąś wartość dla innych.

Na Filipinach pracowałem jako wolontariusz na budowie. Wyjeżdżaliśmy do pracy o siódmej, wracaliśmy o szesnastej. Były tam dziewczyny, chłopaki, kobiety, byli mężczyźni, starsi ludzie, młodzi ludzie. Niesamowite, bo normalnie nikt z nas nie robiłby takich rzeczy za pieniądze, podejrzewam – kopanie w stercie ziemi, w której mieszkają jakieś szczypawki, karaluchy, wszystkie dziadostwa świata, jakie sobie wyobrazisz. I wszyscy mieliśmy siłę i motywację, żeby to robić, bo czuliśmy, że to, co robimy, jest pożyteczne, dobre. Że pomagamy społeczności, nawet jeśli to były bardzo proste rzeczy, budowanie boiska, odgruzowywanie czegoś, ale towarzyszyło takie poczucie, że dzieciaki, które teraz nie mają boiska, za dwa tygodnie będą mogły pograć w kosza. Nigdy tak bardzo nie czułem, że moja praca ma sens.

**A co byś poradził komuś, kto ciągle szuka swojej pasji, nie jest pewien, co tak naprawdę lubi?**

Poeksperymentować, popełniać błędy, wypróbowywać kolejne pomysły – żadna odpowiedź nie przyjdzie do ciebie, kiedy stoisz w miejscu. U mnie dziennikarstwo było takim eksperymentem, poświęciłem na to dużo czasu, ale okazało się, że to nie jest to. Ale ten czas poświęcony na eksperymenty, które nie wychodzą, i na pomysły, które sprawiają, że twoja rodzina patrzy na ciebie jak na freaka, bo to kolejny twój fantastyczny plan, znowu jakaś dziwna rzecz, też ma swoją wartość, jeśli wykorzystujesz go świadomie i słuchasz siebie. Za to właśnie bardzo cenię improwizację – nauczyła mnie, żeby popełniać błędy, żeby pozwolić sobie upadać, mieć luz. Wiadomo, że łatwo się mówi, bo porażka zawsze boli, zwłaszcza jeśli nam zależy, ale dobrze jest sobie na to pozwolić i robić dalej swoje.

# Zorganizuj się

## Do czego dążysz?

Przychodzisz do domu po pracy, robisz obiad, w międzyczasie wrzucasz pranie do pralki, a później bierzesz się do obliczania zaległych rachunków. Wydaje ci się, że gdybyś mogła pracować w domu, wszystko wyglądałoby inaczej. Masz w głowie wizję niespiesznych poranków, urozmaiconych śniadań, wieczorów spędzanych na rozmowach z bliskimi czy czytaniu ulubionego magazynu w wannie pełnej pachnącej piany. W końcu zbierasz się na odwagę i zakładasz własną działalność.

Ale okazuje się, że zawsze jest coś do załatwienia. Masz wyrzuty sumienia, że rano przez godzinę przeglądałaś Facebooka, zamiast sprawnie wykonać zadania z długiej listy „Do zrobienia", więc codziennie siedzisz do późnego wieczora. I ku swojemu zaskoczeniu odkrywasz, że jeśli coś się u ciebie zmieniło w kwestii odpoczynku, to tylko na gorsze. Gdzie popełniłaś błąd?

Kiedy opowiadam komuś, że staram się żyć w swoim tempie, często słyszę w odpowiedzi: „Aaa, *slow life*! Brzmi super, ale nie mam czasu przeprowadzać się do drewnianego domku pod lasem". To tak nie działa. *Slow* zaczyna się w głowie. Jeśli nie nauczymy się utrzymywania równowagi między czasem pracy a czasem odpoczynku i zabawy, nie uporządkujemy swoich priorytetów, nie zadbamy o wartościowe spędzanie wolnego czasu, w drewnianym domku pod lasem będziemy równie sfrustrowani, jak w centrum wielkiego miasta. A do tego będziemy mieć dalej do kina.

*Odnaleźć swój rytm*

Zauważyłaś, że zamiast w „wolnym" czy „zwolnionym" tempie napisałam po prostu „w swoim"? *Slow* dla każdego oznacza coś innego. Mamy różną wrażliwość na ból, różne zapotrzebowanie na sen i inne wymogi, jeśli chodzi o tempo życia czy proporcje między odpoczynkiem a pracą. Znam osoby, które intensywnie pracują przez kilka miesięcy, by pozostałą część roku spędzić w odległych zakątkach świata. Znam też takie, które świetnie odnajdują się w etatowej pracy od siódmej do piętnastej, a resztę dnia mają dla siebie. Nie ma jednego słusznego wzorca, każdy musi odnaleźć swój rytm. I jakkolwiek dziwnie by to brzmiało, trzeba się nauczyć odpoczywać. Ale żeby z czystym sumieniem odpoczywać, musimy się wcześniej zastanowić, do czego tak naprawdę zmierzamy i jak rozsądnie zorganizować swoją codzienność, by z jednej strony osiągnąć założony cel, a z drugiej – nie znienawidzić po drodze swojego życia.

Potrzebujemy tego wszyscy. Żyjemy w rzeczywistości, która przypomina grę komputerową *The Sims*. Dążymy do tego, by zarabiać lepiej, pracować dłużej, mieć więcej – nie zastanawiając się, po co. Jeśli nie nauczymy się doceniać tego, co mamy, nigdy nie pozbędziemy się uczucia nienasycenia i tymczasowości. Po co zarzynać się, walcząc o więcej, skoro nie potrafimy się cieszyć życiem? Dlaczego tym razem miałoby być inaczej?

Niezwykle inspiruje historia Joshuy Fieldsa Millburna, dziś jednego z najbardziej znanych orędowników minimalizmu. Dawniej jego życie nie miało jednak nic wspólnego z tą filozofią. Był odnoszącym sukcesy specjalistą do spraw sprzedaży pracującym w jednej z amerykańskich korporacji. Zarabiał dziesiątki tysięcy dolarów miesięcznie, jeździł luksusowym samochodem, mieszkał w olbrzymim domu, nosił drogie garnitury i zegarki. Dopiero trudne doświadczenia życiowe, śmierć mamy i rozwód, uświadomiły mu, jak bardzo jest nieszczęśliwy. Praca po osiemdziesiąt godzin tygodniowo przyczyniła się do pogorszenia jego stanu zdrowia, luksusowe zakupy sprawiły, że chociaż zarabiał ogromne pieniądze, żył ponad stan i popadł w długi. Po raz pierwszy od długiego czasu zatrzymał się i zaczął kwestionować zasady, według których funkcjonował do tej pory.

Te poszukiwania zaprowadziły go do odkrycia minimalizmu. Pozbył się nadmiaru przedmiotów, zbyt dużego domu, niepotrzebnego samochodu. Zrezygnował z pracy, która mimo solidnej pensji i ciągłych awansów nie dawała mu spełnienia. Skupił się na swojej pasji – pisaniu. Naturalnie nie od razu mógł się z niej utrzymywać, więc początkowo pracował też na pół etatu w kawiarni. Nie przestawał testować, co tak naprawdę jest mu potrzebne i co daje mu poczucie szczęścia, a czego trzyma się tylko z przyzwyczajenia lub dlatego, że wszyscy tak robią. Odkrył na przykład, że dzięki rezygnacji z domowego internetu pracuje efektywniej, spędza więcej czasu z bliskimi, częściej wychodzi na spacery i przebywa na łonie natury. Okazało się, że dobrowolne ograniczenia dają mu więcej radości niż luksusowe zakupy, które wpędzały go w długi i sprawiały, że całymi dniami siedział w pracy. Że po pozbyciu się nadmiaru – przedmiotów, zobowiązań, pragnień konsumpcyjnych – żyje o wiele szczęśliwiej, zarabiając i pracując dużo mniej.

Nie mówię, że ortodoksyjny minimalizm jest receptą dla każdego, jestem jednak przekonana, że ogromna większość z nas może skorzystać na nieco bardziej minimalistycznym podejściu do życia. Nie należy również traktować tej opowieści jako zachęty do życia od wypłaty do wypłaty. Komfort finansowy i oszczędności, pozwalające nie martwić się perspektywą nagłego wydatku czy kilkumiesięcznego bezrobocia, to bardzo ważny element świadomego życia – choćby dlatego, że łatwiej nam wtedy znaleźć odwagę do robienia rzeczy, które naprawdę chcemy robić. Warto jednak zastanowić się nad tym, jakie właściwie są nasze cele i czy aby je osiągnąć w najprostszy możliwy sposób, musimy podążać najbardziej uczęszczaną ścieżką. A może samo rozkoszowanie się podróżą jest ważniejsze niż stacja docelowa?

Tam, gdzie w grę wchodzą nasze pragnienia, często działamy na autopilocie. Dużo łatwiej je zrewidować, niż realizować przez długie lata tylko po to, by przekonać się, że wcale nie cieszą nas tak, jak się tego spodziewaliśmy. Może zamiast próbować zarabiać coraz więcej pieniędzy, warto zrobić lepszy użytek z funduszy, które mamy? Albo po prostu obciąć koszty?

Kwestionowanie naszych przekonań jest naprawdę rozwijające. Długo żyłam w przekonaniu, że potrzebuję mnóstwa pieniędzy na nowe ubrania, by uczynić mój blog interesującym. Okazało się, że wystarczy pisać otwarcie, szczerze i pomocnie. Kupuję po kilka rzeczy w roku, rzadko pokazuję je na blogu, a odzew czytelniczek jest większy niż kiedykolwiek.

## Żyć szczęśliwie, czyli jak?

Zawsze mnie fascynowało, jak to się dzieje, że wśród gwiazd Hollywood, które teoretycznie mają wszystko, o czym tylko można zamarzyć – sławę, pieniądze, wygląd, hmm… gwiazd filmowych – zdarza się tyle rozwodów, problemów z prawem, samobójstw. A może mieszczą się w średniej, tylko po prostu częściej o nich słyszymy? Czy to presja związana z popularnością i stresującą pracą? A może rozczarowująca świadomość, że samo skreślanie kolejnych pozycji z listy, nawet jeśli jest to kupno luksusowej łodzi czy złota statuetka, nie ma wiele wspólnego ze zwykłym codziennym szczęściem?

*Hedonistyczna adaptacja*

Zig Ziglar, amerykański mówca, powiedział kiedyś, że wszyscy teoretycznie wiemy, że dobra materialne szczęścia nie dają, ale każdy wolałby się jednak przekonać o tym na własnej skórze. Całymi latami żyjemy w oczekiwaniu na ten jeden moment – kupno domu, wymianę samochodu na lepszy, zakupy w wymarzonym sklepie – i jesteśmy przekonani, że potem już zawsze będziemy szczęśliwi. Tak się jednak nie dzieje. Wyczekiwany przedmiot czy zmiana szybko nam powszednieją. To wina hedonistycznej adaptacji, zjawiska wdrukowanego w naszą naturę. Niemal natychmiast zaczynamy postrzegać nowy nabytek jako coś zupełnie oczywistego. Kiedy w końcu budujesz piękny dom, odkrywasz, że sąsiad ma basen, i znów czujesz potrzebę „doganiania". W telefonie, który jeszcze do niedawna perfekcyjnie ci służył, dostrzegasz mnóstwo niedociągnięć, gdy tylko wychodzi nowszy model. Nasze aspiracje stale rosną.

To, że jesteśmy świadomi tego mechanizmu, nie oznacza, że tak po prostu go wyłączymy. Możemy jednak nauczyć się zarządzać naszymi potrzebami w taki sposób, by wydane pieniądze syciły nasze poczucie szczęścia na długo. Specjalistką od zjawiska hedonistycznej adaptacji jest amerykańska psycholog Sonja Lyubomirsky, kojarzona z nurtem psychologii pozytywnej. To prężnie rozwijający się kierunek, który zakłada, że jako kowale swojego losu mamy znaczący wpływ na nasze samopoczucie. W swoich książkach (są wymienione w *Biblioteczce*) przedstawia mnóstwo popartych badaniami recept na walkę z tą frustrującą pułapką, jaką zastawiają na nas własne umysły.

Szczególnie interesujące są jej podpowiedzi dotyczące wydawania pieniędzy w mądry sposób, tak by trwale wnosiły wartość w nasze życie. Sugeruje, by gromadzić raczej doświadczenia niż przedmioty. Po pierwsze, sycą na dłużej i budują dobre wspomnienia. Jesteśmy w końcu sumą naszych doświadczeń i to ich różnorodność pozwala nam się rozwijać. Często przy okazji budujemy wartościowe relacje. Po drugie, trudniej je ze sobą porównać. Bo przecież nie można jednoznacznie określić, że wakacje w górach są lepsze niż te nad morzem, a kurs gotowania bije na głowę tajski masaż.

Różnorodność jest ważna. Dlatego zanim kupimy drogie narty, zastanówmy się, czy nie lepiej wypożyczać co sezon inne, skoro jeździmy tylko przez tydzień w roku. Czy na pewno potrzebujemy własnego teleskopu, który po chwilowym zachwycie skończy jako kurzący się na strychu nieużywany gadżet? Może lepiej wziąć udział w pokazie astronomicznym, który zapewnia nie tylko niecodziennie przeżycia, ale też ciekawe opowieści specjalisty. W Polsce astroturystykę można uprawiać na przykład w Bieszczadach. Korzystając z tego rodzaju „wypożyczalni szczęścia", nie tylko zapewniamy sobie więcej urozmaiceń, ale też nie zagracamy przestrzeni życiowej i nie musimy się kłopotać konserwacją czy naprawą – same plusy!

Kolejną wskazówką jest rozłożenie przyjemności w czasie. Długofalowo bardziej niż nowe porsche uszczęśliwi nas jego ekwiwalent w masażach, wyjściach na kolacje i wizytach u ulubionego fryzjera rozłożony w regularnych, niewielkich odstępach na kilka lat.

Ponadto jeśli już zdecydowaliśmy się wydawać pieniądze, przeznaczmy je na innych równie chętnie, jak na siebie – przyniesie nam to zdecydowanie więcej satysfakcji. Jestem pewna, że znasz to ekscytujące uczucie, kiedy ktoś cieszy się z podarowanego przez ciebie trafionego prezentu. Kupujmy więc bliskim małe upominki (najlepiej będące doświadczeniami – to już w ogóle kumulacja szczęścia!), zostawiajmy zaskakująco wysokie napiwki uprzejmym kelnerom i zamówmy kilka nowości wydawniczych dla lokalnej biblioteki. Uczucie długotrwałego zadowolenia z siebie gwarantowane.

## Na co warto wydać pieniądze odłożone na przyjemności?

- Na to, co sprawi nam długotrwałą satysfakcję. Poniżej zamieszczam kilka pomysłów, by rozruszać twoją kreatywność. Dopisz, co tylko przyjdzie ci do głowy, i korzystaj, kiedy tylko możesz!
- Na profesjonalny relaksujący masaż. Magia!
- Na zakup najpiękniejszego notesu, by prowadzić w nim pamiętnik albo dziennik podróży.
- Na świeże kwiaty.
- Na kupno roweru albo abonamentu na rowery miejskie, by jeździć nimi, gdzie tylko się da.
- Na wspólny dzień dziewczyńskich przyjemności, spędzony z mamą z okazji jej urodzin czy Dnia Matki. Albo zupełnie bez okazji!
- Na bilet na musical.
- Na ładną i wygodną bieliznę. (W tym dobrze dopasowany biustonosz! Wiele sklepów oferuje brafitting w cenie zakupów). I porządne skarpetki. Potem koniecznie zrób porządki w szufladzie z bielizną i bez litości wyrzuć wszystko, co podarte, źle dopasowane albo po prostu nielubiane. Właśnie zyskałaś dziesięć punktów do przyjemnej codzienności.
- Na prenumeratę ulubionego magazynu. (Ta ekscytacja, kiedy znajdujemy go w skrzynce!)
- Na wywołanie zdjęć, by zrobić kreatywny album. Dla siebie lub dla kogoś w prezencie.
- Na wyjazd z przyjaciółkami. Może być do Berlina, ale również do miejscowości w pobliżu, której nigdy nie miałyście okazji dobrze poznać. Albo do takiej, którą znacie jak własną kieszeń – nie ma to jak wycieczka sentymentalnym szlakiem!
- Na warsztaty typografii. Albo robienia świeczek. Albo kreatywnego pisania. Cokolwiek brzmi ekscytująco!
- . . . . . . . . . . . . . . . . . . . . . . . . . . . . . . . . . . . . . . . . . . . . . .
- . . . . . . . . . . . . . . . . . . . . . . . . . . . . . . . . . . . . . . . . . . . . . .
- . . . . . . . . . . . . . . . . . . . . . . . . . . . . . . . . . . . . . . . . . . . . . .
- . . . . . . . . . . . . . . . . . . . . . . . . . . . . . . . . . . . . . . . . . . . . . .
- . . . . . . . . . . . . . . . . . . . . . . . . . . . . . . . . . . . . . . . . . . . . . .

## Zwolnij

Łatwo powiedzieć, że celebracja codzienności cieszy bardziej niż ciągłe zabieganie kompensowane impulsywnymi zakupami. Trudniej ją jednak wprowadzić w życie.

Pamiętasz, kiedy ostatnio miałaś cały dzień tylko dla siebie? Bez nadrabiania zaległości w pracy i w domu, bez odpisywania na maile, bez czytania materiałów na dodatkowe kursy?

Rzeczywistość mocno przyspieszyła. Normą stały się nadgodziny i praca w weekendy. Na początku pierwszego rozdziału wspomniałam o nietrafionej prognozie z lat sześćdziesiątych. Podobnie przewidywał już na początku wieku John Maynard Keynes, słynny brytyjski ekonomista. W eseju z 1930 roku wyrażał niepokój, że jednym z największych wyzwań dla ludzkości stanie się nadmierna ilość wolnego czasu, oraz pytał, jak go sensownie wykorzystać. Obie prognozy są błędne, bo opierają się na organizacji czasu oczywistej dla ich autorów, a dla nas – niekoniecznie.

*Nauczyć się odpoczywać*

Kiedyś pracowało się pięć lub sześć dni w tygodniu, a resztę czasu spędzało z rodziną, z przyjaciółmi, na przyjemnościach. Rytm wyznaczała dodatkowo instytucja niedzieli rozpoczynanej w kościele, a później spędzanej na odpoczynku. Dobrze pamiętam ten obrazek, kiedy moja babcia z oburzeniem patrzyła, jak wrzucam do pralki sterty ubrań: „Pranie? W niedzielę?". Teraz podział na czas pracy i czas odpoczynku mocno się zatarł. I jakkolwiek dziwnie by to brzmiało, musimy się na nowo nauczyć odpoczywać.

Jeśli pomyślałaś teraz: „Kto by miał na to czas?!", to znaczy, że tym bardziej tego potrzebujesz. Dla siebie. Po to, by pozbyć się ściskającego cię w środku ciągłego uczucia napięcia. By poczuć się lepiej, zyskać czas na zastanowienie się, czy na pewno zajmujesz się tym, co dla ciebie najważniejsze. W końcu – by naładować baterie.

To nie żadna gadka szmatka rodem z kolorowej gazety próbującej sprzedać ci wakacje w Toskanii, ale absolutna konieczność. Przyjrzyj się wyjątkowo celnej metaforze piły, którą posługuje się Stephen Covey, amerykański pisarz i biznesmen, znający temat zarządzania ludźmi od podszewki. Wyobraź sobie, że twoim zadaniem jest opieka nad lasem, między innymi ścinanie chorych drzew. Jeśli cały swój czas poświęcisz na siarczyste piłowanie i nie będziesz tracić ani chwili na naostrzenie piły, jak myślisz, jak szybko przestanie ci służyć? Zdrowie i dobre samopoczucie to twoje najcenniejsze zasoby. Ostrz swoją piłę!

Gdyby takie podejście wydało ci się zbyt egocentryczne (choć nie powinno!), weź pod uwagę, że robisz to także dla innych. Żeby w czasie spędzanym z rodziną i przyjaciółmi być w pełni obecna i nie łapać się na mechanicznym potakiwaniu, kiedy mąż opowiada ci o swoim dniu. Żeby wykonywać swoją pracę tak dobrze, jak to możliwe, i przysłużyć się reszcie świata.

Relaks sprzyja kreatywności. Nie wiem, czy próbowałaś kiedyś stworzyć coś wartościowego, będąc niewyspana, od wielu dni zagryzając głód drożdżówkami i pizzą oraz nie ruszając się sprzed komputera. Ja próbowałam – to okropne doświadczenie, a do tego rezultaty nigdy nie są tak dobre, jak mogłyby być. Dbaj o siebie, a wszyscy na tym skorzystamy.

Nie bądź na siebie zła, jeśli twoje postępy w sztuce odpoczynku będą przychodzić powoli, jeśli coś pójdzie nie tak. To nie jest kolejny projekt, który musisz zaliczyć na maksymalną liczbę punktów i w jak najkrótszym czasie. Znalezienie własnego rytmu następuje metodą prób i błędów i wymaga czasu. Jeśli będziesz robić sobie wyrzuty, pozbawisz cały proces nie tylko przyjemności, ale i sensu.

Każdemu zdarzają się błędy, ze mną na czele. Ważne, by nie przestawać się starać i na spokojnie dokonywać jednego dobrego wyboru po drugim. Sukcesem jest już to, że postanowiłaś poczynić konkretne kroki w stronę bardziej zrównoważonego życia. Większość ludzi gna przed siebie, w ogóle się nad tym nie zastanawiając.

Jeśli dalej nie jesteś przekonana, pomyśl o tym, jak wiele osób przechodzi przemianę i zwalnia tempo po poważnych życiowych doświadczeniach: chorobie dziecka, wypadku spowodowanym rozkojarzeniem na drodze, kryzysie psychicznym. Wyciągnięcie z takich zdarzeń lekcji dla siebie, ale bez konieczności ponoszenia ich kosztów, to wyjątkowy komfort. Naukę odpoczywania dobrze zacząć w tym spokojniejszym, mniej stresującym czasie. Zdążysz wtedy wykształcić dobre nawyki. Kiedy pojawią się problemy, a życie zmieni się w szaloną karuzelę wydarzeń, będziesz miała więcej energii, by sobie z nimi radzić.

## Jak znaleźć czas dla siebie?

Modnie jest dziś być zajętym. Zabieganie stało się jednym z atrybutów sukcesu, tuż obok wielkiego SUV-a i własnego mieszkania w nowym, odgrodzonym od reszty świata osiedlu.

Im bardziej jesteśmy zajęci, tym bardziej czujemy się ważni – nasza lista zadań jest tak imponująco długa, wszyscy potrzebują naszej uwagi! Na pewno kojarzysz ludzi, którzy niby narzekają, ale tak naprawdę chcą się pochwalić tym, jak bardzo są niezastąpieni.

Nie jesteś stale zajęta? Ewidentnie coś jest z tobą nie tak! Leniwy weekend? Kto by miał na to czas! Czytanie książki przy porannej kawie? Niewyobrażalne, przecież skrzynka mailowa pęka w szwach. Nawet wychodzenie z biura o czasie bywa w niektórych kręgach powodem do wstydu. Każdego, kto uważa osoby kończące pracę dokładnie wtedy, kiedy powinny, za mało ambitne, pytam, czy chciałby, żeby operował je zmęczony chirurg albo wiózł taksówkarz w dziesiątej godzinie swojej zmiany.

Bycie wiecznie zajętym wcale nie jest tożsame z robieniem tego, co naprawdę przybliża nas do celu. Często przypominamy chomiki w sklepie zoologicznym, z zapałem obracające łapkami druciane kółko, które mimo ich wysiłku nie przesuwa się ani o centymetr. Taka gonitwa daje poczucie pozornej produktywności, bycia przydatnym, zapewnia zastrzyk satysfakcji przy triumfalnym skreślaniu kolejnego zadania z listy. Ale jakie to ma znaczenie, skoro zadanie w ogóle nie powinno się na niej znaleźć? W ten sposób często uciekamy przed ważnymi, ale niewygodnymi pytaniami. Czy to, co robię, daje mi poczucie spełnienia? Czy jestem szczęśliwa?

Robimy mnóstwo rzeczy kompletnie bez sensu. Czasem po to, by odwlec rozpoczęcie zadania, którego się obawiamy. Czasem dlatego, że zawsze je robiliśmy. Czasem dlatego, że staramy się wpasować w oczekiwania innych ludzi lub głupio nam odmówić. Innym razem dają nam poczucie chwilowej, ale natychmiastowej przyjemności, chociaż wiemy, że na dalszą metę wcale nie są dla nas dobre. A niekiedy te rzeczy same w sobie nie są złe, tylko zupełnie niepotrzebne w naszym życiu.

Odpowiadanie na wpadające jeden po drugim do skrzynki maile, podczas gdy tak naprawdę powinnaś pisać artykuł. Spotkania ze znajomymi, z którymi nie czujesz się zbyt dobrze. Weekendowe polowania na promocje. Oglądanie jednym okiem telewizji, przez cały dzień towarzyszącej ci w tle. Spełnianie próśb „krewnych i znajomych królika". Kurs języka, na którym od wielu miesięcy nie zrobiłaś żadnych postępów, bo tak naprawdę wcale nie planujesz wykorzystać go w praktyce, ale chodzisz i płacisz, bo wypada dbać o swój rozwój.

*Efekt posiadania*

Greg McKeown, autor książki o esencjalizmie, czyli filozofii robienia tylko tego, co dla nas naprawdę ważne, przywołuje w kontekście nadmiaru zobowiązań ekonomiczne prawo zwane efektem posiadania. Mówi ono, że jesteśmy skłonni do przypisywania większej wartości przedmiotom, które już mamy. To z kolei wynika z potrzeby racjonalizowania naszych działań. Wybraliśmy coś w sklepie, więc to na pewno jest dobre i cenne – w końcu znamy się na rzeczy!

Uczestnicy eksperymentu przeprowadzonego dla przetestowania tej teorii wyceniali wartość ceramicznego kubka znacznie wyżej, gdy mieli go na własność. McKeown uważa, że ten sam mechanizm działa w przypadku naszych zobowiązań. Wielu z nich trzymamy się kurczowo tylko dlatego, że kiedyś się zobowiązaliśmy albo weszły nam w nawyk.

Bardzo lubię powiedzenie, że możemy zrobić, co tylko nam się zamarzy, ale nie możemy zrobić wszystkiego. A przynajmniej nie naraz. Sztuka dobrego życia to nie tylko mówienie „tak" pracy, która ma dla nas znaczenie i daje nam satysfakcję, wartościowym relacjom z przyjaciółmi i rodziną czy dobrej zabawie i autentycznemu odpoczynkowi. To przede wszystkim mówienie „nie" temu wszystkiemu, co nas rozprasza i odciąga od wyznaczonych celów. I nie ma tutaj znaczenia, czy naszym celem jest towarzyszenie dzieciom we wszystkich pierwszych ważnych wydarzeniach, czy otworzenie własnego salonu strzyżenia zwierząt.

Wydaje ci się, że takie stanowcze trzymanie się priorytetów jest nudziarskie albo egoistyczne? I tak wypełniasz czymś swoje dni, więc jeśli nie wyznaczysz ich sobie sama, ktoś zrobi to za ciebie – twoi współpracownicy, znajomi albo... autorzy popularnych serwisów internetowych podsuwający ci artykuły i zdjęcia, które koniecznie musisz zobaczyć. A może mało spontaniczne? Jeśli wyeliminujesz ze swojego życia wszystkie te niepotrzebne rzeczy, zyskasz sporo czasu na robienie tego, co naprawdę ważne. Jeśli uznasz, że ważne jest dla ciebie próbowanie nowych rzeczy, poznawanie nowych ludzi czy odwiedzanie nowych miejsc, będziesz mogła świadomie się tym zająć. Bez wyrzutów sumienia, że powinnaś w tym momencie robić coś zupełnie innego.

Wybacz mi odzieżowe porównanie (nie mogłam się powstrzymać, w końcu jestem tą dziewczyną od *slow fashion*), ale nie da się nie zauważyć, że życie jest jak szafa. W mojej poprzedniej książce pisałam o tym, jak ogromną przewagę ma szafa pełna wyselekcjonowanych ubrań dobrej jakości, które naprawdę do nas pasują i dobrze nam służą, nad taką, z której wysypuje się zbieranina ciuchów kupionych impulsywnie, nieoddających naszego stylu, źle dopasowanych albo irytujących przy noszeniu – odstające albo obracające się spódnice, gryzące swetry, elektryzujące się czapki i tak dalej. Żeby zbudować spójną garderobę, należy zdefiniować swój styl.

Dokładnie tak samo jest z naszą codziennością. Trudno dotrzeć do celu, jeśli nie wiemy, dokąd idziemy. Albo poświęcimy czas na zastanowienie się, co tak naprawdę jest dla nas ważne (podkreślam: dla nas!), wyznaczenie celów i konkretnych kroków, albo będziemy bezmyślnie nawigować pomiędzy czynnościami, które nie sprawiają nam większej przyjemności, ale po prostu się przyplątały, i zobowiązaniami, od których tak naprawdę chcielibyśmy się uwolnić, ale nie mamy odwagi. I dokładnie jak w przypadku garderoby, która nawet jeśli jest najlepiej zorganizowana, wymaga sezonowego przeglądu, warto przeprowadzić kwartalny przegląd naszych celów i podjętych w ich kierunku działań.

Czy kroki, które stawiamy, na pewno przybliżają cię do celu? Czy ich kolejność jest właściwa? Czy cel pozostał niezmieniony? Może po drodze udało ci się doprecyzować swoje pragnienia?

Mamy przedziwną skłonność do niedostrzegania tego, jak nasze codzienne wybory składają się w końcu na sposób, w jaki przeżyliśmy rok, dekadę czy całe życie. Jeśli będziesz codziennie biegać, staniesz się wysportowaną biegaczką (z dużym prawdopodobieństwem kontuzji; ten przykład nie mówi o dniach wolnych od treningu, ale ty o nich pamiętaj!). Jeśli codziennie będziesz pisać, staniesz się pisarką. Jeśli codziennie będziesz jeść drożdżówkę na śniadanie i chińską zupkę na obiad, nabawisz się problemów ze zdrowiem. A jeśli codziennie będziesz spędzać swoją najbardziej produktywną część dnia, scrollując social media w trybie „zombie", a potem robić sobie z tego powodu wyrzuty (co uniemożliwi ci spokojny odpoczynek), najprawdopodobniej staniesz się bardzo sfrustrowana.

Jestem pewna, że masz w głowie obraz osoby, którą chcesz być. Dotarcie do tego miejsca może ci się wydawać przytłaczające, ale stanie w miejscu to przepis na rozgoryczenie. Wystarczy, że weźmiesz głęboki oddech, wyznaczysz sobie realistyczne cele i podzielisz je na mniejsze codzienne kroczki, a potem będziesz je konsekwentnie stawiać, jeden za drugim.

Doskonale wiem, że to nie jest proste, że czasem łatwo zboczyć z kursu, dać się rozproszyć. Nasz umysł zastawia niezliczoną ilość pułapek, próbując nas przekonać, że najlepsze, co możemy dla siebie zrobić, to przeleżeć kolejny dzień na kanapie z paczką chipsów, przy siódmym sezonie serialu, który już widziałyśmy. Trzy razy.

Ale warto się starać – i to naprawdę starać, a nie starać w wersji: „chodzę i opowiadam o tym wszystkim dookoła, a kiedy nikt nie widzi, robię te wszystkie rzeczy, od których chciałabym uciec". To oszukiwanie siebie, co jest kompletnie bez sensu, bo wszystko, co robisz, robisz tylko dla siebie.

Gandhi powiedział kiedyś, że szczęście jest wtedy, gdy to, co myślisz, to, co mówisz, i to, co robisz, znajduje się w harmonii. Im mniejszy rozdźwięk między tym, co chciałabyś robić, a tym, jak naprawdę spędzasz swoje dni, tym bardziej będziesz spełniona i zadowolona z siebie.

## Wyznacz priorytety

Żeby wyznaczyć sobie cel, powinnaś wiedzieć, co jest dla ciebie ważne. Wielu ludzi zupełnie się nad tym nie zastanawia. Gdyby ktoś po raz pierwszy odwiedził Ziemię XXI wieku i z boku spojrzał na nasze bardzo krótkie życie oraz stwierdził, jak patrzymy na świat, byłby pewnie mocno zszokowany.

Im jesteśmy starsi, tym bardziej mamy wrażenie, że czas przyspiesza. Kiedy byliśmy dziećmi, nie interesowały nas terminy i zobowiązania, a kontemplowanie trajektorii lotu ważki przez kwadrans, podczas gdy obładowana zakupami mama przestępowała z nogi na nogę, wydawało się zupełnie sensownym zajęciem. Kiedy jesteśmy starsi i mamy zdecydowanie mniej lat przed sobą, zachowujemy się zupełnie nieracjonalnie – ciągle gdzieś pędzimy, przywiązujemy ogromną wagę do rzeczy, które nie są tego warte, martwimy się czymś, co po roku czy dwóch latach nie będzie miało najmniejszego znaczenia, albo, parafrazując znany cytat z filmu *Fight Club*, cierpimy w pracy, która nie sprawia nam najmniejszej przyjemności, żeby zarobić pieniądze, za które kupimy rzeczy, by imponować ludziom, których nie lubimy.

To jest sedno problemu – znosimy te wszystkie wyrzeczenia, żeby skreślać z listy kolejne narzucane nam przez otoczenie punkty: studia, staż lub pracę w prestiżowej firmie, kupno samochodu i mieszkania, ślub, dzieci i wakacje w miejscu wybranym z obowiązującej listy miejsc, w których dobrze jest się sfotografować. W żadnej z tych rzeczy nie ma niczego złego, ale niemożliwe, żebyśmy wszyscy z głębi serca chcieli tego samego. Za to bardzo wielu osobom zależy na tym, by nam się wydawało, że chcemy – z bankami udzielającymi szybkich kredytów na czele.

*Postkonsumpcjonizm*

Zgodnie z prognozami Roberta Skidelsky'ego i wielu innych ekonomistów zmierzamy w kierunku ery postkonsumpcjonizmu. Rozczarowani stresem i ciągłym poczuciem niezaspokojenia, jakie przyniosła nam era dobrobytu na kredyt, po kryzysie zwracamy się ku wartościom związanym z duchowością i wspólnotą. Coraz bardziej liczy się „być" niż „mieć".

To jednak niezwykle powolny proces, a rozbuchana konsumpcja wciąż jeszcze trzyma nas w swoich mackach. Jej najskuteczniejszym narzędziem jest reklama, która służy kreowaniu w nas konkretnych potrzeb. Bardzo często odbywa się to przez wzbudzenie niepokoju, poczucia, że czegoś nam brakuje, że nie jesteśmy wystarczająco dobre. Na szczęście istnieje błyskawiczne rozwiązanie! Wystarczy, że kupimy reklamowany produkt, i już będziemy mogły cieszyć się spełnionym życiem. Nagle czujemy palącą potrzebę posiadania czegoś, co wcześniej nawet nie przeszło nam przez myśl. I choć już dawno połapaliśmy się, że nie tak to wszystko działa, raz za razem dajemy się nabrać.

Tymczasem wprowadzanie wartościowych zmian niemal nigdy nie odbywa się w mgnieniu oka, bez refleksji czy bez wysiłku. Najczęściej stała zmiana nawyków wymaga od nas stopniowej zmiany myślenia i wielu drobnych kroczków w dobrą stronę. Przede wszystkim jednak musimy się zatrzymać i pomyśleć, czego tak naprawdę chcemy, a czego wolelibyśmy się definitywnie pozbyć ze swojego życia.

Chwila poświęcona na to, by przystanąć i zastanowić się, co jest dla ciebie szczególnie ważne, choć mało spektakularna, może się okazać jednym z kluczowych momentów twojego życia. To tak jak z długimi trasami gigantycznych statków – zmiana kursu o jeden stopień sprawia, że u celu podróży lądujesz w zupełnie innym miejscu.

Wypisz to, co obecnie jest dla ciebie priorytetem.

Na co chcesz poświęcać swój czas?

Wypisz wszystkie rzeczy, które zrobiłaś w ostatnim tygodniu, jak leci, co tylko przyjdzie ci do głowy.

A teraz wróć na poprzednią stronę i zobacz, czy czynności, które wpisałaś, pokrywają się z tym, co dla ciebie naprawdę ważne. Jeśli nie, najwyższa pora to zmienić.

## Zorganizuj się i wyczyść swój kalendarz

Jeśli wiesz, co jest dla ciebie ważne, i możesz nakreślić cele na najbliższy czas, wszystko powinno zacząć się układać. Niestety, dorosłe życie lubi zarzucać nas tysiącem spraw do załatwienia, często niecierpiących zwłoki.

Chcesz porysować z dziećmi, ale pranie samo się nie powiesi, a trzeba jeszcze przygotować przekąski na spotkanie z koleżankami. Chcesz w końcu zacząć pisać tę książkę, którą masz w głowie od kilku lat, ale właśnie przyszedł mail od kolegi z pracy i musisz mu pomóc, a na jutro masz do napisania pracę na studia podyplomowe. Chciałabyś nareszcie wybrać się na siłownię (zwłaszcza że w styczniu kupiłaś sobie całoroczny karnet), ale akurat trzeba posprzątać przed wizytą rodziny i jeszcze upiec ciasto.

Starasz się, jak możesz, a i tak masz wyrzuty sumienia, bo nie zrobiłaś tego, co naprawdę chciałaś zrobić. Czujesz, że mimo wysiłków oddalasz się od swoich bliskich, wymarzona powieść nadal istnieje jedynie w twojej głowie, a spodnie z zeszłego lata wciąż nie chcą się dopiąć.

Pilne sprawy do załatwienia nigdy się nie kończą. Są jak głowy mitologicznej Hydry – utniesz jedną, wyrastają dwie nowe. Zamiast się frustrować albo narzekać (wskazówka: to w niczym nie pomoże), trzeba nauczyć się nimi zarządzać.

Pamiętam, że mój tata zapytał mnie kiedyś: „Najpierw załatwiłabyś rzeczy pilne czy rzeczy ważne?". „No jasne, że pilne!", odpowiedziałam. Teraz już wiem, że to najprostsza droga do rozgoryczenia, ale krótko po tym, jak zajęłam się blogiem na cały etat, zupełnie się pogubiłam w codziennych obowiązkach.

Tym, co sprawiło, że postanowiłam zająć się blogowaniem na serio, była możliwość pisania o rzeczach, które są dla mnie ważne. Uwielbiam pisać, ale tradycyjna ścieżka klepania w pośpiechu setek artykułów na portale internetowe, by w końcu dostać pracę w którejś redakcji na umowę-zlecenie opiewającą na kwotę tysiąca dwustu złotych, nie bardzo mi się uśmiechała. Kiedy więc okazało się, że można robić to na blogu i że blogowanie wychodzi mi na tyle dobrze, że mogę się z niego utrzymać, postanowiłam pójść tą niestandardową wtedy drogą.

Założyłam działalność i... kilka miesięcy później zdałam sobie sprawę, że, po pierwsze, nie mam czasu na pisanie, po drugie, nie jestem szczęśliwa. Pewnie sobie teraz myślisz: „Pff, w głowie jej się poprzewracało. Może zawodowo pisać bloga i jeszcze narzeka. Niech pomyśli o ludziach, którzy naprawdę ciężko pracują!". Rzeczywiście, nie musiałam siedzieć po nocach ani wstawać o czwartej rano, ale zdecydowanie nie robiłam tego, co chciałam robić.

Zamiast tworzyć wartościowe treści, odpisywałam na setki maili, które wpływały do mojej skrzynki nieprzerwanym strumieniem. Zamiast dowiadywać się coraz więcej o dziedzinach, które mnie pasjonują, i szukać inspiracji do kolejnych postów, negocjowałam stawki, daty i inne szczegóły umów z reklamodawcami. W międzyczasie wspólnie z mamą założyłyśmy Lunaby. Szyjemy w Polsce piękne i wygodne piżamy. I stało się to samo – zamiast myśleć o kierunkach rozwoju firmy i nowych wzorach, całymi dniami walczyłam z błędami w sklepie internetowym i odpowiadałam na piętrzące się w skrzynce maile. A tu jeszcze mieszkanie czeka na posprzątanie, pies na wyprowadzenie, a obiad na ugotowanie.

Punktem przełomowym okazała się propozycja napisania książki o *slow fashion*. Moją pierwszą myślą było: „Łaaaał!". Drugą: „Ale przecież nie mam na to czasu!". Szybko jednak przyszła refleksja: uznane wydawnictwo chce wydać książkę na podstawie mojego bloga, którego sama przez wiele lat małymi kroczkami rozwijałam, a mnie się wydaje, że nie mam czasu? Zaczęłam więc stopniowo przeorganizowywać swoją codzienność tak, żeby wypełniały ją przede wszystkim te rzeczy, które mają dla mnie największe znaczenie.

Negocjacje z reklamodawcami i szukanie finansowania dla projektów, które chcę zrealizować, oddałam doświadczonej menedżerce. Poprosiłam wszystkich swoich współpracowników, żeby, o ile nic się nie pali i nie wali, kontaktowali się ze mną po jedenastej – poranki przeznaczyłam na pisanie. Wtedy też pierwszy raz otwierałam skrzynkę mailową. Do obsługi korespondencji naszego piżamowego biznesu zatrudniłam pomoc. Wcześniej byłam przekonana, że nie stać nas na opłacenie pracownika. Dopiero kiedy zaczęłam myśleć o tym, jak najprościej rozwiązać ten problem, przyszło mi do głowy, że wystarczy nam ktoś dostępny zdalnie na dwie godziny dziennie. W ten sposób dołączyła do nas fantastyczna Marcela, która opiekuje się naszymi klientami lepiej, niż zrobiłybyśmy to same. Spisałam listę szybkich do przyrządzenia obiadów i pasującą do nich listę zakupów w jednym z dużych sklepów spożywczych online, z możliwością dostawy do domu. Musiałam na to jednorazowo poświęcić dobre dwie godziny, ale za to cotygodniowe zakupy zajmują mi teraz nie więcej niż kwadrans. Choć i tak miałam niewiele rzeczy, przeprowadziłam kolejną selekcję zbędnych przedmiotów, żeby skrócić proces porządkowania i odkurzania. Perfekcyjna Pani Domu pewnie mogłaby się przyczepić do wielu rzeczy w moim mieszkaniu, ale dopóki jest mniej więcej czysto i o nic się nie potykam, nie ma to dla mnie żadnego znaczenia.

Najtrudniej było mi zaakceptować fakt, że jeśli chcę robić to, co naprawdę daje mi satysfakcję, nie jestem w stanie odpowiedzieć na wszystkie maile od czytelników. Najpierw nie mieściło mi się to w głowie – jak to, ktoś obdarza mnie zaufaniem, czyta mojego bloga i potrzebuje mojej rady, a ja mam tę wiadomość tak po prostu zignorować? Policzyłam jednak, że gdybym chciała odpowiedzieć na każdego maila, zajęłoby mi to cały dzień i nie miałabym czasu stworzyć niczego, co wniosłoby wartość w życie moich czytelników. Publikowanie postów, tak konkretnych i pomocnych, jak tylko potrafię, jest sposobem na dotarcie z moją małą odzieżową misją do jak największego grona osób. Z przyjemnością odpowiadam na przyciągające moją uwagę maile, ale nie robię sobie wyrzutów, jeśli nie odpowiem na wszystkie. Dzięki temu mogę się rozwijać w tym, co sprawia mi najwięcej radości. Robiąc to, w czym spełniamy się najbardziej, najlepiej przysłużymy się światu.

Ciągle zastanawiam się, co by tu jeszcze ulepszyć, od czasu do czasu zdarzy mi się zabiegany dzień (nie da się tego zupełnie wyeliminować), ale żyje i pracuje mi się znacznie lepiej. Z jednej strony robię to, co lubię, i czuję, że jestem w tym coraz lepsza. Z drugiej – cieszy mnie to, jak spędzam swoje dni, bez wyrzutów sumienia spotykam się z bliskimi, chodzę z psem na długie spacery, czytam książki, jeżdżę na wycieczki i dbam o siebie na wielu innych płaszczyznach. Mogę szczerze powiedzieć, że jestem zadowolona.

*Priorytety*

Jednak nawet najlepsza organizacja ci nie pomoże, jeśli najzwyczajniej w świecie masz za dużo rzeczy do upchnięcia w ciągu doby. A to dotyczy ogromnej większości z nas. Wspomniany już McKeown, autor książki o esencjalizmie, pisze, że jesteśmy jak cienka warstwa masła rozsmarowana na zbyt dużej kromce. Działamy w tylu dziedzinach naraz, że w żadnej nie zagłębiamy się tak, jak byśmy sobie tego życzyli. Tymczasem jeśli wybierzemy naszą esencję, czyli maksymalnie kilka obszarów, w których naprawdę chcemy się w tym tygodniu, miesiącu czy roku realizować, nasze zaangażowanie będzie dużo większe, a postępy bardziej satysfakcjonujące.

Jeśli chcemy żyć zgodnie z naszymi priorytetami, nie możemy rozmieniać się na drobne. Tutaj znów dostrzegam odzieżową analogię. W *Slow fashion* radzę, by nie zastanawiać się nad tym, czego chcemy się z szafy pozbyć, ale wyjąć wszystko i włożyć z powrotem tylko te ubrania, w których czujemy się naprawdę fantastycznie. McKeown sugeruje, żeby zrobić to samo z kalendarzem. Wyczyścić go do zera i dodać z powrotem tylko te aktywności, które naprawdę są dla nas ważne w kontekście wybranych priorytetów.

Trudne? No pewnie! Rezygnacja z pożeraczy czasu typu odmóżdżające programy telewizyjne wyjdzie nam na dobre, ale prędzej czy później będziemy też musieli zrezygnować z czegoś, co z założenia wcale nie jest dla nas złe. Warto wtedy pamiętać, że jeśli będziemy chcieli, zawsze możemy do tych czynności wrócić i ponownie wciągnąć je na listę kosztem czegoś innego. Jeśli jednak obecnie chcemy rozwijać swoją karierę muzyczną, piąć się w osiedlowej lidze squasha i doskonalić znajomość języka hiszpańskiego, to trudno nam będzie jednocześnie uczyć się grafiki, chodzić na zajęcia z szermierki i zakładać osiedlową bibliotekę dla seniorów. Możemy wszystko, ale nie wszystko naraz.

Ja po wyzerowaniu swojego kalendarza dodałam do niego następujące pozycje na najbliższą porę roku: pisanie bloga, zdrowe jedzenie, czytanie powieści, aktywność fizyczna (od treningu siłowego po taniec irlandzki) i próbowanie nowych rzeczy z rodziną i przyjaciółmi. Tych ostatnich nie traktuję jako nagrody za dobrze wykonaną pracę, nie wciskam ich też na listę „Jeśli wystarczy mi czasu". Planuję je dokładnie tak samo jak wszystkie inne elementy dnia. Dobrze wiem, że brak możliwości naładowania baterii szybko odbije się na całej mojej codzienności – z pustym akumulatorem nie da się zrobić niczego.

I oczywiście muszę też odpisywać na część maili, wysyłać faktury do księgowej, od czasu do czasu coś sprzątnąć czy załatwić – jak każdy. Określenie mojej esencji nie oznacza, że nie idę z psem do weterynarza, bo akurat mam w planie trochę poczytać. Oznacza jednak, że codziennie większość moich działań skupia się wokół tych kilku punktów.

## Lista rzeczy, których (już) nie robię

1 **Nie oglądam seriali… sama.**
Jeżeli chodzi o seriale, nie mam za grosz silnej woli. Do dziś pamiętam sesję, podczas której obejrzałam kilka sezonów *Gossip Girl*, po pięć–sześć odcinków naraz. Wciągam się, nie mogę przestać, a potem jestem na siebie zła. Jeśli mam ochotę obejrzeć jakiś serial, umawiam się z kimś bliskim, że będziemy oglądać go wspólnie. Nie można oszukiwać i oglądać samemu, nie ma więc zagrożenia, że dam się porwać spirali „jeszcze jednego odcinka".

2 **Nie wdaję się w internetowe dyskusje.**
Szkoda mi na to czasu i energii.

3 **Nie mówię o tym, co chciałabym zrobić, tylko to robię.**
Kiedyś chodziłam i opowiadałam o swoich planach i marzeniach, nie wykonując żadnych konkretnych kroków w tym kierunku. Teraz, jeśli tylko przychodzi mi do głowy coś fajnego – ugotowanie jakiegoś dania, pójście do nowej restauracji czy wyjazd w ciekawe miejsce – staram się to robić w pierwszym możliwym terminie. Mój kolega Kuba, który zdążył w życiu żeglować przez rok na Karaibach, mieszkać przez kilka miesięcy w domku na plaży i przekonać szefa swojej firmy do założenia oddziału w Australii – z nim samym jako pierwszym pracownikiem, nazywa to „odpowiedzialnością za swoje marzenia". A jeśli wciąż znajduję wymówki, to zaczynam się zastanawiać, czy aby na pewno chcę zrobić daną rzecz, czy tylko mi się tak wydaje, bo na przykład zajmują się tym moi znajomi.

4 **Nie chodzę na branżowe imprezy.**
Świat mody eventem stoi. Organizuje się prezentacje z okazji nowych kolekcji, sezonowe pokazy, imprezy z okazji nawiązania

współpracy z inną marką i tak dalej. Kiedyś wydawało mi się, że jeśli ktoś mnie na nie zaprasza, to wypada przyjść, żeby być na bieżąco i nawiązać kontakty. Po jakimś czasie doszłam jednak do wniosku, że (a) potwornie się tam nudzę i (b) takie wyjścia w żaden sposób nie pomagają mi rozwinąć bloga – ani od merytorycznej, ani od biznesowej strony. Przestałam więc przyjmować zaproszenia, co oszczędza mnóstwo czasu i dzięki czemu nie muszę się zastanawiać, czy pójść, czy nie pójść i w co się ubrać.

5 **Nie odpisuję na wszystkie maile.**
Mnóstwo maili zostaje wysłanych przez lenistwo lub niezorganizowanie nadawcy. Na przykład zawierają pytania, na które odpowiedź można znaleźć po kilku sekundach googlowania. Jednym z moich celów jest ograniczenie czasu spędzanego przed ekranem komputera. Rezygnacja z odpisywania na wszystkie maile w trybie natychmiastowym to jeden z drobnych kroków w tym kierunku.

6 **Nie prasuję pościeli,**
skarpetek, dżinsów ani niczego innego, co bezwzględnie nie wymaga prasowania. Szkoda mi na to czasu.

7 **Nie korzystam z Facebooka**
poza sporadycznym wysyłaniem i czytaniem wiadomości i administrowaniem strony Style Digger. Spokój ducha i komfort psychiczny są nie do przecenienia. Czy coś mnie omija? Na pewno! Ostatnio dowiedziałam się o śmierci Davida Bowiego dzień później niż wszyscy, od koleżanki, z którą wybrałam się na wspólny spacer z psami. Czy usłyszenie tej smutnej wiadomości z opóźnieniem cokolwiek zmieniło w moim życiu? Absolutnie nie. Jeśli stanie się coś naprawdę ważnego, na pewno się o tym dowiem.

## Czego nie potrzebujesz w swoim życiu?

Jakie czynności cię nudzą, męczą, zniechęcają? Których wolałabyś się pozbyć? Wypisz je poniżej, wybierz jedną i… przestań. Od teraz! Na początek na miesiąc. Zobacz, jak się czujesz, co się zmieniło. Jest szansa, że nie zmieni się nic – poza tym, że będziesz miała więcej czasu na to, co dla ciebie ważne. Pamiętaj, żeby nie rzucać się na wszystko naraz i zacząć od jednej rzeczy, małych kroków, jak w bajce o żółwiu i zającu.

Nudzi mnie ______________________________________________

Mam dość ______________________________________________

Mogę się obejść bez ______________________________________

Szkoda mi czasu na _______________________________________

Najczęściej rozprasza mnie _________________________________

Zaznacz kółkiem, z czego zrezygnujesz w pierwszej kolejności, i pilnuj się od razu. Nie wystawiaj niepotrzebnie swojej silnej woli na próbę – jeśli nie chcesz jeść słodyczy, pozbądź się ich z domu, jeśli tracisz czas na gry na telefonie, po prostu je odinstaluj.

## Naucz się odmawiać

Nic mi tak nie otworzyło oczu, jak uświadomienie sobie, że w konkursie na spełnianie oczekiwań innych ludzi absolutnie nikt nie wygrywa. Nie ma żadnych nagród za dopasowywanie się do czyjegoś wyobrażenia na nasz temat. Jeśli chcemy, żeby nasza codzienność pokrywała się z planami i marzeniami, oprócz wyznaczenia priorytetów będzie nam potrzebna solidna dawka asertywności.

Steve Jobs uważał, że sukces Apple nie zależał tylko od rzeczy, które korporacja robi, ale przede wszystkim od tego, czego nie robi. Po powrocie do firmy w 1997 roku okroił liczbę produktów z trzystu pięćdziesięciu do dziesięciu – po to, by przydzielić do pracy nad nimi swoich najlepszych ludzi, do tego maksymalnie skupionych. Skutek? Logo rozpoznawalne na całym świecie i fani koczujący pod salonami marki w noc przed wypuszczeniem do sprzedaży nowego urządzenia.

Mówienie „nie" to trudna sztuka, zwłaszcza jeśli ktoś bierze nas z zaskoczenia w rozmowie twarzą w twarz czy przez telefon. Jednak jeśli jej nie opanujemy, skończymy z przepełnionym kalendarzem, rozgoryczeniem, że znowu daliśmy się wpakować w coś, na co nie mieliśmy najmniejszej ochoty, i wyrzutami sumienia, że nasze cele nie przybliżyły się ani o krok. Asertywność to uczciwość wobec samego siebie.

Zanim udzielimy pozytywnej odpowiedzi, warto wziąć głęboki oddech i zastanowić się, dlaczego chcemy powiedzieć „tak". Czy dlatego, że mamy przed sobą ekscytującą perspektywę? Czy kieruje nami ciekawość nowego doświadczenia, czy strach przed oceną ze strony drugiej osoby? Czy to decyzja wypływająca z ciekawości, czy z lęku?

*Odmawiać z gracją*

Smutno patrzeć, jak mnóstwo utalentowanych ludzi żyje życiem kogoś innego. A przecież nie pojawiliśmy się na tym świecie po to, by dostosowywać się do reszty i jak najlepiej wmieszać się w tłum. Najlepsze, co na dalszą metę możemy zrobić dla innych, to autentyczne życie w zgodzie ze sobą. Wtedy nie tylko czynimy świat lepszym miejscem, ale i przerywamy łańcuch wzajemnych oczekiwań. I znowu: łatwo powiedzieć, trudniej zrobić. Jak więc odmawiać z gracją?

Po pierwsze, szczerze podziękujmy za propozycję czy obdarzenie nas zaufaniem. Po drugie, z uśmiechem, ale jasno i stanowczo odmówmy. Możemy podać powód, jeśli sytuacja na to pozwala (mam już zajęty kalendarz na ten miesiąc, chcę się skupić na swojej pracy magisterskiej, zaplanowałam wspólne popołudnie z rodziną), ale nie wyrzucajmy z siebie wymówek czy usprawiedliwień – są niepotrzebne. Po trzecie, jeśli możemy skierować osobę pytającą w miejsce, gdzie znajdzie to, czego szuka, czyli zaproponować inną partnerkę na kurs tańca albo polecić sprawdzonego kolegę po fachu, warto to zrobić – o ile oczywiście wiemy, że obie strony mogą na tym skorzystać. I już, gotowe! Wystarczy powtarzać ten prosty scenariusz za każdym razem, kiedy ktoś oczekuje od nas zrobienia czegoś, na co nie mamy ochoty.

A gdzie miejsce na spontaniczność? Na przygodę? Przecież zdarza się, że bardzo nie chce nam się gdzieś iść, a później okazuje się, że było super. To prawda. Jestem ostatnią osobą, która odradzałaby ci próbowania nowych rzeczy czy spędzania czasu na czynnościach najzwyczajniej w świecie sprawiających ci przyjemność. Uważam, że to bardzo ważne! Jest jednak czas na relaks i zabawę oraz czas na urzeczywistnianie swoich marzeń, a to rzadko kiedy przychodzi łatwo. Jeśli ktoś prosi cię o pomoc (oczywiście wykluczamy tu zagrożenie życia i inne poważne sytuacje) lub dotrzymanie towarzystwa w czasie, w którym zaplanowałaś co innego, odmów bez wyrzutów sumienia, ewentualnie zaproponuj inny termin. Oczywiście możesz nagiąć własne zasady i się zgodzić, ale takie zachowanie szybko wchodzi w nawyk i po chwili znów możesz odkryć, że twoje intencje i rzeczywistość mocno się rozjeżdżają.

## Nie daj się FoMO

Nigdy nie zrobimy wszystkiego. To, że nie pójdziemy na każdy koncert świata, nie sprawi jednak, że staniemy się nieszczęśliwymi i nieciekawymi ludźmi. Nie bierzemy udziału w konkursie – nie chodzi o to, by zrobić jak najwięcej, ale by robić rzeczy, które mają dla nas wartość. Lepiej pojechać w jedno miejsce i naprawdę go posmakować, niż odbyć siedem pospiesznych wycieczek, z których niczego nie zapamiętamy.

W doświadczeniach najbardziej liczy się ich jakość, a nie ilość. To, w jaki sposób je przeżyjemy, jak zapamiętamy, jakie lekcje z nich wyciągniemy, jak pozwolą nam się rozwinąć. Dlatego tak ogromną wartość ma prowadzenie dziennika, bloga czy innego rodzaju notatek albo po prostu rozmowa o swoich wrażeniach.

*FoMO*

Lęk przed tym, że coś nas ominie, stał się dzięki social mediom tak powszechny, że doczekał się swojej nazwy – FoMO (ang. *Fear of Missing Out*). Znajomi wrzucili zdjęcie z pokazu lotniczego, kuzynka zrobiła *check-in* na lotnisku w Dubaju, a ty masz dziś przed sobą jedynie perspektywę truchtania po lesie z psem i trzęsiesz się z zazdrości?

Po pierwsze, nie zapominaj, że social media pokazują tylko drobny wycinek naszego życia – najczęściej ten najbardziej spektakularny. Może na pokazie są dzikie tłumy i taki hałas, że zabija to całą przyjemność z udziału w nim. Może kuzynka jest w podróży służbowej z nielubianym szefem i spędzi tam tylko dwa dni wypełnione nudnymi spotkaniami w upale, marząc o spacerze po zacienionym lesie z psem, który nie będzie zadawał jej żadnych pytań. Trawa jest zawsze bardziej zielona po drugiej stronie.

Następnym razem, kiedy poczujesz, że komuś zazdrościsz, zastanów się, czy naprawdę chciałabyś być na miejscu tej drugiej osoby. Czy wakacje w egzotycznych miejscach to na pewno twoja bajka? Przecież nawet nie lubisz upałów! Poza naszymi podstawowymi potrzebami nie ma uniwersalnych marzeń.

Skoro ustaliłaś już, że to nie twoje marzenie, a nadal czujesz dyskomfort, może oglądanie zdjęć podróżującej przyjaciółki przypomina ci, że twoje plany i marzenia leżą gdzieś w kącie, przykurzone, przygniecione codziennymi obowiązkami? Nie zawsze możemy przemeblować swoje życie od podstaw. Szkoły nie da się ominąć (chociaż studia jak najbardziej), a ograniczeń finansowych przeskoczyć w ciągu tygodnia. Ale zawsze możemy coś zrobić, choćby najmniejszy kroczek w dobrą stronę.

Zaakceptuj, że nigdy nie zrobisz wszystkiego, a więcej wcale nie znaczy lepiej, zarówno w przypadku przedmiotów, jak i doświadczeń. To, co jest dobre dla kogoś innego, niekoniecznie jest dobre dla ciebie. Naprawdę nic się nie stanie, jeśli nie sprawdzisz przez cały dzień Facebooka albo zjawisz się na seansie nowych *Gwiezdnych wojen* miesiąc po premierze (wtedy też nie sprawdzaj Facebooka, bo spoilery zepsują ci przyjemność oglądania).

Gorączkowe śledzenie wydarzeń i ciągłe próby nadrabiania zaległości to – podobnie jak podążanie za trendami i kupowanie wszelkich nowości – gra, w której nikt nigdy nie wygrywa. Jedyne, co gwarantuje, to narastająca frustracja. Jeśli złapiesz się na napięciu i wątpliwościach, zadaj sobie proste pytanie: „Jakie to będzie miało dla mnie znaczenie za dwa lata?". Odpowiedź pozwoli ci nabrać dystansu i odzyskać kontrolę nad sposobem, w jaki dysponujesz swoim czasem. Warto to robić na swoich zasadach, nie pod czyjeś dyktando.

Wszyscy cierpimy na nadmiar informacji. Zamiast prób ciągłego nadganiania więcej dobrego przyniesie zastąpienie lektury kolejnego newsa chwilą na refleksje nad poprzednim albo skonfrontowanie naszych przekonań z kimś znajomym.

*Szum informacyjny*

Choć trudno w to uwierzyć, możemy się obejść bez otaczającego nas szumu informacyjnego. Może wcale nie jest ci potrzebne konto na Facebooku? Pytasz, jak będziesz się komunikować ze znajomymi? Przez tysiące lat ludzie sobie jakoś radzili. Są telefony, maile, można się też po prostu umówić i spotkać. Jak dowiesz się o koncercie ulubionego zespołu? Możesz na przykład zapisać się na ich newsletter. To jedna z moich ulubionych form komunikacji internetowej, bo w przeciwieństwie do mediów społecznościowych daje nam dużo większą kontrolę nad tym, co do nas dociera.

A może zamiast codziennie przeglądać wiadomości na portalach, zaprenumerujesz ulubiony tygodnik? Pozwoli ci to nie tylko trochę odetchnąć, ale i nabrać dystansu.

Zastanów się też nad tym, jak obecnie konsumujemy kulturę. Nowości wydawnicze szturmem zdobywają gazety, blogi, media społecznościowe, a po trzech miesiącach intensywnej promocji znikają w niebycie. Kawiarnie czy restauracje nagle zyskują zaskakującą popularność i równie szybko wylatują z listy miejsc, w których wypada się pokazywać. Nic nie jest tak *passé* jak miejsce, które ostatnio było supermodne.

Wypisałam się z tego wyścigu już jakiś czas temu. Po pierwsze, zamiast relaksować się przy lekturze, ciągle miałam wrażenie, że czuję na karku czyjś oddech. Przeczytałam dopiero dwadzieścia stron, a na Amazonie czeka kolejnych sto siedem pozycji, które dodałam do listy zainteresowań! To ledwo połowa pierwszego rozdziału, na pewno wszędzie pojawią się recenzje i nie będzie sensu opisywać swoich przemyśleń – cały wysiłek na nic!

Kiedy już połapałam się, jak bardzo jest to bez sensu, zamiast narzekać na zasady funkcjonowania kultury, zmieniłam sposób, w jaki z niej korzystam. Nadal czytam świeżo wydane książki, ale przynajmniej tyle samo czasu poświęcam lekturom, które dawno straciły blask nowości. Ma to też tę zaletę, że czas weryfikuje wartość i łatwiej w ten sposób uniknąć gniotów. Aby uwolnić się od czytania recenzji i budowania swojego nastawienia na podstawie cudzych opinii, od czasu do czasu losuję jakiś tytuł z biblioteczki moich rodziców. Jeśli mnie nie wciąga, po prostu odkładam go z powrotem, ale w ten sposób udało mi się trafić na absolutne perełki, na przykład *Hotel Świętego Augustyna*, idealne wakacyjne czytadło, którego inaczej bym nie odkryła. Zamiast skakać od jednej nowości do drugiej, z tematu na temat, staram się lepiej poznać twórczość danego artysty czy nurtu. To moje wielkie odkrycie – sprawia niesamowitą satysfakcję i przenosi odbiór czyjejś twórczości na zupełnie inny poziom. Ostatnio przypomniałam sobie wiersze Wisławy Szymborskiej. Poznałam te, których nie czytałam wcześniej, przeczytałam biografię poetki i zbiór jej felietonów. Skutek: fala potężnej inspiracji i dłuższa satysfakcja. No i poczucie, że jeśli nadarzy się okazja, by porozmawiać z kimś o twórczości Szymborskiej, ta rozmowa będzie miała głębię.

## Nie staraj się za wszelką cenę upodobnić do reszty. Właściwie nie staraj się w ogóle

Czy przez wierność swoim zasadom nie zostaniemy uznani za dziwaków? Jest taka możliwość! Czy powinno nas to martwić? Absolutnie nie. To jest wpisane w koszty życia w zgodzie ze sobą. „Dlaczego ty zawsze musisz coś wymyślić?" „Nie możesz być taka jak Kasia od cioci Irenki?" „Co to znaczy, że wystarczy ci kawalerka w bloku? Miej trochę ambicji, dziewczyno!" Nie żyjemy po to, by zaspokajać oczekiwania innych – nawet bliskich „innych". Zwłaszcza że większość ludzi żyje w chaosie, rozproszeniu i pośpiechu. Ci, którzy starają się żyć inaczej, szukać swojej drogi, dostają etykietkę dziwnych. Są postrzegani jako zagrożenie. Ich zamiłowanie do zadawania pytań, drążenie tematu zamiast prześlizgiwania się po powierzchni wywołuje dyskomfort. Ich skupienie i oddanie wybranej dziedzinie sprawia, że druga osoba zaczyna zadawać sobie pytania o własne życie. Brr, lepiej takich unikać albo ustawić ich z powrotem w szeregu!

Mam świadomość, że ze swoim emeryckim stylem życia (rzadko chodzę na imprezy, jeszcze rzadziej piję alkohol, kocham swojego psa, swoją pracę i książki), dziwną pracą („Blogerka? Wzięłaby się do czegoś porządnego! Zero ambicji. I co ona będzie później w życiu robić?"), osobliwym podejściem do zakupów i posiadania jestem bardzo wdzięcznym tematem plotek. Nie poświęcam temu jednak ani grama swojej energii. Bliscy mi ludzie lubią mnie właśnie za to, jaka jestem, ze wszystkimi odstępstwami od „normy" (tak jakby w ogóle istniała jakaś norma, do której powinniśmy dążyć). Zdanie całej reszty nie ma dla mnie najmniejszego znaczenia (pff, teraz to już naprawdę przesadziłam!).

To dziwne dziecko, któremu mówienie przychodziło z trudem, gdy podrosło, chodziło oglądać ptaki, a grając na wiolonczeli, płakało rzewnymi łzami...? Dzień dobry, panie Einstein! Człowiek, który mieszkał w pustym domu i spał na materacu tylko dlatego, że nie mógł znaleźć mebli odpowiadających jego ściśle określonym wyobrażeniom? Pamiętasz Steve'a Jobsa, prawda? Kto to widział, żeby przez dwadzieścia kilka lat związku nie tylko nie wziąć ślubu, ale też mieszkać w dwóch osobnych mieszkaniach oddalonych o kilkaset metrów? Gromadzić kiczowate pamiątki w nieprzyzwoitych ilościach i publicznie przyznawać się do zachwytu brazylijską telenowelą? Jak udowodniła Wisława Szymborska, nie stoi to na przeszkodzie do otrzymania Nagrody Nobla. Myślę, że jest wręcz przeciwnie.

Nie pozwól, żeby strach przed oceną innych stał się dla ciebie wymówką od życia w zgodzie ze sobą. I nie wyrzucaj sobie, że nie jesteś perfekcyjna. Nikt nie jest. A ci, którzy usilnie starają się sprawiać takie wrażenie, mają do rozwiązania dużo większe problemy niż niewystarczająco błyszczące włosy.

Znam wiele osób, które nie dają się wepchnąć w żadne schematy i cenią sobie życie na własnych zasadach. Jedną z nich jest Ryfka, weteranka polskiego szafiarstwa, autorka bloga Szafa Sztywniary. W swoich stylizacjach uparcie pokazuje wciąż te same ulubione buty, które ze względu na nietuzinkową urodę raz za razem zbierają niepochlebne komentarze co mniej zorientowanych czytelniczek. Nie kryje się też z gorliwym zamiłowaniem do porządku i symetrii. Spędza czas tak, jak najbardziej lubi, nie wyłączając świąt. Słowem, żyje po swojemu i jest jej z tym bardzo dobrze. A jej posty na blogu i wpisy na Facebooku biją rekordy zaangażowania, co pokazuje, że autentyczność przyciąga.

Zapytałam więc Ryfkę, jak to robi. Oto, co mi odpowiedziała:

> Tak się zaczęłam zastanawiać, czy faktycznie można o mnie powiedzieć, że nie daję się wcisnąć w schemat. Ale potem podjechałam do McDonalda. Na rowerze. W styczniu. I stwierdziłam, że może jednak coś w tym jest.
>
> Życie po swojemu przychodzi mi dość naturalnie, bo jestem strasznie uparta i przekorna. Pisałam kiedyś na blogu o tym, że jeśli jakiś mój ciuch nie wzbudza powszechnego uznania, to jego notowania w moich oczach gwałtownie rosną i tym chętniej go noszę. Podobnie jeśli rano pada deszcz i mój chłopak mówi: „No chyba nie zamierzasz dzisiaj jechać rowerem do pracy", to może być pewny, że już wyciągam rower z piwnicy. Wiem, że to trochę głupie, ale zawsze gdy słyszę, że czegoś „nie powinnam", od razu mam ochotę to zrobić.
>
> Dlatego kiedy czasem czytam komentarze dziewczyn, które piszą, że chciałyby sobie kupić na przykład buty emu albo śpiochy (dresowy kombinezon), ale nie mogą, bo wtedy „chłopak

wyrzuciłby je z domu", ogarniają mnie jednocześnie smutek i wściekłość. Dlaczego tak bardzo przejmujemy się opinią innych? Dlaczego niektórzy tak bardzo starają się nam narzucić swoje zasady? I gdzie, do cholery, są moje śpiochy?

Jest taki mem autorstwa Marty Frej z hasłem: „Nie mogę przejmować się tym, co mówią inni, bo innych jest dużo i każdy mówi co innego". Zgadzam się całkowicie. Myślę, że warto być trochę egoistą. Powiedziałabym nawet, że kluczem do wewnętrznego spokoju i szczęścia jest polubienie własnego wewnętrznego dziwaka. Polecam wszystkim. Ja swojego bardzo lubię.

# Jak wyznaczać cele?

Pora określić swoje cele! „Zostanę znaną fotografką" albo „Będę królową fitnessu" brzmią szumnie, ale na pewno okażą się nieprzydatne. Po pierwsze, są mało precyzyjne. Po drugie, mogą skończyć się rozczarowaniem. Bo co, jeśli rozwiniesz się artystycznie, a przed twój obiektyw będą powracać zadowoleni klienci, ale fanki nie będą cię zaczepiać na ulicy? Czy to znaczy, że się nie udało? Skup się raczej na tym, do czego się zobowiązujesz i dlaczego to robisz, niż na wielkich słowach i momentach chwały. Postaraj się wyznaczyć cele możliwie szczegółowo i precyzyjnie. Będzie ci wtedy łatwiej zrobić pierwszy krok.

Przykład

Mój priorytet nr 1: Rozwinąć się jako fotograf ślubny.

**Dlaczego to dla mnie ważne?** (w razie potrzeby drąż głębiej i zadawaj sobie kolejne pytania „dlaczego"). Bo uwiecznianie ważnych momentów z życia innych ludzi przynosi mi satysfakcję, bo chcę zrezygnować z etatu, zostać freelancerem w dziedzinie, która mnie pasjonuje, i być bardziej mobilna.

**W którym miejscu jestem? Jak się teraz czuję w tej dziedzinie?** Opanowałam techniczną stronę obsługi aparatu i mam sporo doświadczenia w fotografowaniu mody, czuję się pewnie w każdych warunkach oświetleniowych.

**Gdzie chcę być? Jak chcę się czuć z moim priorytetem?** Brakuje mi doświadczenia w fotografowaniu „zwykłych" ludzi i pomysłów na niesztampowe kadry podczas ceremonii czy pleneru.

**Co muszę zrobić, żeby usunąć tę różnicę?** Rozpuścić wici wśród znajomych i znaleźć trzy pary, które zgodzą się, żebym pojawiła się na ich ślubie z aparatem i świadczyła darmową usługę, założyć konto na Pintereście i poświęcić pół godziny dziennie każdego ranka na gromadzenie tam inspiracji.... . . . . .

. . . . . . . . . . . . . . . . . . . . . . . . . → **To jest mój cel!**

## Mój priorytet nr 1: . . . . . . . . . . . . . . . . . . . . . . . .

. . . . . . . . . . . . . . . . . . . . . . . . . . . . . . . . . .

**Dlaczego to dla mnie ważne?** . . . . . . . . . . . . . . . . . . . . . . . . .

. . . . . . . . . . . . . . . . . . . . . . . . . . . . . . . . . .

**W którym miejscu jestem? Jak się teraz czuję w tej dziedzinie?** . . . . . .

. . . . . . . . . . . . . . . . . . . . . . . . . . . . . . . . . .

**Gdzie chcę być? Jak chcę się czuć z moim priorytetem?** . . . . . . . . .

. . . . . . . . . . . . . . . . . . . . . . . . . . . . . . . . . .

**Co muszę zrobić, żeby usunąć tę różnicę?** . . . . . . . . . . . . . . . . . . .

. . . . . . . . . . . . . . . . . . . . . . . . . . . **→ To jest mój cel!**

## Mój priorytet nr 2: . . . . . . . . . . . . . . . . . . . . . . . .

. . . . . . . . . . . . . . . . . . . . . . . . . . . . . . . . . .

**Dlaczego to dla mnie ważne?** . . . . . . . . . . . . . . . . . . . . . . . . .

. . . . . . . . . . . . . . . . . . . . . . . . . . . . . . . . . .

**W którym miejscu jestem? Jak się teraz czuję w tej dziedzinie?** . . . . . .

. . . . . . . . . . . . . . . . . . . . . . . . . . . . . . . . . .

**Gdzie chcę być? Jak chcę się czuć z moim priorytetem?** . . . . . . . . .

. . . . . . . . . . . . . . . . . . . . . . . . . . . . . . . . . .

**Co muszę zrobić, żeby usunąć tę różnicę?** . . . . . . . . . . . . . . . . . . .

. . . . . . . . . . . . . . . . . . . . . . . . . . . **→ To jest mój cel!**

## Mój priorytet nr 3: . . . . . . . . . . . . . . . . . . . . . . . .

. . . . . . . . . . . . . . . . . . . . . . . . . . . . . . . . . .

**Dlaczego to dla mnie ważne?** . . . . . . . . . . . . . . . . . . . . . . . . .

. . . . . . . . . . . . . . . . . . . . . . . . . . . . . . . . . .

**W którym miejscu jestem? Jak się teraz czuję w tej dziedzinie?** . . . . . .

. . . . . . . . . . . . . . . . . . . . . . . . . . . . . . . . . .

**Gdzie chcę być? Jak chcę się czuć z moim priorytetem?** . . . . . . . . .

. . . . . . . . . . . . . . . . . . . . . . . . . . . . . . . . . .

**Co muszę zrobić, żeby usunąć tę różnicę?** . . . . . . . . **→ To jest mój cel!**

## Lista zadań

Okej! Znasz już swoje priorytety, wyznaczyłaś sobie cele, wiesz, w którym kierunku chcesz podążać. Może nawet zaplanowałaś je w szczegółach i wiesz, jakie kolejne kroki powinnaś poczynić. Teraz przychodzi najtrudniejszy moment. Trzeba zebrać się w sobie i zacząć je konsekwentnie stawiać – jeden po drugim.

W ciągu dnia czyhają na ciebie setki rozpraszających sytuacji. Migające w telefonie powiadomienia o wiadomościach od znajomych, sąsiadka zaglądająca z najnowszymi ploteczkami, świeżo kupiony ulubiony magazyn, który leży i kusi. Po drodze bardzo łatwo zapomnieć o tym, co właściwie chciałaś zrobić. Trudno dotrzeć do celu, jeśli nie ma się pod ręką mapy. Taką mapą jest lista zadań.

Oto, jak najczęściej wygląda robienie listy zadań: bierzemy kalendarz i wypisujemy kilka rzeczy, bo wydaje nam się, że powinniśmy je zrobić. Lista rośnie niepokojąco szybko – im dłużej się zastanawiamy, tym więcej rzeczy nam się przypomina. W końcu siadamy i patrzymy na litanię zadań, która zaczyna się od nakręcenia filmu dokumentalnego, a kończy na posprzątaniu schowka w samochodzie. Czujemy się zniechęcone, więc nie robimy nic albo w panice odkreślamy kolejne zadania, zaczynając od tych najmniej wymagających. W międzyczasie zadzwoni telefon, wpadnie jakiś mail... Pod koniec dnia, niezależnie od tego, czy spędziłyśmy go, czytając plotki o celebrytach, czy gorączkowo miotając się między jednym a drugim zadaniem, jesteśmy koszmarnie zmęczone i jednocześnie mamy poczucie, że nic konkretnego nie zrobiłyśmy. A już na pewno nie przybliżyłyśmy się ani o krok do realizacji naszego planu.

Żeby zrobić pomocną listę, nie potrzebujesz nic poza kartką papieru (sprawdzi się nawet odwrotna strona paragonu) i czymś do pisania. Albo kalendarzem w telefonie, jeśli wolisz. Przeczytanie grubej książki na temat technik zarządzania czasem nie jest konieczne. Posiadanie błyszczącego planera z setką rubryczek i zakładek również. To miłe dodatki, ale ich brak nie powinien być wymówką od... no cóż, zabrania się do roboty. Im więcej czasu poświęcisz na swój skomplikowany system planowania, tym mniej zostanie ci go na działanie.

Przede wszystkim, nie komplikuj niepotrzebnie. Zastanów się, co chciałabyś danego dnia osiągnąć. Nie myśl tylko o rzeczach związanych ze szkołą czy z pracą, ale ze wszystkimi swoimi priorytetami. Jeśli jako jeden z priorytetów wyznaczyłaś sobie dbanie o relację z mężem, upewnij się, czy na liście jest wspólny obiad, kawa, spacer lub oglądanie filmu. Jeśli chcesz się nauczyć robić dobre zdjęcia, zarezerwuj godzinę na sesję zdjęciową mamy albo kota i oglądanie tutoriali dotyczących postprodukcji.

Bądź realistką. Oszacuj, ile czasu będzie ci potrzebne na wykonanie każdego z zadań, a potem pomnóż ten czas przez 1,5. Dla bezpieczeństwa – zwykle niedoszacowujemy czasu potrzebnego na tę czy inną aktywność. Wyszło piętnaście godzin? Twoja lista jest zdecydowanie za długa. Wynajdywanie sobie dziesiątek zadań tworzy iluzję bycia zajętym. To nie jest twój cel. Twoim celem jest trzymanie się priorytetów i dbanie o swój dobrostan na wszystkich polach.

Skreślaj więc bez skrupułów i kiedy zostaniesz z rozsądną liczbą zadań, wyznacz te, które są dla ciebie najważniejsze (nie mylić z najpilniejszymi). Zastanów się, z wykonania których będziesz wieczorem najbardziej dumna i zadowolona. Postaw przy nich gwiazdkę – to twoje nienegocjowalne priorytety. W żadnym razie nie powinno ich być więcej niż trzy. Ja staram się mieć tylko jedno lub, sporadycznie, dwa takie zadania na dzień.

Staram się wykonywać je jako pierwsze, ze świeżym umysłem. Nie zawsze jest to możliwe, ale dbam, żeby przynajmniej przez kilka dni w tygodniu zajmować się rano tym, co dla mnie najważniejsze. Dzięki temu, nawet jeśli w południe pojawi się jakiś niespodziewany pożar do ugaszenia i nie zrobię danego dnia już niczego więcej, wciąż będę z siebie zadowolona.

Listę przygotowuję wieczorem, żeby nie tracić porannej energii na zastanawianie się, czym tak właściwie powinnam się zająć. A później robię jedną rzecz naraz – nie ma nic gorszego niż gorączkowe miotanie się pomiędzy zadaniami. Nie dość, że nic nie jest wtedy zrobione dobrze, a praca w takim trybie jest wątpliwą przyjemnością, to jeszcze wcale nie oszczędzamy w ten sposób czasu.

*Skupienie*

Wiem, że niełatwo się skupić (internet poszatkował nam mózgi!), dlatego dobrze jest sobie tego nie utrudniać: odłączyć internet albo – jeśli go potrzebujemy – zablokować strony, które kuszą nas najbardziej, wyciszyć telefon. To bolesne doświadczenie – mnie nadal zdarza się wklepywać adres w przeglądarce nawet wtedy, kiedy celowo odłączyłam internet. I potem wpatrywać się w monitor ze zdumieniem, że tak się dałam nabrać.

Jeśli doznasz nagłego objawienia i przyjdzie ci do głowy fantastyczny pomysł niezwiązany bezpośrednio z tym, co obecnie robisz, zapisz go w notatniku i wróć do pracy. Korzyści ze skupienia się na wykonywanym zadaniu są ogromne – często wpadamy wtedy w ferwor działania, czas przestaje się liczyć, a kolejne kroki przychodzą niemal bez wysiłku. Kiedy coś nas wytrąci ze stanu skupienia, nasz mózg potrzebuje dłuższej chwili, by wrócić na pełne obroty.

Wydaje ci się, że nie możesz sobie pozwolić na odcięcie się na godzinę, dwie czy trzy dziennie? Mnie też się tak wydawało. Dopóki nie przeczytałam wypowiedzi Yvona Chouinarda, założyciela marki Patagonia, produkującej ubrania outdoorowe – dla wspinaczy i nie tylko. Jestem jej wielką fanką – firmie udało się odnieść ogromny sukces, jednocześnie własnym przykładem promując zrównoważony rozwój i działania na rzecz ekologii. To chyba jedyna marka odzieżowa, która w kampaniach reklamowych namawia swoich klientów do rezygnacji z zakupu własnych produktów, jeśli tak naprawdę ich nie potrzebują (słynna kampania Don't Buy This Jacket), oraz zachęca do naprawiania zniszczonych ubrań zamiast do kupowania nowych.

Chouinard, wywodzący się ze środowiska wspinaczy, przynajmniej kilka miesięcy w roku spędza na wyprawach i podróżach, podczas których nie ma kontaktu ze światem. Zapytany przez dziennikarza, czy nie boi się, że jego firma na tym ucierpi, że stanie się coś poważnego, a jego nie będzie jak o tym powiadomić, odpowiedział po prostu, że wierzy w swoich współpracowników, a zresztą nawet gdyby wybuchł pożar, on z serca amazońskiej dżungli w niczym im nie pomoże. Muszą sami zadzwonić po straż pożarną.

Doszłam do wniosku, że jeżeli założyciel firmy, której obroty wynoszą pięćset milionów dolarów rocznie, może sobie pozwolić na kilkutygodniowy wypad w góry, to świat tym bardziej się nie zawali, gdy ja wyłączę telefon na trzy godziny w ciągu dnia. Nigdy nie pracowałam z większą przyjemnością.

I jeszcze jeden problem z listą zadań, czyli zadania, które za nic nie chcą się wykonać i natrętnie przesuwają się z jednego dnia na drugi. Jeśli to rzeczy bezpośrednio związane z twoimi celami, prawdopodobnie jesteś zbyt rozproszona. Nadaj im najwyższy priorytet i po prostu zacznij jutro rano. Jeśli z kolei są czymś, co musi zostać zrobione, ale odwlekasz to w czasie (w tej kategorii prym wiodą wizyty u dentysty czy badania krwi), po prostu zmobilizuj się w pierwszym wolnym terminie i miej to z głowy. A jeśli to mniej ważne zadanie, do którego jakoś nigdy nie możesz się zabrać, po prostu wyrzuć je z listy, żeby nie zatruwało ci życia. Świat się nie zawali, jeśli nie posprzątasz w garażu.

## Jak poradzić sobie z prokrastynacją?

Zastanawiałaś się kiedyś, jak wyglądałoby twoje życie, gdybyś, jak już sobie coś postanowisz, szła jak burza? Kiedy ostatnio spokojnie zrobiłaś wszystkie zadania w wyznaczonym czasie, a resztę dnia spędziłaś na beztroskim odpoczynku? Nic tak nie sabotuje naszych działań jak my sami. Rzucanie sobie kłód pod nogi to nasza specjalność, zwłaszcza w przypadku dużych, ważnych zadań.

*Prokrastynacja*

Na pewno nieraz zdarzyła ci się taka sytuacja. Masz do napisania ważną pracę na studia, a tu firanki w oknach nagle robią się dwa razy brudniejsze i wypadałoby je wyprać. W końcu znalazłaś czas na naukę szycia, ale najpierw chcesz upiec ciasto, o którym myślisz od kilku dni. Od paru miesięcy wiesz, że musisz skończyć ważny projekt, ale zabierasz się do niego w ostatniej chwili i działając w stresie i pośpiechu, zastanawiasz się, jak to możliwe, że znów ci się to przydarzyło. Odwlekanie ważnych zadań jest tak powszechne, że doczekało się swojej nazwy – „prokrastynacja".

Nigdy nie unikniemy jej w stu procentach. Zwłaszcza że czasem spełnia ważne funkcje, na przykład pokazuje nam, że zadanie, które przed nami stoi, tak naprawdę nie mieści się w obrębie naszych zainteresowań. U jej podłoża może leżeć wiele problemów: przyzwyczajenie do natychmiastowej gratyfikacji i do braku dyscypliny, lęk przed porażką czy nadmierny perfekcjonizm.

Mnóstwo osób szuka skutecznego rozwiązania swojego problemu odkładania wszystkiego na jutro. Kupuje specjalistyczne książki i testuje kolejne aplikacje, płaci horrendalne sumy za „szkolenia motywacyjne". Ludzie są w stanie poświęcić bardzo dużo energii i pieniędzy, by znaleźć magiczny sposób na produktywność. Nie wiedzą jednak, albo wolą nie wiedzieć, że nie ma magicznego rozwiązania. Oczywiście są wskazówki, które dobrze znać, bo być może okaże się, że któraś z nich wyjątkowo nam pomogła, ale w pewnym momencie trzeba po prostu wziąć się do pracy. Bo nikt tego za nas nie zrobi. Glorfyfikowana ostatnio motywacja nie zastąpi starej dobrej dyscypliny.

Dlaczego warto? Oprócz zdumiewających rezultatów, jakie daje regularna sumienna praca, sprawi to, że będziemy czuć się dobrze sami ze sobą – bo, jak już ustaliliśmy, nasza satysfakcja z życia jest tym większa, im mniejsza jest rozbieżność między tym, co planujemy zrobić, a tym, co naprawdę robimy. Przesunięcie czegoś ważnego dla nas na kolejny dzień wydaje się zupełnie niewinną czynnością – zdarza się. W końcu zobowiązaliśmy się wyłącznie sami przed sobą. Nie nakrzyczy na nas szef ani niezadowolony klient (no chyba że akurat nakrzyczy).

Takie odwlekanie ważnych zadań w nieskończoność lubi jednak wchodzić w nawyk. Kiedy przychodzi kolejny dzień, nie jest nam ani trochę łatwiej zabrać się do tego, co wcześniej odłożyliśmy, więc mija następny i jeszcze jeden. Nagle odkrywamy, że znajdujemy się dokładnie w tym samym punkcie co miesiąc temu, pół roku czy rok wcześniej – z okropnymi wyrzutami sumienia i niechęcią do realizacji jakichkolwiek planów.

Jeśli nie chcesz czegoś robić, po prostu tego nie rób. Okej, są rzeczy, które warto zrobić nawet pomimo niechęci, na przykład zdać maturę, ale inne, takie jak studia, nie są już obowiązkowe. Zamiast iść bez przekonania na przypadkowy kierunek, dlatego że wszyscy idą, czasem lepiej zrobić sobie przerwę, zatrzymać się i zastanowić, rozwijać zainteresowania albo popróbować nowych rzeczy. Pamiętasz fragment o esencjalizmie, w którym pisałam o tym, jak ważne jest oddanie sprawie i że powinniśmy w miarę możliwości zrezygnować ze wszystkich działań, które tworzą zbędny zamęt w naszym życiu? Nie chciałabym, żebyś zrozumiała te słowa jako zachętę do poddawania się, kiedy czujesz opór przed wykonaniem jakiegoś zadania. W dziewięciu przypadkach na dziesięć to niecierpliwość, niechęć spowodowana złożonością zagadnienia albo nachodzące nas wątpliwości, czy na pewno damy sobie radę. Nie jest tak, że odważni, zaangażowani w ważne dla siebie sprawy ludzie nigdy nie czują stresu, zniechęcenia skomplikowanym zadaniem czy obaw. Oni po prostu działają pomimo to i robią te wszystkie trudne rzeczy, których reszta świata za wszelką cenę próbuje uniknąć. W tym tkwi cały sekret – w zrozumieniu, że wartościowe życie nie polega na uciekaniu przed dyskomfortem.

*Dyscyplina*

Dyscyplina jest jak mięsień. Im częściej ją ćwiczymy, tym łatwiej będzie nam wykonać pewne czynności. Można to zauważyć, przyglądając się naszym nawykom – wpływają na siebie, chociaż pozornie są zupełnie niezwiązane. Gdy zaczynamy ćwiczyć, zwykle automatycznie zwracamy większą uwagę na to, co jemy, i poprawia się nasza dieta. Kiedy poranki spędzamy na bieganiu, nagle odkrywamy, że praca idzie nam sprawniej. Mają na to wpływ także inne czynniki (w zdrowym ciele zdrowy duch), ale ćwiczenie się w dyscyplinie nie pozostaje bez znaczenia – w końcu budowanie pozytywnych nawyków to umiejętność jak każda inna, więc możemy się jej po prostu nauczyć. I to naprawdę dotyczy każdego z nas – piszę to na wszelki wypadek, gdybyś uniosła brew przy poprzednim zdaniu.

Wszyscy lubimy zaczynać coś nowego i ekscytującego. Ja przez wiele lat wpadałam na jeden biznesowy pomysł za drugim i każdy wydawał mi się tym, który przyniesie mnóstwo satysfakcji i miliony na koncie. Szycie stylowych toreb na aparaty fotograficzne! Gry miejskie! Wycieczki tematyczne! Zniechęcałam się jednak już przy pierwszych trudnościach i łapałam za coś innego, w niczym nie posuwając się znacząco do przodu. Ta pierwsza, świeża energia jest fantastyczna i jedyna w swoim rodzaju, ale ma to do siebie, że szybko mija.

Pomiędzy początkowym entuzjazmem a końcowym sukcesem ze strzelającą butelką szampana (który swoją drogą rzadko wygląda tak, jak go sobie wyobrażamy) jest wiele zwykłych, szarych dni, sumiennej pracy i żmudnych zadań, które muszą zostać zrobione. Dyscyplina to umiejętność wytrwałego dążenia do celu nawet wtedy, kiedy naszemu nastrojowi daleko do entuzjazmu i najchętniej rzucilibyśmy to wszystko w diabły.

I mimo że nie istnieje magiczny guzik wyłączający chęć do unikania trudu i odkładania wszystkiego na później, jest parę sposobów, które mogą uczynić pracę nad samodyscypliną odrobinę łatwiejszą.

1 **Miej jasno wyznaczony cel.**

Zanim się do czegoś zabierzesz, zastanów się, po co to robisz. Jaką masz motywację? Jaki jest twój cel na ten dzień, ale i na miesiąc czy kwartał? Co uznasz za sukces? Jeśli nie masz pojęcia, dokąd idziesz, skąd będziesz wiedziała, że dotarłaś na miejsce?

Nic tak nie wpływa na produktywność i komfort pracy jak przejrzysty plan i jasno określony cel. Bądź szczegółowa aż do przesady. Rozpisz wszystko na kartce, zapisz w kalendarzu pod odpowiednią datą.

2 **Sprawdzaj się regularnie.**

Czy na pewno nie zaczęłaś dryfować bez celu? Czy twoja praca zmierza w kierunku, który sobie założyłaś, czy dałaś się pogrzebać pod stosem pilnych, ale mało ważnych zadań?

Ja lubię przeprowadzać taki rachunek sumienia pod koniec dnia pracy; planuję też wtedy następny dzień, by rano nie tracić czasu na organizację, tylko energicznie zabrać się do działania. A w każde piątkowe popołudnie robię szybkie podsumowanie całego tygodnia.

3 **Rozbij zadanie na małe kroki.**

Bardzo często paraliżuje nas brak orientacji w zadaniu. Nie wiemy nawet, gdzie zacząć. Dlatego dobrze poświęcić chwilę na organizację i rozpisać sobie zadanie krok po kroku.

Odkąd sporo piszę, jestem wielką fanką konspektów. Kiedy wiem, jaki następny wątek mam poruszyć, praca idzie mi nieporównywalnie sprawniej. Zamiast zastanawiać się, co dalej, skupiam się na jak najlepszym przekazaniu swoich myśli i po prostu wypełniam luki między kolejnymi punktami opowieści. Stworzenie planu działania pozwala też zredukować strach przed działaniem. „Napisać książkę" brzmi onieśmielająco, „napisać dziesięć akapitów o prokrastynacji do rozdziału o organizowaniu czasu" – zdecydowanie mniej.

4 **Po prostu zacznij.**

Za każdym razem, kiedy czujesz ten ucisk w żołądku, oznaczający chęć rzucenia się na kanapę z padem do PlayStation w dłoni albo zerknięcia „tylko na momencik" na Facebooka, zignoruj go i po prostu zacznij. Nie musisz się zobowiązywać do spędzenia całego dnia na pracy, na początek wystarczy kwadrans czy pół godziny. To zdecydowanie mniej przytłaczająca perspektywa, da ci poczucie zadowolenia z siebie, no i jest ogromna szansa, że wpadniesz w tryb „flow" i będziesz chciała pracować dłużej.

Jeśli nie możesz zabrać się do pracy, przeczytanie jeszcze jednego artykułu o produktywności ci nie pomoże, pisanie na Facebooku o tym, jak bardzo ci się nie chce, tym bardziej. Po prostu weź się w garść i działaj – nie ma innego rozwiązania.

5 **Naucz się pracować w skupieniu.**

Na każdym kroku atakuje nas tyle rozpraszaczy, że tę umiejętność naprawdę warto pielęgnować. Wytrenuj się w zauważaniu chęci do oderwania się od pracy, by przeczytać wiadomości czy sprawdzić powiadomienia w telefonie, i… nieuleganiu jej. Tak jak w medytacji. Zaakceptuj dyskomfort i działaj pomimo niego – będziesz z siebie dumna.

W latach dziewięćdziesiątych przeżywaliśmy fascynację ilorazem inteligencji, na początku XXI wieku – kreatywnością i przedsiębiorczością. Teraz wygrywają ci, którzy mimo niesprzyjających warunków potrafią się skupić i wytrwale dążyć do celu.

### 6 Wypracuj rutynę.

Codzienna rutyna, rutynowe działanie – te słowa kojarzą nam się wyjątkowo negatywnie. Zupełnie niesłusznie. Stałe pory pracy i rytuały wprawiające nas w nastrój skupienia to jedne ze skuteczniejszych sztuczek, dzięki którym możemy sobie pomóc. To może być zaparzenie czajnika herbaty przed lekturą książki, włączanie playlisty towarzyszącej ci przy ćwiczeniach albo poranna medytacja, po której ze świeżym umysłem podejmujesz wyzwania danego dnia. Serena Williams nieprzypadkowo pięciokrotnie odbija piłeczkę od ziemi przed pierwszym serwisem i dwukrotnie przed drugim. Robi to, by wprowadzić się w stan największego skupienia. Podobnie jak Ronda Rousey, która przed każdą walką tupie i klepie się po udach zawsze tyle samo razy. Jej autobiografia to zbiór doskonale napisanych, inspirujących opowieści o poświęceniu, sile systematycznej pracy i nawyków – warto ją przeczytać.

### 7 Wystrzegaj się najbardziej podstępnej formy prokrastynacji, czyli pozornego bycia zajętym.

Mnóstwo ludzi zawala swój dzień niewiele znaczącymi, za to czasochłonnymi zadaniami – wszystko po to, by uniknąć dyskomfortu związanego ze zmierzeniem się z pracą nad czymś naprawdę dla nich ważnym. Czy to, że zrobiłaś dziś X, Y i jeszcze Z, będzie miało jakiekolwiek znaczenie za rok? Czy chciałabyś mieć napisane na nagrobku: „Tu leży dziewczyna, która odpowiedziała na każdy mail, jaki wpadł do jej skrzynki, niezależnie od okoliczności"? Obstawiam, że nie. Dlatego jasno określ swoje priorytety, przesuń je na początek dnia i pracuj w ten sposób mądrzej, nie ciężej.

### 8 Nie zrażaj się porażkami.

Zaplanowałaś, że zaczniesz dzień o szóstej rano zdrową owsianką, a zwlekłaś się z łóżka o wpół do dziesiątej i przegryzłaś w biegu rogalika z czekoladą? To nic. Tak jak jedno ciastko nie zrujnuje twojej diety, tak drobne niepowodzenie nie spisuje dnia na straty. Nawet jeśli obijałaś się do wieczora, możesz jeszcze się zaskoczyć i zrobić tę ważną dla siebie rzecz, którą tyle czasu odwlekałaś – albo przynajmniej zacząć. Bo dzień się jeszcze nie skończył. Jak mówi w wywiadzie Alexandra Franzen, nigdy nie jest za późno, żeby zacząć się zachowywać jak osoba, którą naprawdę chcesz być, i przerwać błędne koło rozmemłania.

### 9 Pomyśl, jak będziesz się czuła pod koniec dnia.

Jeśli nie możesz się zmobilizować do działania, pomyśl, jakie uczucia będą ci towarzyszyły wieczorem, kiedy położysz się do łóżka: duma z wykonanego zadania czy zniechęcenie, złość i przekonanie, że jutro pewnie będzie tak samo?

Kiedy praca idzie mi sprawnie i szybko, jestem z siebie zadowolona, ale najbardziej dumna jestem wtedy, gdy słowa się nie kleją, myśli ciągle gdzieś uciekają i najchętniej bym sobie odpuściła... ale tego nie robię. Nie wierzę w istnienie weny. Albo może inaczej – przypływy inspiracji się zdarzają i są bardzo uskrzydlające, ale ostatecznie nasz sukces zależy od tego, czy meldujemy się w miejscu pracy i działamy, bez względu na to, czy wena akurat nas opuściła, czy nie.

## 10 Pamiętaj, że perfekcjonizm to twój wróg.

Zasada „done is better than perfect", czyli dawanie pierwszeństwa dokończonemu nad perfekcyjnie dopracowanym to jedna z podstawowych reguł, którymi się kieruję. Nikt poza tobą nie zauważy różnicy między zadaniem wykonanym w dziewięćdziesięciu ośmiu procentach a zadaniem wykonanym na sto procent. Więc nie ma co dłużej dłubać w zdjęciu, które chciałaś opublikować – po prostu wrzuć je na stronę. Bardzo często to wymówka, która powstrzymuje nas przed podzieleniem się rezultatami naszej pracy.

Taką samą wymówką pod płaszczykiem perfekcjonizmu jest odwlekanie rozpoczęcia zadania: bo nie jesteśmy idealnie wypoczęci, bo nie mamy weny, bo jednak najlepiej pracuje nam się rano, a już czternasta. Ja w takiej sytuacji zwykle stosuję małą sztuczkę i mówię sobie: „Pisz! To może być zupełnie beznadziejne, ale przecież zawsze możesz poprawić". Kiedy wracam do tekstu następnego dnia, zwykle okazuje się, że wcale nie było tak źle, często nie ma czego poprawiać.

Nigdy nie zrobisz wszystkiego idealnie ani nie unikniesz błędów. To niemożliwe. Więc równie dobrze możesz przestać się o to martwić.

## 11 Nie udawaj, że pracujesz.

Niby robisz referat o praskiej architekturze, a tak naprawdę co trzy minuty wchodzisz na Wikipedię, by poczytać o krwawej historii brytyjskiej monarchii. Niby piszesz CV, ale co chwila zerkasz na ulubiony kanał na YouTubie albo odpisujesz na przychodzące maile. A pod koniec dnia dziwisz się, że właściwie nie zrobiłaś nic wartościowego, chociaż cały dzień byłaś zajęta.

Nie ma nic gorszego niż oszukiwanie siebie. Jeśli chcesz pracować, odetnij się od wszystkiego i pracuj. Rób tę jedną rzecz, którą powinnaś robić, i nic innego.

Jeśli czujesz, że potrzebujesz przerwy albo w ogóle wolnego dnia, idź z psem na spacer do lasu, poczytaj książkę, upiecz ciasto. To wszystko jest jak najbardziej w porządku; robienie samej siebie w balona nie jest. Prowadzi do zaburzenia równowagi między czasem pracy a czasem zabawy i odpoczynku, nadganiania obowiązków kosztem relacji z najbliższymi.

To tak naprawdę kwintesencja *slow life*: jeśli pracujesz, rób to porządnie i w skupieniu, jeśli jesz, skoncentruj się na niespiesznym smakowaniu, jeśli rozmawiasz, bądź w pełni obecna i ciekawa drugiej osoby. A jeśli nie chcesz czegoś robić, to po prostu tego nie rób – to zaskakująco proste rozwiązanie, które pozwala zaoszczędzić mnóstwo nerwów, czasu i energii.

### 12 Nie daj się wpędzić w pułapkę „gdy tylko".

*Gdy tylko* kupię nowy komputer, zacznę regularnie blogować (zapewniam cię, że na starym też się da!). *Gdy tylko* przeprowadzę się do nowego miasta, zacznę regularnie ćwiczyć (jakby teraz się nie dało!). Kiedy patrzymy na te warunki z boku, wydają się absurdalne, a jednak wszyscy się o nie potykamy. Całkiem niedawno długie tygodnie odwlekałam zaplanowanie swojej pracy i działałam w chaosie, bo czekałam na zamówiony z drugiego końca świata planer – jakby zwykły z księgarni za rogiem albo po prostu kartka papieru nie były wystarczające.

Nasz mózg ma niebywałą zdolność do przystosowywania się do warunków, w jakich się znajdujemy. To działa w obie strony. Potrafimy się pozbierać po nieszczęściu, przekonać, że sytuacja, w której się znaleźliśmy, nam służy, nawet jeśli nie była naszym pierwszym wyborem. Równie szybko przechodzimy do porządku dziennego nad wszystkimi wzniosłymi wydarzeniami, na które tak czekaliśmy. Ślub, wygrana w lotka, przeprowadzka do większego mieszkania – wydaje nam się, że trwale podniesie się nasz poziom szczęścia, ale tak naprawdę szybko wracamy do codzienności i wtorek znów staje się zwykłym wtorkiem. Dokładnie tak jak w przypadku zakupów. W wolnej chwili koniecznie obejrzyj *TED Talk* amerykańskiego psychologa Dana Gilberta, w którym opowiada, w jak pokrętny sposób działa szczęście. Wydaje ci się, że bogaci ludzie są szczęśliwsi niż biedni? Że odejście z Beatlesów tuż przed momentem, w którym świat oszalał na ich punkcie, to przepis na rozgoryczenie do końca życia? Masz rację – tylko ci się wydaje.

## Jesteśmy tym, co robimy na co dzień

Na studiach z podziwem patrzyłam na koleżanki, które były przygotowane na zajęcia, a uczestniczenie w nich sprawiało im przyjemność do tego stopnia, że organizowały dodatkowe kółka zainteresowań. Ja specjalizowałam się raczej w udawaniu, że wiem, o co chodzi – byłam w tym naprawdę niezła. Udało mi się też kiedyś napisać dwa kilkunastostronicowe eseje na zaliczenie, w obcym języku, w ciągu jednej nocy. Nocy tuż przed terminem, oczywiście. Były kiepskie, ale zdałam. Postanowiłam nigdy więcej tak nie robić i o dziwo dotrzymałam słowa – na pewno po części dlatego, że kończyłam studia. Nigdy nie byłam przesadnie akademickim typem. Denerwowały mnie teoretyczne rozważania, bełkotliwe teksty, które mogłyby być napisane znacznie prościej bez straty dla komunikatu, i wkuwanie na pamięć roczników statystycznych, co wydawało mi się zupełnie bez sensu (szczerze mówiąc, nadal mi się takie wydaje). Nic tak mnie nie demotywuje jak brak wiary w zadanie, które robię.

Pamiętam, że podziwiałam też kolegów, którzy zrywali się wcześnie z łóżek, by pobiegać, i przestrzegali zdrowej diety, bo ich celem była gra w pierwszym składzie drużyny futbolu amerykańskiego. Nie odpuszczali nawet wtedy, kiedy padał śnieg! Mnie na samą myśl robiło się zimno i myślałam sobie, że na pewno nie dałabym rady, a mój nędzny charakter i godna pożałowania siła woli nigdy by mi na to nie pozwoliły.

Gdy zaczęłam pracę, czułam się kompletnie przytłoczona nadmiarem nowych obowiązków. Odpowiadanie na maile, przygotowywanie dokumentów dla księgowej, negocjacje z reklamodawcami, uaktualnianie profili w mediach społecznościowych... Po raz pierwszy w życiu sama zarządzałam całym swoim czasem. Mogłam robić to, co zawsze chciałam, a jednak traciłam mnóstwo czasu na przeglądanie Facebooka, oglądanie filmików i czytanie najdziwniejszych tekstów w internecie. Denerwowało mnie, że czas przecieka mi przez palce. Krok po kroku zaczęłam jednak odnajdywać się w tej nowej dla mnie rzeczywistości, mniej lub bardziej świadomie odcinać rozpraszające rzeczy i skupiać się na priorytetach. Nie czułam, że robię coś szczególnie wyjątkowego. Po prostu każdego dnia siadałam przy biurku i starałam się posunąć o mały kroczek do przodu w tym, co dla mnie najważniejsze. Niekiedy dawałam się rozproszyć, zdarzało się, że pół dnia spędzałam na bezmyślnym błądzeniu po internecie albo wypełnianiu urzędowych papierków, które potem okazywały się niepotrzebne. Zwykle jednak trzymałam się wyznaczonego planu chociaż w przybliżeniu.

Któregoś dnia na spacerze z psem spotkałam koleżankę, która powiedziała, że podziwia mnie za to, że znajduję na wszystko czas. Innym razem ktoś z branży pochwalił moje dobre zorganizowanie. Za każdym razem śmiałam się w duchu – gdyby oni wiedzieli, jak niezorganizowana i leniwa jestem naprawdę!

A później zaczęłam myśleć o tym, co wydarzyło się w ciągu ostatniego roku. Wydałam książkę, która okazała się bestsellerem i pomogła uporządkować szafy wielu kobietom w różnym wieku. Napisałam e-booka – poradnik dla początkujących blogerów, w którym podzieliłam się swoim doświadczeniem. Z pomocą swojej niezastąpionej mamy rozwinęłam Lunaby. W listopadzie, po ponad roku od rozpoczęcia sprzedaży, nasza inwestycja się zwróciła i zatrudniłyśmy pierwszego pracownika. Opublikowałam na blogu wiele praktycznych postów. No i napisałam książkę, którą właśnie trzymasz w ręce. Zupełnie niepostrzeżenie stałam się osobą podobnie oddaną swojemu celowi, jak te, które wcześniej podziwiałam, choć nie wierzyłam, że kiedykolwiek mogłabym taka być.

Stajemy się tym, co robimy. Drobne codzienne czynności składają się w końcu na coś dużego. To nie nieodpowiedni charakter stoi na drodze do miejsca, w którym chcielibyśmy być, ale nieodpowiednie nawyki.

# Wywiad z Alexandrą Franzen

Alexandra mieszka w Portland, jest wziętą copywriterką, popularną blogerką i świetną pisarką. Jej teksty podnoszą na duchu i inspirują – niezależnie od tego, czy czytamy jej poradnik dla freelancerów czy... powieść erotyczną. Za swoją misję uznała zgłębianie tematu dyscypliny i hartu ducha. Stara się jak najwięcej czasu spędzać offline – jest jedyną znaną mi blogerką, która nie używa mediów społecznościowych.

**Jesteś swoją szefową. Jak sobie radzisz z zachowaniem równowagi między czasem pracy a czasem odpoczynku?**

Pomaga mi utrzymywanie w miarę stałego rytmu.

Zwykle najpierw... wstaję. Piję kawę, jem śniadanie. Siadam do pracy. Zazwyczaj pracuję tylko nad jednym projektem naraz i zupełnie się w tym zatracam – dni mijają mi więc bardzo szybko. Późnym popołudniem zamykam komputer i idę na siłownię, na spacer albo na jogę – w każdym razie wybieram jakąś aktywność, która pozwoli mojemu umysłowi się zrelaksować, a ciału pobudzić. Wieczorem odprężam się ze swoim chłopakiem. Gotujemy wspólnie kolację, rozmawiamy, oglądamy telewizję, gramy w szachy albo czytamy. Później biorę kąpiel z mnóstwem pachnących bąbelków (czasem nawet wypijam w trakcie lampkę wina i oglądam jeszcze jeden odcinek serialu, nie wychodząc z wanny). A potem idę spać.

Nie każdy dzień toczy się dokładnie w tym rytmie, ale większość tak.

Trzymanie się ustalonego schematu może wydawać się nudne, ale naprawdę pozwala mi się skupić – a przy okazji pomaga utrzymać równowagę między pracą, zabawą i odpoczynkiem każdego dnia.

**Czy masz jakieś rytuały, które pozwalają Ci rozdzielić części dnia poświęcone na pracę, odpoczynek i zabawę? Co pomaga Ci na co dzień pamiętać, że życie to nie tylko praca?**

W dni, kiedy zdarza mi się zapomnieć, że życie to nie tylko praca, mój chłopak jest niezawodny. Zawsze mi przypomina, że warto odłączyć się od elektroniki, zrelaksować i zaszaleć. Gdy zaczynam mieć ten charakterystyczny wyraz oszołomienia na twarzy, bo zbyt dużo czasu spędziłam przy komputerze, często zagaduje: „Może wyjdziemy coś zjeść?", „Chyba zrobiłaś już wystarczająco dużo na dziś" albo „Może wybierzmy się na spacer?".

Kolejną osobą, która ma na mnie pozytywny wpływ, jest moja mama. To kobieta, która odniosła znaczne sukcesy i przez całe życie ciężko pracowała, ale uwielbia też urządzać szalone przyjęcia, tańczyć, zrobić sobie świetną fryzurę i po prostu dobrze się bawić. Rozmawiamy przez telefon niemal co tydzień i kiedy słucham o jej fantastycznym życiu towarzyskim, nachodzi mnie ochota, żeby też zaplanować w najbliższych dniach coś spektakularnego, zamiast każdy wieczór spędzać w domu.

Ale wracając do Twojego pytania: myślę, że tym, co najbardziej pomaga mi pamiętać, że życie nie polega wyłącznie na pracy, jest otaczanie się ludźmi, którzy naprawdę umieją z niego korzystać! Kiedy najbliżsi są pełni radości i zapału, ich energia udziela się również Tobie – to zresztą działa w obie strony!

**Dla wielu osób problemem jest rozdzielenie pracy i odpoczynku – nie pracują wtedy, kiedy powinni, i nie odpoczywają wtedy, gdy jest na to czas. W rezultacie lądują w tym rozmemłanym miejscu pośrodku, ani nie pracując efektywnie, ani nie odpoczywając z lekkim sercem. Masz dla nich jakieś rady?**

Ja też się z tym zmagam!

Dlatego przyjęłam strategię planowania wakacji i przerw w pracy z dużym wyprzedzeniem. Mogę spokojnie wszystko dokończyć, odpowiedzieć na ważne maile, posprzątać biurko i cieszyć się wakacjami bez poczucia, że coś nade mną wisi.

Oczywiście nigdy nie da się dokończyć absolutnie wszystkiego, zwłaszcza jeśli jesteś freelancerem. W którymś momencie mówię więc sobie: „Zrobiłam, co mogłam, skończyłam tak wiele, jak mogłam. Teraz jest czas na relaks, żebym mogła wrócić do pracy wypoczęta, a nie zmęczona i zestresowana".

**Jakie są Twoje ulubione sposoby na relaks?**

Kocham spać! Ha! Wiem, że wydaje się to bardzo oczywiste, ale taka jest prawda. Uwielbiam swoje łóżko. Mam rewelacyjną pościel i poduszki, w sypialni jest bardzo ciemno. To moje sanktuarium.

Uwielbiam też ćwiczyć. Często słucham interesujących audiobooków albo podcastów, kiedy trenuję – wyłączam się wtedy, przestaję myśleć i chłonę inspiracje i rozrywkę.

Jestem również fanką przytulania – z moim chłopakiem przytulamy się naprawdę dużo. Opracowujemy różne pozycje do przytulania i nadajemy im nazwy takie jak Chomik, Gigantyczna Łyżka albo Do-si-do – od tradycyjnego tańca country, w którym partnerzy splatają ręce.

I ostatnia rzecz – pisanie listów! Pisanie listu ręcznie to naprawdę zupełnie inne uczucie niż pisanie go na komputerze. Jest łagodniejsze, wolniejsze. I bardzo relaksujące. Mniej więcej co miesiąc piszę kilka listów i je wysyłam – do rodziny, przyjaciół, ale i do nieznajomych, aktorów czy muzyków, których podziwiam. Pisanie listów jest świetne, tak samo jak ich dostawanie – znajdywanie prawdziwego listu w skrzynce jest zawsze takie ekscytujące!

**Żeby robić rzeczy, które naprawdę lubimy, musimy powiedzieć „nie" wielu innym rzeczom. Czasami osobom, które są nam bliskie. Jak to zrobić, nikogo nie raniąc?**

Moja strategia to: powiedz „nie" i zaproponuj jakąś alternatywę.

Przykład: pisze do mnie czytelnik mojego bloga: „Cześć, właśnie założyłem własną stronę. Mogłabyś zerknąć i dać mi znać, czy Ci się podoba? Bardzo chętnie usłyszałbym od Ciebie jakieś rady, żeby móc ją ulepszyć".

Mogłabym odpisać: „Bardzo Ci dziękuję za wiadomość. Gratuluję startu własnej strony! Nie udzielam rad mailowo, ale jeśli masz konkretne pytanie, śmiało je do mnie wyślij – być może odpowiem na nie w kolejnej odsłonie swojego cyklu artykułów z poradami. Dziękuję!".

Odpowiadam więc w tym przypadku, że nie udzielam darmowych porad mailowo, ale jednocześnie proponuję jakąś alternatywę – mój rozmówca, jeśli chce, może wpisać swój problem na listę pytań, na które odpowiadam w kolumnie z poradami.

Podstawowa formuła brzmi: „Dziękuję, nie mogę ......, ale za to proponuję ......".

Wiele pisałam o tym, jak mówić „nie", na swoim blogu, umieściłam tam nawet darmowy zeszyt ćwiczeń do ściągnięcia, właśnie na ten temat.

**Jesteś dowodem na to, że media społecznościowe nie są koniecznym warunkiem udanego biznesu czy szczęśliwego życia. Jak się zmieniła Twoja codzienność po tym, jak z nich zrezygnowałaś?**

Czuję, że moje życie jest spokojniejsze i nieco cichsze. Jakbym miała... nieco więcej przestrzeni w głowie. Ale tak naprawdę nic więcej się nie zmieniło! To była całkiem łatwa zmiana.

Ludzie często myślą, że wszechświat rozpadnie się na kawałki, jeśli przestaną używać Facebooka czy Twittera. W rzeczywistości życie po prostu toczy się dalej! Twoi prawdziwi przyjaciele nadal będą się z tobą kontaktować. Rodzina pozostanie rodziną. Klient, który jest tobą zachwycony, nadal będzie tobą zachwycony i będzie chciał cię zatrudnić. Znajdziesz inne sposoby, żeby pozostać w kontakcie ze swoim kręgiem znajomych. Twoje życie będzie nadal trwać, przyrzekam!

**Co robisz, kiedy brakuje Ci inspiracji i masz wątpliwości lub obawy w stosunku do swojej pracy?**

Kiedy brakuje mi inspiracji – na przykład gdy czuję, że nie mam nic do powiedzenia, nic do napisania – zwykle jest to sygnał, że powinnam wyjść z domu i doświadczyć czegoś nowego! Czas odwiedzić dzielnicę, w której jeszcze nie byłam, rozmawiać z ludźmi, rzucić sobie wyzwanie, zapisać się na warsztaty czegoś nowego – zrobić coś, co da mi natchnienie i dawkę świeżych inspiracji.

Niekiedy jakaś zupełnie banalna czynność, na przykład prysznic, składanie prania czy mycie naczyń, sprawia, że mój umysł się reaktywuje i zapełnia mnóstwem świeżych pomysłów.

**Uwielbiam Twoją filozofię „dzień się jeszcze nie skończył". Jest taka prosta, a ma tyle mocy! Opowiedz o niej. Może podasz jakieś przykłady?**

To zdanie – *dzień się jeszcze nie skończył* – jest moją ukochaną mantrą.

Kiedy mam zupełnie bezproduktywny dzień, mówię sobie: „Ten dzień się jeszcze nie skończył!", i zobowiązuję się dokończyć chociaż jedno drobne zadanie przed końcem dnia. Jedna mała rzecz jest lepsza niż nic!

Albo jeśli odpuściłam sobie swoje codzienne ćwiczenia i czuję się zmęczona i rozleniwiona, mówię sobie: „Ten dzień się jeszcze nie skończył!", rozwijam matę do jogi i robię asany przez dwadzieścia minut, czasem o dziesiątej wieczorem. Jeszcze nie jest za późno!

Tak naprawdę nigdy nie jest za późno, by zrobić coś produktywnego, pomocnego, pełnego miłości albo inspirującego, dla siebie albo dla innych. Niezależnie od tego, jaka jest pora dnia, w jakim jesteś wieku, zawsze zostaje czas – nawet jeżeli jest to coś bardzo małego!

Przyznam, że chciałam odłożyć odpowiadanie na Twoje pytania na jutro, ale później pomyślałam: dlaczego nie zrobić tego dzisiaj? Przecież mam czas. Dzień się jeszcze nie skończył!

# Odpocznij wreszcie!

„Cieszę się, że spędziłam te wszystkie wieczory, nadganiając zaległości w raportach dla szefa".

„Ach, ten świąteczny tydzień, który spędziłam na poprawianiu pracy magisterskiej koleżanki, bo mnie o to poprosiła. Szkoda, że już nigdy więcej się nie spotkałyśmy!"

„Te noce spędzone nad mailowymi dyskusjami dotyczącymi projektu, którego kompletnie nie pamiętam! To była młodość!"

„Pamiętam taki jeden dzień, od rana do wieczora wypełniony zazdrością – o idealnie wyfotoszopowane ciała guru fitness zamieszczone na Instagramie, zapierające dech w piersiach widoki na zdjęciach blogerów podróżniczych, idealne obrazki z pikniku z czwórką wystrojonych dzieci znajomej blogerki parentingowej. Przez tydzień rozmyślałam później nad tym, co zrobiłam źle, że moje życie jest takie beznadziejne. Magia, chciałabym to przeżyć ponownie".

„Jestem taka szczęśliwa, że pracowałam ponad miarę, by zarobić na te wszystkie drogie ubrania, żeby zaimponować ludziom, za którymi nie przepadam".

„Te trzy lata, podczas których ani razu nie byłam na urlopie! To były czasy!"

„Ach, ten wieczór, który spędziłam przed laptopem, kłócąc się z kimś anonimowo w internecie. Niezapomniany!"

Wiesz, co łączy te wszystkie dziwacznie brzmiące zdania? To, że na pewno nie wypowiesz ich za piętnaście lat, gdy będziesz siedziała w fotelu i rozmyślała o życiu.

Twoje życie nie składa się wyłącznie z pracy – niezależnie od tego, czy ją lubisz, czy niekoniecznie. Lepienie pierogów z babcią wśród chichotów i opowieści o przedwojennych kawalerach, wieczór pod kocem z książką i kimś ukochanym u boku, zapierające dech w piersiach poczucie dzielonego szczęścia (i delikatne łaskotanie strachu), gdy długo dopracowywany utwór muzyczny lokalnego chóru w końcu wychodzi na światło dzienne, głaskanie kota. To przede wszystkim jest twoje życie.

Już Benjamin Franklin doszedł do wniosku, że w życiu niezbędna jest równowaga – jedna trzecia czasu idzie na pracę, jedna trzecia na zabawę i przyjemności, a jedna trzecia na odpoczynek. Podobizna Franklina zdobi studolarowy banknot, spokojnie więc można założyć, że wiedział, co mówi.

Ale nie liczy się wyłącznie ilość. Jakość odpoczynku też ma duże znaczenie. I nie, nie chodzi mi o to, że musisz się zapisać na drogi trening *mindfulness* i codziennie meldować się w studiu jogi albo zaopatrzyć w arsenał modnych świeczek, każda w cenie twojej najlepszej bluzki. Wystarczy, że będziesz starać się odpoczywać bez wyrzutów sumienia i w sposób, jaki najlepiej cię regeneruje – bez wartościowania na lepsze i gorsze metody, bez tego kłującego uczucia, że mogłabyś spędzać swój czas bardziej spektakularnie.

Te trzy dziedziny życia – praca, zabawa i odpoczynek – są ze sobą połączone silną, łatwą do zaobserwowania więzią. Im lepsza jakość twojego odpoczynku, tym lepsze rezultaty twojej pracy. To właśnie dlatego momenty, kiedy czujesz, że nie możesz sobie pozwolić na ani sekundę przerwy, to momenty, gdy najbardziej jej potrzebujesz. Bo o ile jesteś w stanie jako tako załatwiać sprawy w pośpiechu i napięciu, o tyle kreatywna praca bardzo na tym cierpi.

Sztuka leniuchowania

Pisze o tym Ulrich Schnabel w książce w całości poświęconej sztuce leniuchowania. Pewnie znasz nagłe przebłyski geniuszu, których doświadczasz wtedy, kiedy nie zajmujesz się niczym konkretnym. Może zdarzyło ci się kiedyś znaleźć długo poszukiwane rozwiązanie problemu właśnie wtedy, kiedy przestałaś zawzięcie o nim rozmyślać. Tytuł piosenki albo nazwa firmy sama do ciebie przyszła, kiedy przestałaś się nad nią zastanawiać. Mnie takie małe objawienia zdarzają się najczęściej podczas biegania albo kąpieli lub tuż przed zaśnięciem. Do tego stopnia, że podtytuł tej książki powinien brzmieć *Zapiski spod prysznica*.

Schnabel, przytaczając wiele badań, pokazuje, że wrzucenie naszego umysłu na luz zamiast przeskakiwania na kolejne biegi pozwala mu odpocząć od przetwarzania ogromnej liczby bodźców i zająć się sobą – zrobić porządki, stworzyć nowe konteksty dla zgromadzonych faktów, budować samoświadomość.

Im bardziej wypoczęta i zrelaksowana jesteś, tym więcej masz do zaoferowania w relacjach z bliskimi – dlatego dbanie o siebie to najlepsza rzecz, jaką możesz zrobić dla swojej rodziny i przyjaciół. A im uczciwiej pracujesz, z tym większą łatwością odpoczniesz z czystym sumieniem. Przez „uczciwą" rozumiemy „w skupieniu i zgodnie z realistycznym planem, który dla siebie nakreśliłaś", nie „jak najwięcej".

To tak jak z instrukcją nakładania maski w samolocie w kryzysowej sytuacji – stewardesa informuje nas, że powinniśmy najpierw założyć ją sobie, a dopiero w drugiej kolejności pomagać innym. Nikt nie kwestionuje sensu tego nakazu, dlaczego więc tak trudno zadbać nam o własne potrzeby?

Przy okazji – wymyśliłam tę metaforę w przebłysku geniuszu podczas podgrzewania obiadu i kiedy popędziłam do komputera sprawdzić, jak dokładnie brzmi samolotowa instrukcja, odkryłam, że identycznego porównania użyła w swojej książce Regina Brett, autorka wielu bestsellerów. To uczucie gorsze niż myślenie przez cały dzień o smakołyku, który czeka w lodówce, i odkrycie po powrocie do domu, że ktoś nam go wyjadł.

Jesteśmy różni, dlatego podział Franklina dobrze traktować jako silną sugestię, a nie bezwarunkową konieczność. Musimy jednak pamiętać, że bez względu na upływ czasu, rozwój nowych technologii i zmiany w kulturze pracy nasze podstawowe potrzeby pozostają takie same: chcemy być dostrzeżeni, kochani, czuć, że znaczymy wiele dla bliskich nam osób, mieć poczucie wyższego celu naszej egzystencji, a w końcu po prostu dobrze się bawić. Trudno je zaspokoić, pędząc przed siebie na złamanie karku, nie wiadomo dokąd. Nie nadrobimy braku uwagi drogim prezentem, a niedoboru relaksu szybkim wypadem do luksusowego kurortu. To tylko mydlenie sobie oczu, ślizganie się po powierzchni i unikanie problemu. Słowem, oszukiwanie siebie w najgorszej postaci.

## Płać sobie pierwsza i postaw granice

To zasada, którą nieustannie forsują wszyscy eksperci od finansów osobistych – suma, którą masz w planach co miesiąc oszczędzać, wędruje na osobne konto zaraz po tym, jak wpłynie wypłata. Przed zakupami, przed opłaceniem rachunku czy comiesięcznego karnetu na fitness. Inaczej istnieje ogromne ryzyko, że rozejdzie się zupełnie niezauważenie. Sama nie będziesz wiedziała na co, za to solennie obiecasz sobie uczciwe oszczędzanie od następnego miesiąca.

Jak zwykle to kwestia priorytetów. W ten sam sposób powinnaś traktować czas odpoczynku. To nie luksus, to twój obowiązek wobec siebie i innych. Nie uda ci się to, jeśli nie postawisz jasnych granic.

Ja mam zasadę nieodpowiadania w weekendy na maile związane z pracą. Im mocniej ktoś na mnie naciska, tym bardziej się tego trzymam. W internetowej branży robienie wszystkiego „na wczoraj" to standard.

Czy ominęły mnie jakieś lukratywne interesy? Na pewno. Czy żałuję? Ani trochę – po pierwsze, bardziej cenię sobie pozostawanie w zgodzie ze sobą, po drugie, jeśli ktoś naprawdę będzie chciał ze mną pracować nad czymś wartościowym, poczeka do poniedziałku. Pieniądze są ważne, ale nie najważniejsze, i nie muszę zarobić ich wszystkich.

Zastanów się, co najczęściej sprawia, że zamieniasz wieczór z herbatą na kanapie na nerwową krzątaninę, i naucz się odmawiać. Jesteś dorosła i nie tylko masz prawo do decydowania o tym, jak spędzasz swój czas, ale też ponosisz za to wyłączną odpowiedzialność.

Jeśli to znajomi wyciągający cię do hałaśliwego klubu, którego szczerze nie znosisz, podziękuj, odmów bez tłumaczenia się, zaproponuj inny sposób spędzenia czasu w innym terminie. Jeśli nie pomoże, po prostu odpuść – na świecie mieszka ponad siedem miliardów ludzi, nie jesteś skazana akurat na tę trójkę.

Jeśli to rodzice, którzy próbują cię namówić na wyjście na urodziny do niezbyt lubianej cioci, a ty czujesz, że potrzebujesz czasu dla siebie, spokojnie im to wytłumacz. Nawet jeśli odbędzie się to w dość burzliwy sposób, na dalszą metę wasza relacja tylko na tym zyska.

Jeśli to twój niepokój, weź głęboki oddech i przypomnij sobie, że niewiele jest rzeczy obowiązkowych – i nie są to ani idealnie pomalowane paznokcie, ani perfekcyjnie wysprzątany dom, z szufladą pod piekarnikiem włącznie, ani nadrobienie wszystkich zaległości kulturalnych, o których rozpisują się na Facebooku twoi znajomi.

*Osobisty regulamin*

Oczywiście życie ze wszystkimi swoimi meandrami i trudnościami czasem dyktuje swoje warunki. Może opiekujesz się małymi dziećmi albo innymi osobami wymagającymi pomocy.

Może masz trudną sytuację finansową i pracujesz dodatkowo, by pozbyć się długów. Może masz odpowiedzialne stanowisko, wiele osób potrzebuje twojego wsparcia i czujesz presję, by być pod telefonem również poza godzinami pracy. To wszystko jest zupełnie zrozumiałe. Ale jeśli czujesz, że coś cię frustruje, sprawia, że pojawia się dysonans pomiędzy tym, jak chciałabyś spędzać czas, a tym, jak go spędzasz, dobrym wyjściem może być stworzenie swojego osobistego regulaminu.

Kiedy robisz zakupy w sklepie internetowym, pewnie zerkasz do zakładki z warunkami sprzedaży czy polityką prywatności. Dzięki nim jesteś poinformowana przed zakupem, ile wynosi realizacja zamówienia, jakie są warunki zwrotów, krótko mówiąc, czego możesz się spodziewać. A sklep nie musi odpowiadać na te same pytania setek klientów. Uproszczoną spersonalizowaną „instrukcję obsługi" w tym samym duchu powinnaś skonstruować dla siebie i upewnić się, że twoje otoczenie jest z nią zaznajomione. I niezłomnie jej przestrzegać, z wyjątkiem naprawdę kryzysowych sytuacji.

Jeżeli będziesz odbierać korespondencję biznesową w ciągu weekendu czy urlopu, możesz być pewna, że nie przestanie spływać. A przecież wystarczy ustawić automatyczną odpowiedź z informacją, do kiedy jesteś poza biurem i z kim kontaktować się w pilnych sprawach. Jeśli będziesz zmieniać swoje plany na każde zawołanie bliższych i dalszych znajomych, spodziewaj się, że będą tego wymagać.

Nie namawiam cię do nieodpowiedzialnej postawy czy dbania wyłącznie o swoje potrzeby. W gruncie rzeczy namawiam cię do czegoś zupełnie odwrotnego. Jeśli większość dnia spędzasz w domu z małym dzieckiem, trudno oczekiwać, że zamkniesz się w pokoju, by na kilka godzin oddać się pasji komponowania. Ale przecież możesz zastrzec, że potrzebujesz godziny dla siebie w weekendowe wieczory albo popołudnia spędzonego w ulubionej kawiarni w co drugą sobotę. Przy okazji uczysz malucha, że mama pozostaje tym samym człowiekiem, którym zawsze była, i jak każdy ma prawo do zaspokajania własnych potrzeb.

Pewnie znasz to szczególnie dobrze, jeśli jesteś graficzką, freelancerką albo wykonujesz inny wolny zawód. Nagle okazuje się, że w projekcie o już dawno zatwierdzonym budżecie pojawiły się nowe obowiązki, a klient oczekuje, że wykonasz je za tę samą stawkę. To zresztą powszechne także w etatowej pracy: masz tak napięty grafik, że zastanawiasz się, czy jest jakakolwiek szansa, by wyjść z biura o ludzkiej porze i choć chwilę spędzić z rodziną, kiedy pojawia się szefowa i informuje cię o kolejnej rzeczy to zrobienia. Na te wszystkie sytuacje jest magiczna formułka, która zaskakująco często załatwia sprawę: „Rozumiem, że to ważne, i chętnie wezmę się do tego z całą energią. Powiedz, proszę, z którego z dotychczasowych zobowiązań (w wersji freelancerskiej: elementów projektu) powinnam zrezygnować?".

Jeśli zawsze spędzałaś wieczory, oglądając seriale ze współlokatorkami, ale doszłaś do wniosku, że dwa razy w tygodniu potrzebujesz samotnie pobiegać z ulubioną playlistą w słuchawkach, spokojnie im to zakomunikuj. Jeżeli to wartościowa znajomość i zależy im na twoim dobrym samopoczuciu, wcześniej czy później zrozumieją. Może nasłuchasz się trochę o byciu dziwakiem i odludkiem, ale poradzicie sobie z tym. Jeśli nie – no cóż, taki moment to sprawdzian, a te relacje, które go nie przechodzą, prawdopodobnie i tak nie były zbyt zdrowe. Tradycje i rytuały w przyjaźni warto kultywować, ale na taką skalę, by nie wchodziły w paradę naszym osobistym potrzebom.

Dla mnie była to jedna z ważniejszych lekcji dorosłości. Gdzieś w połowie studiów odkryłam, że wychodzenie na imprezy po kilka razy w tygodniu, połączone z piciem alkoholu i gwarantowanym kiepskim samopoczuciem przez połowę następnego dnia, po prostu nie jest dla mnie. Że nudzi mnie przebywanie w klubach z muzyką tak głośną, że trudno zamienić dwa zdania bez zdzierania sobie gardła, a moim ulubionym momentem wieczoru jest powrót do domu. Że najbardziej na świecie nie cierpię uczucia niewyspania i dużo lepiej bawię się, umawiając się z małą grupką znajomych na wspólne gotowanie obiadu albo wyjście do kina, niż prowadząc kurtuazyjne rozmowy o czwartej rano w kuchni pełnej ludzi, których nigdy więcej nie zobaczę. I że samotny wieczór w domu z dobrą książką nie czyni ze mnie nudziarza i odludka, ale osobę, która zna siebie i aktywnie dba o swoje potrzeby.

Nie przyszło mi to jednak łatwo. Najpierw serwowałam namawiającym mnie na imprezy znajomym dziesiątki wymówek – a to miałam ważne kolokwium, a to bolała mnie głowa, a to byłam już umówiona (nie wspominałam, że na emerycką randkę z samą sobą). W końcu po wielu miesiącach oswajania się z sytuacją odważyłam się zacząć mówić: „Dziękuję za zaproszenie. Miło mi, że o mnie pomyślałeś, ale nie będę mogła się pojawić. Może obiad w przyszły wtorek?", i szczerze życzyć udanego wieczoru. Jeśli rozmawiałam z kimś, kto był mi bliski, krótko wyjaśniałam, że potrzebuję czasu dla siebie. Jeśli chodziło o dalszego znajomego, powtarzałam to samo w innej formie, nie zostawiając miejsca na negocjacje czy namowy. Odkryłam, że im bardziej się tłumaczę, tym więcej daję punktów zaczepienia do dalszych dociekań.

Czasem to naprawdę trudne. Ponieważ prowadzę bloga, zgłasza się do mnie wiele organizacji charytatywnych czy osób prywatnych z prośbą o pomoc, najczęściej o nagłośnienie jakiejś sprawy. Czasami dostaję kilka tego rodzaju maili dziennie, zwłaszcza w czasie świąt lub składania zeznań podatkowych. Wiele z nich jest naprawdę przejmujących.

Jednak nie mogę, a precyzyjniej: nie chcę wspierać ich wszystkich. Z kilku powodów. Po pierwsze, nie chcę robić rzeczy, nawet postrzeganych jako dobre, które nie wynikają ze szczerej potrzeby serca, ale z poczucia winy. Po drugie, gdybym chciała zapoznać się rzetelnie z każdym przypadkiem i przygotować materiały, musiałabym z braku czasu zrezygnować z większości innych rzeczy, które robię. I po trzecie, wiem, że na wszystko potrafimy się uodpornić, również na wrzucane co rusz charytatywne ogłoszenia. Prośby o pomoc przychodzące w nadmiarze stają się dla odbiorców niewidoczne. Wierzę, że solenne zaangażowanie się w wybrane inicjatywy, które są dla mnie szczególnie ważne, jest znacznie lepszym rozwiązaniem niż masowe wrzucanie ogłoszeń na odczepnego.

Na początku, kiedy przyszło mi udzielić odmownej odpowiedzi, czułam się jak potwór, najgorsza osoba na świecie. Siedem razy przepisywałam odpowiedź, wymieniając mnóstwo powodów, aż w końcu kasowałam ją i chowałam głowę w piasek, nigdy nie odpisując. W pewnym momencie zaczęło mi to jednak przeszkadzać na tyle, że poprosiłam o radę doświadczonych znajomych, przeczytałam kilka artykułów i wypracowałam własną zasadę, którą stosuję w takich przypadkach. Dziękuję za propozycję i krótko informuję, że trzymam kciuki i życzę sprawie jak najlepiej, ale nie będę mogła się zaangażować, bo na początku każdego roku wybieram określoną liczbę inicjatyw, które wspieram. I rzeczywiście tak robię – w tym roku to między innymi Akademia Przyszłości, umożliwiająca dzieciom równiejszy start, której wartości są zbieżne z moimi, a metody działania wyjątkowo do mnie przemawiają. To niby proste rozwiązanie wymagało trochę zastanowienia i zmiany myślenia, ale wniosło przejrzystość w tę część mojej codzienności, która do tej pory budziła we mnie frustrację.

Oczywiście jeśli wymagamy tego, by nasze zasady respektowali inni, również musimy uczciwie ich przestrzegać. Przez długi czas zżymałam się na to, że gdy odwiedzam dom rodzinny i mówię, że muszę pracować, co chwila ktoś mi przerywa – a to

# Jak wyznaczać granice?

Stwórz swój osobisty regulamin!

Trzy rzeczy, na których chcesz się skupić:

. . . . . . . . . . . . . . . . . . . . . . . . . . . . . . . . . . .

. . . . . . . . . . . . . . . . . . . . . . . . . . . . . . . . . . .

. . . . . . . . . . . . . . . . . . . . . . . . . . . . . . . . . . .

Trzy zobowiązania lub sytuacje, które ci w tym przeszkadzają:

. . . . . . . . . . . . . . . . . . . . . . . . . . . . . . . . . . .

. . . . . . . . . . . . . . . . . . . . . . . . . . . . . . . . . . .

. . . . . . . . . . . . . . . . . . . . . . . . . . . . . . . . . . .

Trzy konkretne działania, które podejmiesz, żeby je wyeliminować. Konkrety! Jeśli musisz z kimś porozmawiać, zapisz krótką formułkę odpowiedzi:

. . . . . . . . . . . . . . . . . . . . . . . . . . . . . . . . . . .

. . . . . . . . . . . . . . . . . . . . . . . . . . . . . . . . . . .

. . . . . . . . . . . . . . . . . . . . . . . . . . . . . . . . . . .

mama wpadała pokazać nową bluzkę, a to tata zaglądał, żeby coś opowiedzieć. Byłam zła, bo ani nie robiłam tego, co powinnam robić, ani rozmowy z bliskimi nie cieszyły mnie tak, jak by cieszyły wtedy, gdybym odbywała je w wolnym czasie, bez wyrzutów sumienia. A już najbardziej irytowało mnie to, że kiedy przyjeżdżał mój brat, który pracuje na etacie, ale od czasu do czasu zdalnie, wszyscy chodzili wokół niego na paluszkach i nikt nie śmiał mu przeszkadzać. W myślach pomstowałam na nierówne traktowanie płci i ogólną niesprawiedliwość.

Do momentu, aż odkryłam, że Michał, w przeciwieństwie do mnie, kiedy pracuje, to pracuje. Zamyka drzwi i zakłada słuchawki na uszy. Ja też niby pracowałam, ale co jakiś czas zaglądałam do kuchni, czy przypadkiem nie gotuje się coś pysznego (w końcu nie codziennie ma się okazję zjeść bułkę zamoczoną w sosie z pieczeni lub wyjeść łyżką przekręcone przez maszynkę gotowane ziemniaki na kluski!), albo schodziłam pokazać mamie śmiesznego psa w internecie (niezbity dowód na wytężoną pracę). Nic dziwnego, że nikt nie traktował moich zastrzeżeń poważnie. Gdy uzmysłowiłam sobie, gdzie robię błąd, przeniosłam się z laptopem do pustego gościnnego pokoju, zaczęłam zamykać drzwi (takie proste, a takie skuteczne) i przede wszystkim uczciwie pracować.

Doba ma tylko dwadzieścia cztery godziny, a każdy z nas ma ograniczoną liczbę dni do dyspozycji i ani jednego więcej. Za każdym razem, kiedy mówisz „tak" czemuś, czego nie masz ochoty robić, mówisz „nie" temu, co dla ciebie ważne. Odpoczynek jest ważny. Wyznaczając jasne granice, klarownie je komunikując i konsekwentnie się ich trzymając, masz ogromny wpływ na to, jak traktują cię inni ludzie. Daruj sobie zawiłe tłumaczenia czy robienie wyjątków – to tylko utrudni sprawę. I na koniec brutalna, ale najważniejsza prawda: jeśli dajesz sobie wejść na głowę, nie możesz później mieć o to pretensji.

## Nie potrzebujesz żadnych specjalnych gadżetów

Stylowe studio fitness na najwyższym piętrze oszklonego wieżowca, wieczór pod kaszmirowym kocem z najgorętszą nowością wydawniczą w ręce, masaż twarzy specjalną szczotką przy drewnianej toaletce koniecznie pomalowanej na biało – to jest prawdziwy relaks! W końcu tak mówi Instagram, a Instagram na pewno ma rację. Twój podrapany przez kota fotel nie zebrałby zbyt wielu lajków pod hashtagiem #weekendowyrlx, a sam kot też nie wygląda szczególnie stylowo – ma naderwane w podwórkowej walce ucho i jest zupełnie zwykły, a do tego jeszcze czarny, więc trudno go sfotografować.

Jeśli będziesz uzależniać swoją umiejętność odprężenia się od zgodności otaczających cię przedmiotów z trendami, nigdy nie zaznasz spokoju – zawsze będzie się pojawiać ta nowa, jeszcze bardziej stylowa rzecz, bez której po prostu nie da się spędzić miło czasu. Świat jest zaprojektowany tak, żeby skłonić cię do kupowania. I do sprawiania, by potem szybko ci się znudziło. W rezultacie wydajesz więcej, niż powinnaś, i wpadasz w poczucie winy – stan tak daleki od relaksu, jak to tylko możliwe.

Nie będę się rozpisywać o zaletach minimalistycznego podejścia do otoczenia – istnieją bardzo dobre książki w całości poświęcone temu tematowi. Moje ulubione znajdziesz w *Biblioteczce* zamieszczonej na końcu. Jeśli jednak masz potrzebę zmiany przestrzeni wokół siebie, w pierwszej kolejności pozbądź się nieużywanych przedmiotów – odetchniesz z ulgą. To też dobre ćwiczenie na zapanowanie nad ssącą zakupową potrzebą – jeśli tylko czujesz, że musisz coś mieć, pozbądź się trzech przedmiotów, których nie używasz, i żegnając się z każdym z nich, przypomnij sobie, co myślałaś przed zakupem. Czy było to podobne do tego, co odczuwasz teraz?

Jasne, często łatwiej nam się odprężyć, kiedy zostaną spełnione jakieś warunki, na przykład gdy wiemy, że nie wiszą nad nami żadne niedokończone sprawy albo gdy panuje wokół nas ład. Znam to aż za dobrze, bo dla mojego chłopaka weekend nie ma szans się zacząć, jeśli mieszkanie nie zostanie gruntownie wysprzątane. Czasem warto te warunki spełnić, czasem można się zastanowić, czy to nie moment, kiedy dobrze by było sobie odpuścić, co dotyczy zwłaszcza rzeczy materialnych. Nie powinniśmy dać się przekonać, że bez wymiany kanapy na nową albo bez kupna telewizora na pół ściany nie będziemy mogli się prawdziwie zrelaksować. Te komunikaty mają jeden cel – skłonić nas do pójścia do sklepu i wydania pieniędzy. W najmniejszym stopniu nie mają na celu poprawy naszego samopoczucia.

Przedmioty mogą być miłym dodatkiem do codzienności. Ulubiony kubek, z którego herbata smakuje najlepiej, ciepły koc, własnoręcznie zrobiona girlanda ze zdjęć ocieplająca wnętrze. Ale żaden, naprawdę żaden gadżet nie jest nam niezbędny do szczęścia.

## Celebruj codzienność

Zamiast więc pozbawiać się oszczędności i miejsca w mieszkaniu, wykorzystuj w pełni to, co już masz. Ile pięknych przedmiotów leży nieużywanych, bo czekają na „lepsze okazje", które nigdy nie nadchodzą? Ile misternie malowanych filiżanek z kruchej porcelany nigdy nie opuszcza oszklonej szafki, bo przecież mogłyby się potłuc, ile bolesławieckich maselniczek? Ile ślicznych bluzek, spódnic, sukienek kurzy się na wieszakach, bo przecież szkoda ich na co dzień?

Walka z rzeczami „na lepsze okazje" to moja prywatna batalia, którą toczę z wielkim zacięciem. Kilka lat temu ta drobna zmiana w podejściu do rzeczy znacząco ulepszyła moją codzienność. Od tej pory z determinacją przekonuję do takiego podejścia bliższych i dalszych znajomych oraz czytelników swojego bloga. Z wieloma sukcesami. Bez choćby jednego przypadku żalu, pretensji czy powrotu do dawnych nawyków.

*Nie odkładaj na specjalne okazje*

Wszystko rozbija się o prostą matematykę. Jak wiele tych specjalnych okazji zdarzy się w naszym życiu? Ile urodzin, ślubów, świąt, pierwszych randek mamy w ciągu roku? Optymistycznie założę, że dwadzieścia. To nic w porównaniu z liczbą całkowicie zwykłych wtorków i czwartków. Dlaczego więc mamy rezerwować to, co najlepsze, na te rzadkie okazje, a na co dzień zadowalać się bylejakością? Stroić się dla innych, a machać ręką na to, jak wyglądamy w towarzystwie najbliższych albo we własnym?

Pozbądź się obtłuczonego kubka z logo banku i wyciągnij ten, który najbardziej lubisz. Może wciąż nie będzie ci się chciało wstawać o siódmej, ale wychodzenie z domu stanie się odrobinę przyjemniejsze. Wyrzuć podarty, pochlapany farbą dres i włóż równie wygodną, a znacznie lepiej wyglądającą tunikę i legginsy, byle nie były rozciągnięte.

Kiedy włożymy odrobinę wysiłku w schludny wygląd, od razu czujemy się bardziej „pozbierane". Łatwiej nam się zebrać do pracy, ale i do spędzania czasu w wartościowy sposób czy choćby do odpoczywania na całego – nie robimy sobie wyrzutów, leżąc na kanapie zasypanej pokruszonymi chipsami. Wystarczy niewiele: spięcie włosów, przeczesanie rozczochranych brwi (gdy tylko to napisałam, pomyślałam, że brzmi to co najmniej dziwnie – czyżby rozczochrane brwi były jedynie moją przypadłością?), zmiana zmechaconego swetra na lepiej się prezentujący.

Widzisz tutaj zależność pomiędzy dogadzaniem sobie na co dzień a pozbyciem się nadmiaru? Tak jest! Kiedy pozbędziesz się tego wszystkiego, co leży, bo zawsze leżało, bo się nagromadziło, bo może jeszcze kiedyś się przyda, i zostaniesz tylko z tymi rzeczami, których używanie sprawia ci autentyczną przyjemność, twoje otoczenie pomoże ci celebrować codzienność z automatu. Zwycięstwo!

A jeśli ta filiżanka rzeczywiście się rozbije… cóż, przynajmniej miała coś z życia. Na pewno uda ci się znaleźć godne następstwo. Jedna z czytelniczek mojego bloga pokonała w ten sposób lęk przed używaniem ładnej zastawy – wybiera tylko takie serwisy, do których części można bez problemu dokupić, i używa bez oporów. Ja jem na co dzień z pięknych malowanych w błękitne wzory talerzy, które dostałam od babci. Na pewno byłoby mi smutno, gdyby się rozbiły, ale jeszcze smutniej wyglądałaby sytuacja, gdyby stały nieużywane w szafce.

To samo dotyczy spędzania czasu, w pojedynkę czy z bliskimi. Zwykle rezerwujemy wyjątkowo miłe aktywności na okazje takie jak majówka, święta czy urodziny. O ile niektóre z nich są ekscytujące, dlatego że robimy je rzadko (ubieranie choinki co miesiąc nie byłoby najlepszym rozwiązaniem, chociaż co kto lubi), o tyle wspólne kolacje, wycieczki czy po prostu rodzinny spacer bez problemu możemy i powinniśmy wprowadzać do swojego kalendarza jak najczęściej. Łatwo o tym zapomnieć, dlatego dobrze ustalić rytuały, na przykład kino z mamą w co drugi czwartek, albo zaplanować wszystko z wyprzedzeniem i zapisać w kalendarzach uczestników.

## Bądź uważna

W lipcu ubiegłego roku wyszła moja książka. Jeździłam z jednego spotkania autorskiego na drugie, do różnych miast Polski. Było to doświadczenie jedyne w swoim rodzaju, poruszające i rozbrajające, ale sprawiło też, że byłam bardzo zmęczona. Zwłaszcza że postanowiłam w tym okresie nie tylko utrzymać tempo w innych obszarach swojej pracy, ale jeszcze znacznie je zwiększyć – jak można się domyślić, nie był to najlepszy pomysł.

Spotkanie w Krakowie było najbardziej niezwykłe ze wszystkich, taka wisienka na torcie euforii. Do apartamentu, który wynajęło dla mnie wydawnictwo, wróciłam dopiero bardzo późnym wieczorem, właściwie w nocy. Był urządzony naprawdę ze smakiem: nowoczesne meble, drewniane podłogi, piec kaflowy, wysokie sufity. Mieścił się w budynku starej poczty. Zanim rzuciłam się na olbrzymie łóżko, wstawiłam jeszcze do wody duży bukiet polnych kwiatów, który dostałam na spotkaniu. Do czajnika, bo był jedynym wysokim naczyniem, jakie udało mi się znaleźć.

Spałam jak zabita, wyczerpana emocjami. Mam w sobie wiele z introwertyczki: bardzo lubię kontakt z ludźmi, ale im jest intensywniejszy, tym solidniej muszę później odpocząć. Obudził mnie dopiero telefon od księgowej. Zwlekłam się z pościeli i starając się zebrać myśli, by udzielać składnych odpowiedzi, poczłapałam do kuchni z telefonem przy uchu zrobić sobie herbatę. Wyjęłam kwiaty z czajnika, postawiłam wodę na herbatę i wróciłam do sypialni, żeby sprawdzić coś na komputerze.

Minutę później odniosłam wrażenie, że pomieszczenie jest lekko zadymione. Pewnie zmęczenie, pomyślałam. Noszę soczewki kontaktowe, więc nieraz zdarzyło mi się tracić ostrość widzenia. Ale okropny zapach, który pojawił się zaraz potem, skłonił mnie do ruszenia do kuchni. Sama nie mogłam uwierzyć w to, co zobaczyłam. Prawdę mówiąc, nie mogę do dziś. W dopracowanym wnętrzu, na drogiej płycie kuchennej topił się i płonął czajnik. Elektryczny.

W przebłysku przytomności umysłu wyłączyłam kuchenkę, wyszarpnęłam z szafki półmisek i zalałam zgliszcza czajnika wodą. A potem otworzyłam okno i zaczęłam się zastanawiać, co się właściwie wydarzyło i jak można być aż tak nieogarniętym.

Część winy zwaliłam na przyzwyczajenie. W domu mam tradycyjny czajnik, więc odruch stawiania go na kuchence jest dla mnie naturalny. Część na kwiaty i wzornictwo czajnika. Przez to, że użyłam go jako wazonu i stał na stole, nie na podstawce, a do tego miał charakter retro, jakoś nie połączyłam faktów. Ale nie dało się nie zauważyć, że działałam bezmyślnie. Nieuważnie. Na autopilocie.

Nie był to zresztą pierwszy raz. Jestem człowiekiem, który regularnie wrzuca pudełko po jogurcie do zlewu, a łyżeczkę do kosza na śmieci. Zostawiłam kartę w bankomatach i wpłatomatach przynajmniej trzy razy. Kiedyś pomyliłam terminy i spóźniłam się na samolot do Anglii. O miesiąc.

Czajnik był jednak kroplą, która przelała czarę goryczy. Doszłam do wniosku, że nie chcę tak żyć, nie chcę, by życie przeciekało mi między palcami. Nie wspomnę już o tym, że takie sytuacje, choć zabawnie jest się z nich później pośmiać, mogą być naprawdę groźne.

*Uważność*

Przede wszystkim potrzebowałam odpoczynku, zastanawiałam się jednak, czy mogę zrobić coś więcej. Tak trafiłam na koncepcję uważności jako umiejętności, którą możemy w sobie trenować. Nie jest nowa, w końcu mnisi wielu religii praktykowali ją od wieków, chwali ją chyba każde ze świętych pism, podobnie zresztą jak równie kluczowy dla świadomego życia umiar. Ale do masowej świadomości przedostała się dopiero w latach siedemdziesiątych, kiedy pracownicy jednego z amerykańskich uniwersytetów nadali treningowi uważności formę atrakcyjną dla współczesnego społeczeństwa. Tak powstał trening redukcji stresu oparty na uważności. Później pojawiły się również inne metody ćwiczenia uważności, między innymi wspomagające osoby wychodzące z depresji.

Wbrew nazwie pozbycie się napięcia nie jest ich jedynym ani najważniejszym celem. Chodzi również o umiejętność zdystansowania się od własnych myśli i emocji, rozwinięcie intuicji i empatii, zacieśnienie relacji z samą sobą i z innymi, wreszcie – o naukę bycia tu i teraz, bycia ze sobą.

Szukając informacji o tym, jak przestać palić czajniki i zapanować nad roztargnieniem, nieświadomie odkryłam wierzchołek góry lodowej. Narzędzia dostępnego dla każdego, praktyki, która w idealnym świecie powinna być czymś zupełnie oczywistym, naturalnym jak oddychanie. W codziennym zabieganiu często jednak zapominamy o uważnej obecności. Zamartwiamy się o przyszłość albo rozpamiętujemy przeszłość, zamiast delektować się obecną chwilą, jedyną, na którą mamy bezpośredni wpływ.

Uważność przeżywa ostatnio rozkwit popularności, pewnie dlatego i ja tak łatwo na ten koncept trafiłam. Ma to swoje dobre strony, bo to idea jak najbardziej warta rozgłosu. Pojawia się jednak mnóstwo publikacji, artykułów w kolorowej prasie, internetowych poradników, które nawołują do bycia tu i teraz w stylu: „No weź się i bądź". Nie wierzę, że autorzy tych porad sami się do nich stosują. Jeśli tak, muszą wykazywać niezwykłą siłę charakteru albo być potajemnie mistrzami zen, ewentualnie Jedi. Dla ogromnej większości ludzi jest to niezwykle trudne. Dlatego wielu nie potrafi w pełni skupić się na tym, co robi, czy spojrzeć na swoje myśli i emocje z boku, bez utożsamiania się z nimi i oceny.

Zgłębiam temat uważności od wielu miesięcy i nadal dostrzegam więcej niewiadomych niż pewników. Mierzę się nawet ze świecką medytacją, ale momenty, w których moje myśli nie układają się w gonitwę: „co zjem na obiad?, mam nowy pomysł na post, aj, nie zapłaciłam rachunku, ciekawe, co u mojej byłej współlokatorki, jak się jej mieszka na Powiślu, tam jest chyba coraz fajniej, może rozważę przeprowadzkę, są fajne muzea i dużo knajp, a właśnie, coś bym zjadła, to jak z tym obiadem?", są niezwykle rzadkie i krótkie. I nie jestem w tym odosobniona. Kolega buddysta opowiadał mi, że mimo wielu lat praktyki nawet nie zbliża się do długotrwałego wyciszenia.

W mojej rodzinie często ktoś kogoś pyta: „Siedzisz i myślisz czy tylko siedzisz?". Lepiej odpowiedzieć, że się siedzi i myśli, w przeciwnym razie można zostać wysłanym na przykład po drewno do kominka. Gdybym tylko wiedziała wcześniej, jak karkołomnym zadaniem jest „po prostu siedzieć"! Nie tylko trudnym, ale i podstępnym, bo brzmi, jakby nie było nic prostszego.

Dlaczego w takim razie tak mi na tym zależy? Bo wierzę, że praktyka uważności jest jak siłownia dla umysłu. I tak jak sprawniejsze ciało pozwala nam biec dłużej, skoczyć dalej, zregenerować się szybciej, tak uważność wpływa pozytywnie na naszą dyscyplinę i umiejętność odpoczynku, relacje ze sobą i z innymi, samoocenę i samopoczucie. Pozwala ćwiczyć koncentrację, która jest potężną, choć niedocenianą i deficytową umiejętnością.

Chodząc na siłownię, nie spodziewam się konkurować z Arnoldem Schwarzeneggerem, a ćwicząc uważność, nie mam ambicji dorównywać buddyjskim mnichom (choć trochę ekscytuje mnie, że ćwiczenie siły umysłu to technika, dzięki której mogę przybliżyć się do bycia Jedi tak bardzo, jak to tylko możliwe). Jedno i drugie robię po to, by poczuć się lepiej i żyć pełniej.

I z każdym tygodniem czuję te korzyści bardziej, pomimo że ani w wyciskaniu na ławce, ani w siedzeniu w ciszy nie jestem szczególnie biegła. Dochodzę jednak do wniosku, że zamiast porównywać się z osobami osiągającymi niedostępne dla większości mistrzostwo, dużo lepiej skupić się na własnej drodze, która pewnie będzie dużo mniej spektakularna, i porównać się z samą sobą, ale nie z wczoraj, tylko sprzed rozpoczęcia drogi. Od razu docenia się wtedy nawet drobny postęp. W końcu robimy to tylko dla siebie, na własne potrzeby – dosłownie.

Medytacja może się wydawać czymś kompletnie zbytecznym i wydumanym. A jednak dopisanie do planu dnia choćby pięciu minut praktyki zauważalnie podnosi jakość naszego życia.

To rytuał, podczas którego trochę siłujemy się sami ze sobą, ale na koniec będziemy się czuć jak po chłodnym prysznicu w upalny dzień. Kompletna odnowa biologiczna dla umysłu.

Oprócz medytacji, która występuje w przeróżnych odmianach, ćwiczeń koncentracji jest bez liku. Proste ćwiczenia oddechowe, joga... Nawet w naszym rodzimym chrześcijaństwie można znaleźć zbliżone praktyki. Świadomość i uważność możemy ćwiczyć również w ruchu, na przykład biegając, pod warunkiem że skupimy się tylko na tym i nie będziemy na przykład słuchać audiobooków. Gonitwa myśli jest nieunikniona, ale jeśli podejmiemy wysiłek, żeby tylko odnotowywać ich obecność i pozwolić im przepłynąć, zamiast za nimi podążać, po kilku przebiegniętych kilometrach zauważymy, że zaczynają się rozpływać. Nie ma lepszych i gorszych metod, są tylko takie, które się sprawdzają albo nie. Jak zwykle, dobrze zacząć od najprostszych.

Na przykład od prostego ćwiczenia oddechowego. Stosuję je, kiedy czuję się podenerwowana, rozdrażniona albo coś wytrąci mnie z równowagi. Wiem, że niezależnie od tego, gdzie jestem i co się dzieje, mam gdzieś w środku swoją oazę (względnego) spokoju, do której mogę uciec w razie potrzeby, uspokoić odbywającą się w mojej głowie imprezę i zdystansować się od swoich myśli i emocji, przypomnieć sobie, że przychodzą i odchodzą, a ja nimi nie jestem.

To naprawdę nieskomplikowane. Nie potrzebujemy żadnych specjalnych przygotowań i sprzętów ani znajomości trudnych pozycji. Wystarczy, że siedząc, leżąc (tu uwaga na ryzyko zaśnięcia) czy nawet stojąc, jeśli tylko będzie nam tak wygodnie, skoncentrujemy się na powietrzu przepływającym przez nasze płuca. Wdech. Wydech. Wdech. Wydech. Wdech. Wydech. Jeśli pojawia się jakaś myśl, zamiast się na siebie denerwować, po prostu pozwólmy jej przepłynąć i wróćmy do koncentracji na oddechu. Wdech. Wydech. Przez nos, do płuc, i z powrotem.

Jeśli potrzebujemy zdyscyplinowania, a nie mamy ochoty zapisywać się na warsztaty medytacji czy uważności, możemy podeprzeć się technologią i pobrać aplikację, która przeprowadzi nas przez praktykę. Wyciszenie i smartfon – brzmi jak najgorszy pomysł na świecie. Pamiętajmy jednak, że to tylko narzędzie. Służy nam albo nie służy w zależności od tego, w jaki sposób i z jakim natężeniem decydujemy się z niego korzystać. Najbardziej polecane aplikacje to Calm (darmowa, polecam od niej zacząć) i Headspace (bardzo trafnie reklamowana jako „karnet na siłownię dla umysłu"). Są to profesjonalne instrukcje, co i jak robić. Nie zastępują kontaktu z przewodnikiem duchowym, ale pomagają, i bardzo możliwe, że zaspokoją nasze codzienne potrzeby.

*Mindfulness*

Jestem ostatnią osobą, na której zrobiłyby wrażenie jakieś pseudouduchowione rytuały. Moją naturalną reakcją na takie rzeczy jest przewracanie oczami. Nie znoszę czczej gadaniny, sformułowań, które znaczą wszystko albo nic. Dlatego tak niecodzienna dla naszej kultury praktyka uważności budziła moje zastrzeżenia. Słowo *mindfulness* coraz częściej padało jednak z ust osób, które podziwiam: przedsiębiorców, artystów, naukowców, blogerów, pisarzy i tak dalej. Pomyślałam więc, że coś jest na rzeczy. Zamiast oceniać z góry, postanowiłam spróbować – a takie podejście, jak się okazało, leży u podstaw sztuki uważności.

Co dobrego konkretnie mi przyniosła? Przede wszystkim nauczyła pokory, kiedy okazało się, że nie da się jej włączyć na pstryknięcie palcami. Coraz częściej decyduję się też obserwować z ciekawością, zamiast oceniać, i z tego jestem wyjątkowo dumna. Na przykład własne emocje, za które wcześniej się biczowałam i które starałam się stłumić. Albo poglądy na temat innych – niby wszyscy wiemy, że kiedy myślimy, że Kasia jest dziwna, to nie znaczy, że Kasia jest dziwna, tylko że to my postrzegamy Kasię jako dziwną, ale trudno się przyłapać na gorącym uczynku. Wyostrzyła się też moja zdolność oceny zdarzeń, łatwiej mi oddzielać emocje od problemów. Częściej działam pomimo strachu, zamiast dać mu się powstrzymać. I w końcu znacząco poprawiła się moja zdolność koncentracji, która jest jak mięsień – im częściej ćwiczona, tym więcej może.

W skrócie: uważność to narzędzie, które pozwala nam zwolnić, żyć pełniej i bardzo świadomie. A to, czy będziemy ją praktykować za pomocą medytacji, modlitwy, biegania, mantry czy robienia na drutach, ma drugorzędne znaczenie.

Warto zacząć wtedy, kiedy wydaje nam się, że jej nie potrzebujemy. Nie wymaże z naszego życia stresów, ale pomoże się na nie przygotować. Uważność często porównuje się do surfowania – nie uda nam się zatrzymać fal, ale możemy nauczyć się na nich balansować. Szaleństwem byłoby jednak rozpoczynanie nauki przy silnym wietrze.

Nie musimy być w stu procentach obecni przez cały czas (to zresztą niemożliwe), ale z wyrobionym mięśniem uważności łatwiej nam się przyłapać w momentach, kiedy tracimy głowę, a chcielibyśmy być tu i teraz. Zatrzymać się, zastopować film i zdecydować, co chcemy robić dalej – stresować się i nadal panikować czy może spróbować się wyciszyć.

Następnym razem, kiedy siądziesz na kanapie i sięgniesz po pilota do telewizora, posiedź najpierw w ciszy przez kilka minut. Spróbuj robić na drutach bez jednoczesnego czytania książki (nie uwierzyłabym, że tak się da, gdybym nie widziała mojej mamy, której powieść na kolanach nie przeszkadzała dziergać skomplikowanego wzoru) czy słuchania radia. Zjedz deser bez patrzenia na telefon, naprawdę skupiając się na smaku i konsystencji. Nie za każdym razem. Ale czasem tak zrób.

To ważne zwłaszcza w czasach wszechobecnych transmisji na żywo. Nie wiem, czy jeszcze pamiętasz, jak dawniej wyglądały wyjazdy na wakacje. Spędzało się czas, po prostu odpoczywając, okazjonalnie wysyłało się kartki do rodziny czy znajomych. Dziś czujemy presję dokumentowania wszystkiego, jak leci, i dzielenia się tym najlepiej jeszcze w trakcie – bo jeśli coś nie jest sfotografowane, to jakby się nie wydarzyło! Widać to jak na dłoni w przypadku zorganizowanych wycieczek albo w miejscach, które skupiają wielu zwiedzających. Tak jak z zaraźliwym ziewaniem – ktoś wyciąga telefon i nagle wszyscy inni rzucają się, by złapać ten sam kadr, choć często nie do końca wiedzą, co i dlaczego fotografują.

Mocno poruszyła mnie opowieść znajomej o tym, że właściwie niewiele pamięta ze swojego ślubu i z wesela. I to nie ze względu na silny stres czy kilka kieliszków wina za dużo. Tak bardzo martwiła się tym, czy długo przygotowywane kwiatowe dekoracje na pewno wytrwają w upale, czy goście ubiorą się zgodnie z podanym kodem kolorystycznym pasującym do tematu przewodniego wesela, w końcu czy ona sama stoi dobrym profilem do fotografa, że gdzieś umknęło jej całe wydarzenie. Wyobrażam sobie, że to dla wielu osób niezwykle ważna okazja i łatwo w taką pułapkę wpaść, tym bardziej warto ćwiczyć się w uważności w jakikolwiek sposób, który nam pasuje.

## Wycisz się

Niezależnie od zinstytucjonalizowanych praktyk uważności wszystkim nam przyda się solidna dawka wyciszenia. Dociera do nas taka liczba bodźców i działamy na tak wysokich obrotach, że nasz mózg nie ma szans wszystkiego przetworzyć. Czujemy napięcie, niepokój, mamy wrażenie, że zaraz wyjdziemy z siebie i staniemy obok. Działając w ten sposób, wiele przegapiamy. Często to, co naprawdę ważne.

Teraz pora na formułkę rodem z kolorowej gazety: celebruj chwile. To bardzo piękna porada, szkoda tylko, że zupełnie niepraktyczna, zwłaszcza gdy biegniemy spóźnione do samochodu, na klatce schodowej rozsypuje nam się worek ze śmieciami, a pod nogami plącze się podekscytowany pies. Albo gdy idziemy na spacer z dzieckiem i przy każdej oglądanej uważnie biedronce myślimy o tym, ile jeszcze musimy zrobić tego dnia.

Na różne sposoby próbowałam wprowadzić ją w życie – a chyba mało kto jest tak zdeterminowany jak osoba pisząca książkę o *slow life*. Czytałam o różnych sygnałach i podpowiedziach mających nam przypominać o byciu tu i teraz: plakatach na ścianie, naklejkach na obudowie komputera, zegarku noszonym do góry nogami czy nawet gumce recepturce na nadgarstku, którą według autora pomysłu mamy się strzelać za każdym razem, kiedy przyłapiemy się na nieobecności i błądzeniu myślami. Problem w tym, że jakikolwiek sygnał bym wymyśliła, po jednym dniu, góra dwóch, przestawałam go zauważać.

Jedyna rzecz, która okazała się przydatna, to metoda małych kroków – jak w japońskiej filozofii kaizen. Wytrwale promuje ją Leo Babauta na swoim blogu Zen Habits, poświęconym budowaniu trwałych nawyków. Małych to za dużo powiedziane. Mikroskopijnych!

Głównym powodem powszechnych niepowodzeń związanych z postanowieniami noworocznymi jest – zaraz obok niewłaściwych motywacji i skupianiu się na celu zamiast na drodze – zaczynanie z grubej rury. A przecież nikt z nas nie staje się z dnia na dzień Ewą Chodakowską, jeśli wcześniej szczytem naszej aktywności było podbiegnięcie do tramwaju. Choć w szale styczniowej motywacji wydaje nam się, że na pewno damy radę ćwiczyć codziennie przez dwie godziny, zwłaszcza że w szafie czekają świeżo kupione buty treningowe z najnowszą technologią chłodzenia stopy, z dużym prawdopodobieństwem skazujemy się w ten sposób na porażkę. I, co gorsza, dochodzi do tego zniechęcenie.

*Metoda małych kroków*

Stephen King pisze dwa tysiące słów dziennie, ale jeśli zobowiążemy się do tego samego, aby w końcu napisać własną książkę, mamy niewielkie szanse powodzenia – za to wielkie na zarzucenie tego marzenia z przekonaniem, że przecież próbowaliśmy, ale się nie da. Jeśli zobowiążemy się do pisania przez kwadrans dziennie i będziemy tego konsekwentnie pilnować, jest spore prawdopodobieństwo, że za kilka miesięcy napisanie dwóch tysięcy słów dziennie stanie się dla nas czymś naturalnym. Po pierwsze dlatego, że wyrobimy w sobie nawyk, a nic nie trzyma nas przy określonych zachowaniach silniej niż on. (Nie wierzysz? A próbowałaś kiedyś przestać zaglądać na Facebooka w czasie pracy?) Po drugie, pisanie to umiejętność jak każda inna – im więcej piszemy, tym łatwiej nam to przychodzi.

Dlatego dużo łatwiej zobowiązać się do czegoś naprawdę drobnego, dać sobie słowo w czymś tak niedużym, że wywiązanie się nie sprawi nam kłopotu. Skupić się na jednym małym zadaniu, ale wypełniać postanowienie rzetelnie, dzień po dniu. Nie tylko stopniowo zwiększamy wtedy swoje możliwości, tak jak przy podnoszeniu ciężarów, ale też duma z dotrzymania zobowiązania niesie nas dalej.

Leo pisze, że nowy nawyk dobrze „o coś zahaczyć". Jeśli chcemy codziennie ćwiczyć jogę, umówmy się ze sobą, że robimy to tuż po porannym myciu zębów. Raczej nie ma szans, żebyśmy o nim zapomnieli, więc szybko wykształci się w nas połączenie między szczotkowaniem zębów a wyginaniem się na macie.

Taki bodziec działa jednak najlepiej wtedy, gdy jest jednorodny, powtarzalny i precyzyjnie zdefiniowany. Rozkładanie maty po umyciu zębów – proste. Skupianie się na byciu tu i teraz za każdym razem, gdy nie jesteśmy tu i teraz – diabelsko trudne.

U mnie sprawdziło się ćwiczenie uważności za każdym razem, gdy... myję naczynia. Skąd to dziwne połączenie? Pomyślałam, że może uda mi się upiec dwie pieczenie na jednym ogniu. Nie mam wyjścia – jeśli nie chcę jeść na papierowych talerzach, muszę zmywać regularnie, dokładniej: codziennie.

Dyplomatycznie stwierdzę, że nie należy to do moich ulubionych zajęć.

Postanowiłam więc zobaczyć, co się stanie, gdy zamiast myśleć o tym, jakie zmywanie jest okropne i jak zostałam pokarana przez los brakiem zmywarki, zacznę dostrzegać drobne elementy tej niezbyt fascynującej czynności: ciepło wody, pianę z płynu, spływanie zabrudzeń, płukanie czystych naczyń. Okazało się, że choć trudno delektować się widokiem rozmiękłego makaronu z obiadu, zmiana podejścia sprawiła, że zaczęłam traktować zmywanie jak miły rytuał, czas, kiedy robię dla siebie coś dobrego.

Takie eksperymenty, nawet jeśli z założenia są trwającym tylko miesiąc wyzwaniem, zawsze coś nam udowadniają, zasiewają w nas jakieś ziarenko, które w przyszłości wykiełkuje. Może zobowiązanie się do wyłączenia telewizora na czas posiłków pozwoli ci więcej rozmawiać z rodziną. Na początku pewnie będzie dziwnie, ale potem stanie się to nową normalnością. Może jedzenie kolacji w skupieniu, bez książki i telefonu, sprawi, że nasycą cię dwie kanapki zamiast czterech. Cokolwiek by to było, warto spróbować, wytrenować się i wykorzystywać to w chwilach, których nie chcielibyśmy przegapić.

## Wdzięczność

Bycie wdzięcznym za to, co się ma, jest odrobinę staromodne. Bo to jak przyznanie się, że nie zależy nam na tym, by mierzyć wyżej. Mało ambitne. A jednak można się zastanowić: skoro to, co mamy (a jeżeli trzymasz tę książkę w ręku i mogłaś sobie na nią pozwolić, to znaczy, że jesteś w dużo bardziej komfortowej sytuacji niż większość ludzi na świecie), nie sprawia, że czujemy się szczęśliwi, to w jakim momencie zaczniemy? Którego modelu samochodu do tego trzeba, jak obrotnego chłopaka i błyskotliwej kariery? Podpowiedź: żadna z tych rzeczy nas nie uszczęśliwi, jeśli nie podejmiemy wysiłku, by zmienić nasze myślenie. Powinniśmy świadomie podjąć decyzję o postrzeganiu świata z perspektywy prostego „dziękuję".

Ciągle nam się wmawia, że jesteśmy niewystarczająco dobrzy. Zębom przydałoby się wybielanie, a rzęsom przedłużenie. Praca mogłaby być lepsza, a znajomość języków bardziej spektakularna. Moglibyśmy być szczęśliwi, ale tylko jeśli kupimy produkt X, odbędziemy szkolenie Y albo wybierzemy się w miejsce Z. A guzik! Żyjemy w kraju, który pozwala nam doświadczać różnorodności czterech pór roku, mamy i góry, i morze, a do tego mnogość pięknych zakątków. Dzięki internetowi mamy dostęp do wiedzy całej ludzkości, w każdym momencie, w większości za darmo. Możemy w każdej chwili skontaktować się z bliskimi na dziesiątki różnych sposobów. Kiedy myślę o tym, ile drobnych splotów wydarzeń musiało zajść, żebyśmy mogli się pojawić na świecie, kręci mi się w głowie!

Niedawno miałam okazję spędzić popołudnie ze swoim tatą w dość nietypowych okolicznościach. Chodziliśmy po jednym z chorzowskich cmentarzy, szukając grobu naszej prawdopodobnej praprababciocioci, w każdym razie kobiety noszącej nasze, wcale nie tak częste, nazwisko, która z jakiegoś powodu została uhonorowana misternie wyrzeźbionym nagrobkiem. Rozmowa toczyła się wokół Śląska i w pewnym momencie zeszła na szkołę paczkarską, w której przez rok uczył się mój tata, by uniknąć służby wojskowej po tym, jak nie dostał się na studia. „Uważam to za jedną ze swoich największych porażek", powiedział. Już miałam zacząć się oburzać, że na pewno były jakieś plusy i że w perspektywie całego jego życia ten rok nie ma aż tak wielkiego znaczenia, kiedy po chwili dodał: „No tak, ale gdybym trafił na studia od razu, nigdy nie poznałbym mamy".

Wdzięczność ma swoją magię również dlatego, że kiedy doceniamy kogoś, sami też czujemy się lepiej. Wysłanie kwiatów nauczycielce, która dostrzegła w podstawówce nasz talent, sprawi nam taką samą przyjemność jak jej. Zostawienie mężowi miłego liściku za wycieraczką spowoduje, że przez cały dzień będziemy czuć przyjemne łaskotanie w żołądku.

John Kralik jest prawnikiem po pięćdziesiątce, mieszka w Kalifornii. W 2008 roku po bolesnym rozwodzie wpadł w tarapaty finansowe. Do tego stopnia, że nie było go stać na opłacenie pensji pracowników kancelarii, którą prowadził. Pogorszył się jego kontakt z dziećmi. Podupadł też na zdrowiu. Pewnego dnia otrzymał od kogoś karteczkę z dobrze przemyślanym uroczym podziękowaniem za prezent świąteczny. Przez ten jeden moment poczuł się lepiej. Zaskoczony magią wdzięczności, i pewnie odrobinę zdesperowany, zamiast rozpaczać nad tym, co go spotkało, postanowił docenić dobro, z którym styka się na co dzień. Chciał aktywnie skupić się na tym, co ma, zamiast rozpamiętywać, czego mu brakuje. Zabrał się do tego w cudownie prosty sposób: codziennie wysyłał albo zostawiał komuś bilecik z podziękowaniem, wykorzystując niepotrzebną już papeterię upadającej kancelarii. Bariście w kawiarni, który zrobił mu pyszną kawę, znajomym ze studiów w podziękowaniu za świetnie spędzony czas, byłym wspólnikom, pracownikom służb porządkowych – słowem, każdemu, kto choć w najdrobniejszy sposób poprawił mu nastrój lub pomógł.

I nie, nie wróciła do niego żona i nie stał się z dnia na dzień milionerem. Ale codzienne zmienianie świata w lepsze miejsce, choćby w mikroskopijnym wydaniu, szybko sprawiło, że poczuł się lepiej, również dzięki ogromowi życzliwości, jaki otrzymał w zamian. Jego bileciki i bileciki zainspirowanych przez niego osób wielokrotnie trafiły tam, gdzie były najbardziej potrzebne. Na przykład do nauczyciela, który właśnie przechodził na emeryturę, i dlatego czuł się niepotrzebny i niedoceniany.

Dla Kralika było to na tyle odkrywcze doświadczenie, że zdecydował się napisać o tym książkę *365 Thank Yous* [365 podziękowań]. Dzięki swojemu wyzwaniu i książce czerpał więc korzyści nie tylko z samej wdzięczności, ale i z poczucia misji. A do tego wyrażanie wdzięczności innym ludziom zmieniło perspektywę i sprawiło, że przestał tak bardzo skupiać się na sobie i swoich problemach. Ta kumulacja wyzwalaczy szczęścia pomogła mu przetrwać trudny okres i dokonać pozytywnych zmian.

Na tym polega magia wdzięczności. Kiedy wytrenujemy się w dziękowaniu i docenianiu, przestaniemy uzależniać swój dobrostan od niezależnych od nas czynników zewnętrznych. I to nie żaden kołczingowy bełkot, a prosty i logiczny mechanizm, wykorzystywany powszechnie na przykład w leczeniu pacjentów z depresją. Mówi ci to taki sceptyk jak ja, więc po prostu spróbuj – nic nie tracisz.

Wdzięczność ma to do siebie, że niby wszyscy wiemy, że warto, a jednak trudno na co dzień o niej pamiętać. Łatwiej wejdzie nam w nawyk, jeśli najpierw przekonamy się o jej sile dzięki kilku prostym ćwiczeniom. Dają dużo frajdy same w sobie, więc warto spróbować.

1 Oto ćwiczenie, które idealnie nadaje się na babskie wieczory, rodzinne święta i spotkania bliskich sobie osób. Przeczytałam o nim w którejś amerykańskiej gazecie w artykule z poradami, jak dobrze spędzić Święto Dziękczynienia.

Potrzebujemy kilku kartek i długopisów. Wszyscy siadają przy stole, każda z osób pisze na kartce imię swojego sąsiada z lewej strony i jedną rzecz, za którą jest mu wdzięczna – od zupełnie drobnych po bardzo duże, nie ma tu reguły. Później każdy oddaje swoją kartkę w prawo i zapisuje, za co jest wdzięczny osobie, z której imieniem kartkę właśnie otrzymał. Podczas tej prostej zabawy każdy ma okazję poczuć magię wdzięczności, a do tego otrzymuje kumulację doceniających informacji, nie wspominając o uczestniczeniu we wzruszających rozmowach, które zwykle przy tej okazji się toczą.

2 Stwórz listę osób i rzeczy, za które jesteś wdzięczna. Od tych, które pomagają ci na co dzień, po drobnostki sprawiające, że na moment się uśmiechnęłaś. Najlepiej, jeśli będziesz ją miała gdzieś w szufladzie albo w łatwo dostępnym pliku, żeby dopisywać, jeśli coś ci się przypomni. A kiedy tylko poczujesz się zniechęcona, niewystarczająco dobra albo zatęsknisz za czymś, na co nie możesz sobie pozwolić, wybierz jedną pozycję z listy i zrób coś, by okazać swoją wdzięczność – bezpośrednio lub, jeśli to niemożliwe, posyłając pozytywną energię dalej. I zrób to jak najszybciej. Im dłużej będziesz się wahać, tym większa szansa, że się rozmyślisz czy zapomnisz.

**Poniżej kilka moich przykładów:**

- ulubiona nauczycielka z liceum – wysłać kwiaty, byle nie w Dzień Nauczyciela
- sąsiad, który pożycza mi klucze do śmietnika – wrzucić do skrzynki czekoladę z liścikiem
- pani z Warsu, która chciała założyć za moje pierogi, kiedy zepsuł się terminal („Pani taka blada, do następnej stacji daleko, przecież musi pani coś zjeść!") – zostawić resztę w automacie do biletów, może akurat komuś będzie brakować?

**Twoje przykłady:**

- . . . . . . . . . . . . . . . . . . . . . . . . . . . . . . . . . . . . . . .
- . . . . . . . . . . . . . . . . . . . . . . . . . . . . . . . . . . . . . . .
- . . . . . . . . . . . . . . . . . . . . . . . . . . . . . . . . . . . . . . .
- . . . . . . . . . . . . . . . . . . . . . . . . . . . . . . . . . . . . . . .
- . . . . . . . . . . . . . . . . . . . . . . . . . . . . . . . . . . . . . . .

3 Ostatnie ćwiczenie nie wymaga żadnych przygotowań. To po prostu zmiana myślenia, której nauczyła mnie Alexandra Franzen. Stara prawda ekspertów od komunikacji mówi, że w rozmowie nie powinniśmy używać „tak, ale", które podważa wszystko, co powiedział nasz poprzednik, lecz zamienić je na „tak, i". Podobnie w rozmowie z samą sobą. Załóż, że masz wszystko, czego potrzebujesz. Myśl: „Jestem zdrowa, moje ciało dobrze mi służy i chcę zapisać się na siłownię, by zadbać o nie jeszcze lepiej". Zamiast: „Ogólnie to byłoby nawet spoko, ale wyglądam strasznie, muszę zapisać się na siłownię, bo nie mogę na siebie patrzeć".

## Pozwól sobie na nicnierobienie

Nicnierobienie to nie jest prosta sprawa! Po pierwsze, wzywa nas tyle obowiązków, rozrywek, zaległości, że naprawdę trudno sobie odpuścić. Koszty rezygnacji z takiego wachlarza bodźców wydają nam się ogromne. Po drugie, od dziecka wmawia się nam, że nie wypada nic nie robić. Często aż wstyd się przyznać, że w weekend nie zrobiło się niczego konkretnego poza spacerem połączonym z dmuchaniem dmuchawców i strzelaniem owocami śnieguliczki oraz czytaniem ukochanej książki. Tej samej, którą przeczytaliśmy wcześniej trzy razy. Zwłaszcza gdy nasi znajomi zdążyli wrzucić w międzyczasie na Facebooka zdjęcia z koncertu, opublikować wyniki egzaminu językowego i pochwalić się osiągnięciami z treningu personalnego.

Tak, próbowanie nowych rzeczy jest fajne, rozwijanie się jest fajne, ale od czasu do czasu trzeba po prostu odpocząć i naładować baterie. Robić to, co najbardziej nam służy, niezależnie od tego, jak bardzo pospolita wydaje się ta czynność. Moja ulubiona nauczycielka z liceum zawsze mówiła, że najbardziej na świecie lubi leżeć na kanapie, czytać książkę i jeść ser. Bezpośredniość tego wyznania ujęła mnie tak bardzo, że do dziś je pamiętam.

Jeśli będziemy starać się wybrać taki sposób odpoczynku, by zaimponować znajomym, najprawdopodobniej skażemy się na pełen frustracji czas, w którym na pewno nie uda nam się zrelaksować.

Gimnastyka umysłu jest tak samo ważnym elementem szczęśliwego życia jak regularne ćwiczenia fizyczne, ale potrzebujemy też odpoczynku i rozrywki. Jeśli największą przyjemność na świecie sprawia ci czytanie romansów w wannie w piątkowe wieczory, rób to tak często, jak tylko masz ochotę. Jeśli energię do działania daje ci poranna sesja szalonych tańców do starych płyt Britney Spears, nie zastanawiaj się, czy to czasem nie za mało ambitne, tylko tańcz.

I nie rób tego z dystansem czy, jak często czytamy w anglojęzycznym internecie, „ironicznie" – słowo „ironicznie" jest tu nie na miejscu. Fraza „lubić coś ironicznie" utarła się jako określenie przykrywki, którą stosujemy, kiedy wstydzimy się przyznać, że lubimy robić coś uznanego w danym kręgu za złe czy mało ambitne. Oglądamy filmy o wampirach, ale prześmiewczo. Słuchamy Taylor Swift i noga sama zaczyna nam przytupywać, ale robimy to tylko po to, by teatralnym gestem, z udawanym niedowierzaniem pokręcić głową nad płytkością jej tekstów.

To częste zjawisko zwłaszcza w przypadku młodych osób, które czują ogromną potrzebę dopasowania się do otoczenia i obsesyjnie myślą o tym, jak wypadają w oczach innych. Robienie czegoś na pół gwizdka i pozornie prześmiewcze nastawienie jest dla nich rodzajem asekuracji. Autentyczne życie w zgodzie ze sobą to z jednej strony akceptacja siebie z całym dobrodziejstwem inwentarza (co nie wyklucza pracy nad sobą, wręcz przeciwnie), z drugiej umiejętność wrzucenia na luz. Wspaniale zanurzyć się w swoich „wstydliwych przyjemnościach" i ani trochę się ich nie wstydzić.

Jesteś dorosłą kobietą, możesz robić, co ci się żywnie podoba, i nikomu nic do tego. Nie staraj się wpasowywać ze swoimi sposobami na relaks w żaden schemat, bo mijasz się z celem. Życie jest za krótkie, żeby spędzić je na próbie spełniania wyobrażeń innych na temat wartościowego spędzania czasu. Zwłaszcza że te, podobnie jak mody dotyczące przedmiotów, zmieniają się jak w kalejdoskopie. Uwierzyłabyś, gdyby kilka lat temu ktoś powiedział ci, że dorośli ludzie będą wydawać mnóstwo pieniędzy na kolorowanki i książeczki z zabawami w łączenie kropek?

A skoro już mowa o dziecięcych rozrywkach: dzieci mogą nauczyć nas bardzo wiele o życiu w stylu *slow* i w zgodzie ze sobą. Dziecku nigdy nie przyszłoby do głowy robienie czegoś „z dystansem", podobnie jak nigdy by się nie zastanawiało, czy wykonywana czynność jest wystarczająco rozwijająca i produktywna.

A więc biegaj po lesie, wyobrażając sobie, że bierzesz udział w Igrzyskach Śmierci, maluj paznokcie brokatowym lakierem, śpiewaj razem z chłopakami z One Direction i rób to z lekkim sercem i stuprocentowym przekonaniem. A gdyby naszły cię wątpliwości, pomyśl o tym, że Wisława Szymborska uwielbiała *Niewolnicę Isaurę*.

Jedyna rzecz, na którą musisz uważać, to proporcje. Jesteśmy trochę jak gąbka, a popkultura często przedstawia wyidealizowany obraz świata. Jeśli większość przekazów, które będą do ciebie docierać, pokazuje kobiety tak podrasowane w gabinetach chirurgii plastycznej i programach graficznych, że aż nieprzyzwoicie perfekcyjne, albo promuje rozbuchaną konsumpcję, to będziesz potrzebować sporej dawki czujności, żeby nie dać się wciągnąć w poczucie winy i kołowrotek potrzeb. Więc może lepiej nie wystawiać się na próbę zbyt często?

## Lista darmowych pomysłów na relaks

Koniecznie dopisz swoje i od razu zaplanuj w kalendarzu!

- Poproś kogoś bliskiego, by zrobił ci masaż ramion.
- Pospaceruj z psem (może być wypożyczony). Bez psa też działa, ale patrzenie na to, w jaką ekscytację wprawia zwierzaka krzątanie się pod drzwiami, jaką przyjemnością jest dla niego obsikanie drzewa czy obwąchanie krzaczka, ma dodatkowy wymiar terapeutyczny.
- Zrób ćwiczenia oddechowe, samodzielnie albo za pomocą aplikacji.
- Idź pobiegać.
- Wyjdź z domu i przyjrzyj się naturze. Może być pod postacią kota lub w formie miejskiego parku, ale dobrze też od czasu do czasu wybrać się do lasu lub na łąkę.
- Prześpij się. Korzyści płynące z drzemki są nieocenione.
- Zrób sobie kubek lawendowej herbaty i wypij ją niespiesznie, wyglądając przez okno.
- Poleż w hamaku (wybierz ten materiałowy zamiast sznurkowego, w którym człowiek czuje się jak kiełbasa szynkowa).
- Usiądź w ulubionym fotelu i posłuchaj audiobooka jednego z grubych klasyków, których nigdy nie miałaś okazji przeczytać. Wiele dzieł, którym wygasły już prawa autorskie, znajdziesz w aplikacji LibriVox. *Mała księżniczka* albo *Ania z Zielonego Wzgórza* działają jak kojący opatrunek.

- . . . . . . . . . . . . . . . . . . . . . . . . . . . . . . . . . .
- . . . . . . . . . . . . . . . . . . . . . . . . . . . . . . . . . .
- . . . . . . . . . . . . . . . . . . . . . . . . . . . . . . . . . .
- . . . . . . . . . . . . . . . . . . . . . . . . . . . . . . . . . .
- . . . . . . . . . . . . . . . . . . . . . . . . . . . . . . . . . .

## Ale naprawdę sobie pozwól! Sztuka odpuszczania

Moja mama odpoczywa tak: po dniu wypełnionym załatwianiem, porządkowaniem, rozwiązywaniem problemów wszystkich mniej zorganizowanych domowników w końcu postanawia się zrelaksować. Bierze więc książkę, dzienny przydział czekoladowych michałków (dwa), kota pod pachę (waży siedem kilo, więc jest co brać) i idzie do łóżka. Zaczyna czytać. Pięć minut później ktoś nie może znaleźć masła, więc mama wstaje rozwiązać ten problem. Wraca do książki. Zaczyna jednak myśleć o tym, że miała umyć lodówkę, a tego nie zrobiła. Trudno, nic się nie stanie. Czyta dalej. Lodówka nie daje jej jednak spokoju, więc po całych dwudziestu minutach lektury zrywa się i zabiera do sprzątania – przecież może poczytać później. No chyba że będzie tak zmęczona, że zaśnie sekundę po położeniu się do łóżka.

Odpoczynek to nie nagroda za zajechanie się do maksymalnych limitów. To twój obowiązek wobec siebie i innych. Zaniedbując go, zaciągasz wobec siebie dług, który w pewnym momencie przyjdzie ci spłacić – wypaleniem, chorobą, nagłym wybuchem frustracji w najmniej odpowiednim momencie. Kiedy o tym myślę, zawsze staje mi przed oczami rodzinne spotkanie w pierwszy dzień świąt, kiedy to babcie i ciocie prześcigają się w narzekaniu, która napracowała się bardziej. To nie żaden konkurs, na litość boską! Stań z boku, zobacz, jak bardzo jest to absurdalne i że w niczym ci nie pomaga, i po prostu sobie odpuść. I naucz się prosić o pomoc oraz z wdzięcznością, ale bez wyrzutów sumienia, ją przyjmować.

Święta to zresztą często wspaniały papierek lakmusowy absurdów związanych z gloryfikacją zagonienia. Zamiast spędzać czas z najbliższymi, cieszyć się z wolnych dni i wykorzystywać je na to, co lubimy najbardziej, biegamy, sprzątamy, gotujemy więcej jedzenia, niż ktokolwiek jest w stanie zjeść, a na koniec raczej osuwamy się, niż siadamy, przy wspólnym stole. Tylko dlatego że zawsze tak robiłyśmy, podobnie jak nasze mamy i babcie. Trudno w tym zmęczeniu i zabieganiu znaleźć miejsce nie tylko na odpoczynek, ale i na duchowość, zastanowienie się nad sobą – a święta są do tego idealnym czasem, niezależnie od tego, czy jesteśmy wierzący, czy nie.

## Siła rytuałów, czyli zautomatyzuj przyjemności

Wiesz już, że spokojne szczęście, relaks, życie w zgodzie ze sobą to nie są rzeczy, które wydarzą się, dopiero kiedy osiągniesz konkretny cel. I że masz wystarczająco dużo, żeby uruchomić je w swoim życiu.

Jeśli nie nauczysz się odpoczywać i być zadowolona z tego, co masz, nie zmienią tego ani drogie zakupy, ani wakacje w ciepłych krajach. To dlatego stereotypowa koncepcja *slow life* jako ucieczki przed obowiązkami na koniec świata nie ma sensu. Dlatego też często wracamy z urlopu tak zmęczeni, że najchętniej wybralibyśmy się na następny. Podróż, która przyniesie nam największą harmonię, to ta w głąb siebie.

*Wielkie wydarzenia kontra małe przyjemności*

Nie ma takich pieniędzy, za które mogłabyś kupić zniecierpliwiony dotyk psiego nosa, kiedy sznurujesz buty, filiżankę gorącej herbaty po spacerze w mroźny poranek albo zapach ściółki w lesie. Zamiast żyć w zawieszeniu i oczekiwaniu na wielkie wydarzenia – ślub, zmianę pracy, kupno mieszkania – ucz się doceniać małe przyjemności. Zwykle przeceniamy wpływ, jaki na nasze długofalowe poczucie szczęścia będą miały te pierwsze, i nie doceniamy, jak bardzo może zmienić nasze życie na lepsze celebrowanie tych drugich.

Zdarza mi się czasem napisać esemesa do mojego chłopaka o tym, jak chaotyczny i męczący miałam dzień, jak bardzo się martwię o to, że nie poradzę sobie ze stojącym przede mną zadaniem, jak bardzo jestem zniechęcona i zmęczona. I zanim cokolwiek mi jeszcze odpisze, sama dochodzę do wniosku, że hej, przecież to ja pociągam za sznurki i nikt mi nie każe robić tych wszystkich rzeczy – ani działać chaotycznie, ani martwić się na zapas, ani zapominać o dbaniu o swoje dobre samopoczucie.

W codziennej bieganinie łatwo to przegapić. Nigdy nie uda nam się sprawić, że każdy dzień będzie idealny i zgodny z tym, co sobie zaplanowałyśmy. Nasze obawy nie znikają na zawołanie, a niespodziewane problemy zawsze będą się pojawiać – takie jest życie. Możemy starać się zredukować ich liczbę, ale nie da się ograniczyć ich do zera.

Co można zrobić, żeby z jednej strony dbać o siebie na bieżąco, a z drugiej nie zapominać o tym także w stresujących okresach, kiedy najbardziej potrzebujemy odprężenia i zastrzyku pozytywnej energii? Warto zautomatyzować przyjemności, czyli stworzyć kilka rytuałów, przyjemnych nawyków, które na stałe zagoszczą w naszym planie dnia czy tygodnia. Jeśli wydaje ci się to naciągane, zastanów się, czy musisz wysilać się, by pamiętać o umyciu zębów. No właśnie. A teraz zastanów się, jak wyglądałyby twoje zęby, gdybyś nie miała tego nawyku.

Moje codzienne rytuały:

1 **Dwa długie spacery z psem – jeden rano, drugi po południu.** Porządkują mój dzień, dają chwilę na oddech i zastanowienie się, czy na pewno zmierzam tam, dokąd chciałam. Zapewniają regularną dawkę ruchu. Pozwalają też nabrać dystansu do obaw i problemów – patrzenie na psa tarzającego się w liściach albo obsikującego z radością krzaczki naprawdę pomaga poustawiać sobie w głowie priorytety. Drugi spacer cenię szczególnie, bo oddziela czas pracy od czasu wolnego. Dobrze jest mieć taki rytuał, może to być dziesięciominutowa medytacja, ćwiczenie oddechowe czy wypita w spokoju filiżanka herbaty.

2 **Poranne robienie koktajlu z owoców lub warzyw** (zwykle z tego, co mi wpadnie w ręce), który wypijam ze swoim chłopakiem, zanim wyjdzie do pracy.

3 **Lektura ulubionej gazety w sobotni poranek** poprzedzona spacerem do kiosku. Po drodze często kupuję świeże kwiaty, by poczuć się jeszcze bardziej odświętnie.

4 **Niedzielne śniadanie w moim ulubionym miejscu.** Zwykle daję też znać znajomym, że się tam wybieram, więc często staje się ono miłym wydarzeniem towarzyskim.

5 **Książka czytana tuż przed snem.** Czasem czytam stronę, czasem cały rozdział, ale zawsze z niecierpliwością wyczekuję tego momentu. Poranne i wieczorne rytuały mają szczególne znaczenie, ponieważ są klamrą spinającą nasz dzień, warto więc sobie wtedy zaplanować coś wyjątkowo pozytywnego.

Znasz siebie najlepiej, więc wiesz, jakie drobne przyjemności możesz włączyć do swojego dnia. Dbaj o to, by było ich dużo i, co najważniejsze, by regularnie uprzyjemniały ci codzienność. Może to być poranna filiżanka parującej kawy, pyszna owsianka przygotowana poprzedniego wieczora albo ulubiona energetyzująca playlista w drodze do pracy. Może rodzinne śniadania na balkonie w ciepłe dni albo popołudniowy kubek ziołowej herbaty z mamą. Pięknie pachnący balsam, który wsmarowujesz po kąpieli. Albo świeże kwiaty w każdą środę, bo wracając z fitnessu przechodzisz obok starszej pani sprzedającej bukieciki z polnych kwiatków.

Nie bój się wyjść na dziwaka. Jeśli lubisz zapach świeżo mielonej kawy, wąchaj ją do woli, nie zważając na to, ile osób ci się przygląda. Jeśli uwielbiasz robić na drutach, dziergaj w samolocie i w kolejce do lekarza. A jeśli najbardziej na świecie kochasz świeżo wypraną pościel, zmieniaj ją choćby co dwa dni. Zamień za to kąpiele w wannie na prysznic i przestań używać foliowych opakowań, żeby wyrównać ekologiczny rachunek.

Jakkolwiek osobliwe byłyby twoje upodobania, zawsze znajdzie się ktoś z jeszcze dziwniejszymi. Simon Cowell, znany między innymi jako juror brytyjskiego *X Factor*, codziennie rano wspina się na drzewo. Znajomy prawnik moich rodziców spędza weekendy, jeżdżąc dla relaksu starym kombajnem Bizon.

Robisz w ciągu dnia tyle rzeczy. Przynajmniej kilka z nich powinno być czymś, co służy wyłącznie przyjemności. Zadbaj o przyjemności dla ciała i ducha. Część z nich zaplanuj wspólnie z rodziną czy przyjaciółmi. Upieczesz dwie pieczenie na jednym ogniu – wspólne rytuały staną się źródłem pięknych wspomnień. Nie zapominaj jednak o czasie wyłącznie dla siebie.

Jest spora szansa, że po przeczytaniu tego rozdziału pomyślisz: „Tak, chcę, by tak właśnie wyglądało moje życie", ale za dwa dni zajmiesz się innymi sprawami i zupełnie zapomnisz o tym powiewie inspiracji. Rozplanuj więc jak najwięcej przyjemności na najbliższe dni i tygodnie, żeby nie zapomnieć o nich wtedy, kiedy najbardziej będziesz ich potrzebować. Najlepiej zrób to teraz.

## Lista twoich małych przyjemności

Co sprawia, że się odprężasz? Jakie drobne rzeczy umilają ci codzienność? Przypomnij sobie filmową Amelię z rozkoszą rozbijającą skorupkę na *crème brûlée*, a potem wypisz swoje i powtarzaj jak najczęściej!

**Moja lista:**

- delikatne trzaski świeczki zapachowej na biurku
- wklepywanie po kąpieli balsamu o zapachu awokado
- głaskanie mokrej paszczy psa tuż po tym, jak pił wodę z miski (dziwne, wiem)
- wąchanie świeżo zmielonej kawy (samo wąchanie, za piciem nie przepadam)
- wsuwanie stóp w ciepłe wełniane kapcie
- wyjście do biblioteki po nowe książki
- malowanie paznokci

**Twoja lista:**

- . . . . . . . . . . . . . . . . . . . . . . . . . . . . . . . . . . . . . . . . . . . . . . . . . . . . . . .
- . . . . . . . . . . . . . . . . . . . . . . . . . . . . . . . . . . . . . . . . . . . . . . . . . . . . . . .
- . . . . . . . . . . . . . . . . . . . . . . . . . . . . . . . . . . . . . . . . . . . . . . . . . . . . . . .
- . . . . . . . . . . . . . . . . . . . . . . . . . . . . . . . . . . . . . . . . . . . . . . . . . . . . . . .
- . . . . . . . . . . . . . . . . . . . . . . . . . . . . . . . . . . . . . . . . . . . . . . . . . . . . . . .
- . . . . . . . . . . . . . . . . . . . . . . . . . . . . . . . . . . . . . . . . . . . . . . . . . . . . . . .
- . . . . . . . . . . . . . . . . . . . . . . . . . . . . . . . . . . . . . . . . . . . . . . . . . . . . . . .
- . . . . . . . . . . . . . . . . . . . . . . . . . . . . . . . . . . . . . . . . . . . . . . . . . . . . . . .
- . . . . . . . . . . . . . . . . . . . . . . . . . . . . . . . . . . . . . . . . . . . . . . . . . . . . . . .
- . . . . . . . . . . . . . . . . . . . . . . . . . . . . . . . . . . . . . . . . . . . . . . . . . . . . . . .

# Wywiad z Olą Budzyńską

Ola, czyli Pani Swojego Czasu, uczy kobiety, jak się zorganizować i jak najlepiej wykorzystać czas – konkretnie, sumiennie i bez czczej gadaniny. Sama robi to tak, że patrzę na nią z nieustającym podziwem – ma rodzinę i prężnie działający biznes, ale potrafi też znaleźć czas dla siebie. I do tego jeszcze prowadzi bloga. A nawet dwa!

**Jak najlepiej odpoczywasz? Może masz jakieś swoje drobne rytuały?**

Przede wszystkim dużo śpię – to podstawa dobrego odpoczynku. Bez odpowiedniej ilości snu wszystkie inne rytuały są niewiele warte, niestety. Dodatkowo lubię odpoczywać i regenerować się w ruchu. Gdy coś mi nie wychodzi, gdy jest mi źle, gdy czuję się zestresowana – muszę się poruszać. Najlepszym sposobem jest godzinny szybki spacer z kijami nad Wisłą. Wracam zmęczona, uśmiechnięta i... wypoczęta.

Poza tym – standard: książka, długa kąpiel. A najlepiej długa kąpiel z książką.

**Jak pozbyć się poczucia winy często towarzyszącego kobietom, gdy pozwalają sobie na odpoczynek?**

Poczucie winy z powodu odpoczynku to problem większości moich klientek. Ale nie ma jednej odpowiedzi na to pytanie. Odpowiedź z reguły uzależniam od tego, kim jest klientka i jakiego rodzaju argumenty do niej przemawiają.

Niekiedy skuteczny okazuje się argument racjonalny, pokazujący, że wyrzuty sumienia ujawniają się wtedy, gdy nie mamy planu na tę wolną chwilę. Zdarzy nam się pół godzinki wolnego, a my zwyczajnie nie mamy zielonego pojęcia, co ze sobą zrobić. Pojawiają się wyrzuty sumienia, bo popchną nas na znane nam tory: robienia, działania i aktywności, do których jesteśmy przyzwyczajone.

Na zapracowane i nieumiejące wypoczywać mamy bardzo dobrze działa uświadomienie im, że w przyszłości ich córki będzie charakteryzował dokładnie taki sam schemat działania – staną się zapracowanymi kobietami, które nie potrafią znaleźć pięciu minut na swoje przyjemności. Czy chcemy, by tak wyglądała przyszłość naszych dzieci? Jak dotąd żadna z mam nie odpowiedziała twierdząco.

Na kobiety wychowane w przeświadczeniu, że inni są ważniejsi niż one, skutecznie działa argument, że brak dbania o siebie uniemożliwi im zadbanie o innych; że zagrożone będą nie tylko ich zdrowie i przyszłość, lecz także zdrowie i przyszłość ich najbliższych.

## Jak nauczyć się prosić o pomoc i ją przyjmować?

Trenować, ćwiczyć, potykać się – a nawet upadać – i zaczynać od nowa. To dla mnie niesamowite, jak mało wyrozumiałości dla samych siebie mają dorośli ludzie. Doskonale wiemy, że nauczenie dziecka nowej i trudnej dla niego umiejętności wymaga czasu; nikt nie spodziewa się, że dziecko zrezygnuje z pieluch w ciągu doby! A jednak właśnie takich rezultatów oczekujemy od siebie.

Jeśli chcesz nauczyć się nowej dla siebie umiejętności proszenia o pomoc, zadbaj o komfortowe warunki do nauki: potrenuj na osobie, którą dobrze znasz i lubisz, a następnie testuj w odniesieniu do innych osób. I pamiętaj: świat nie zmienia się przez to, że ty się zmieniasz (choć tak naprawdę ulega zmianie – w końcu jesteśmy częścią świata); to, że prosisz kogoś o pomoc, nie oznacza, że ktoś zawsze będzie się zgadzał.

Umiejętność przyjęcia odmowy również stanowi część nauki.

**Często słyszę, że łatwo mi mówić o harmonijnym życiu, konsekwentnym podążaniu za swoimi celami i marzeniami, o sile czasu wolnego i odpoczynku, bo nie mam dzieci. Ty pokazujesz, że to jest do zrobienia. Czy masz jakieś wskazówki?**

Hm... Nie jestem pewna, czy moje życie jest harmonijne. Ja w każdym razie nie do końca do tego dążę. Dążę do tego, by moje życie było dla mnie radością i przyjemnością. Harmonia kojarzy mi się z tym, że w każdej dziedzinie życia mamy po równo, a ja tak na pewno nie mam.

Moim sposobem na posiadanie tego, co dla mnie ważne, jest odpuszczanie tego, co mniej istotne. Już bardzo dawno temu pogodziłam się z tym, że nie mogę mieć wszystkiego, i wcale do tego nie dążę.

Jedno wiedzieliśmy z mężem, decydując się na dzieci: że ich pojawienie się na świecie nie spowoduje zmian w sprawach dla nas fundamentalnych, a takimi są czerpanie przyjemności z bycia razem, zwiedzanie świata i aktywny tryb życia. Dzieci nam w tym nie przeszkadzają; przeciwnie, aktywnie włączamy je w nasze przedsięwzięcia (nie mają wielkiego wyboru, bo zwyczajnie nie znają innego świata). Tak więc, drogie mamy, wy również możecie osiągać swoje cele, mieć kochającą się rodzinę, spełniać się w życiu zawodowym, a do tego jeszcze dysponować wolnym czasem.

**Pracujesz z wieloma kobietami, pomagasz im się zorganizować i odzyskać kontrolę nad codziennością. Czy pamiętasz jakieś historie, które okazały się dla ciebie szczególnie inspirujące?**

Pamiętam kilka, choć nie wszystkie są pozytywne. Jedna z klientek powinna dostać medal olimpijski za organizację czasu – miała wszystko poukładane co do minuty; znalezienie godziny na rozmowę ze mną okazało się koszmarem, ponieważ jej kalendarz pękał w szwach. Jednocześnie czuła się głęboko nieszczęśliwa, będąc dosłownie niewolnikiem swojego kalendarza i podejścia do organizacji. Oczywiście celem pracy ze mną było dla niej znalezienie sposobu na to, jak w swoim planie dnia upchnąć jeszcze więcej (to cel większości kobiet, które decydują się na konsultację ze mną). Gdy dowiedziała się, że nie zamierzam jej tego nauczyć, a co więcej, planuję przekonać ją do rezygnacji z części spraw, wyrzuciła mnie z hukiem.

Pamiętam też klientkę, która od dziewięciu lat (tak – od dziewięciu lat!) wciąż myślała o wykonaniu pewnego zadania i nie zrobiła w tym celu ani jednego kroku. Jednocześnie twierdziła, że jest to kluczowe zadanie w jej życiu.

Ale oczywiście mam też pozytywne przykłady – jedna z kobiet zgłosiła się do mnie wkrótce po urodzeniu dziecka, przerażona, że od teraz nie znajdzie czasu na nic innego. Okazuje się, że jeśli spokojnie podejdzie się do tematu, ustali priorytety i skupi na najważniejszym, udaje się nie tylko poukładać sprawy dookoła, ale także włączyć męża w rodzinne planowanie.

**Czy masz jakiś prywatny kodeks postępowania, dzięki któremu z automatu rozwiązujesz sprawy dotychczas dla ciebie problemowe? Formułkę przygotowaną do udzielania odmownej odpowiedzi na zaproszenia czy określone bloki czasu w tygodniu zarezerwowane tylko dla siebie?**

Tak, pewne sytuacje dzieją się automatycznie – i bardzo o to dbam. Przykład? Poranki. Moją żelazną zasadą jest to, by do 9.30 wykonać jedno najważniejsze zadanie zaplanowane na dany dzień, dlatego dnia pracy nie zaczynam od kawy, maili, telefonów i sprawdzenia tego, co się dzieje na świecie, lecz od załatwienia najważniejszej sprawy. Dzięki temu wiem, że nawet jeśli dojdzie do kryzysu, zrobiłam krok do przodu w kierunku swojego celu.

Jestem osobą, która ucząc inne kobiety asertywności, wciąż sama ją testuje. Asertywność jest istotna w umiejętnym zarządzaniu swoim czasem, dlatego moje zachowanie stanowi niejako moją wizytówkę. Chroniąc siebie, chronię swoje priorytety, a przecież tego uczę innych, prawda?

**Robisz mnóstwo rzeczy, Twoje osiągnięcia są imponujące. Czy są jakieś rzeczy, których – dla odmiany – nie robisz, żeby zyskać czas na to, co dla ciebie ważne?**

Wiele osób sądzi, że robię wszystko, tymczasem ja skupiam się na najważniejszych dla siebie sprawach, zarówno w domu, jak i w biznesie. Zacznę od domu. Nienawidzę sprzątać, w związku z tym nie sprzątam, nie prasuję, nie myję okien i nie wykonuję żadnych tego rodzaju czynności. Mam panią, która sprząta. Poza tym wszystkimi obowiązkami domowymi dzielimy się z mężem sprawiedliwie: gotowaniem i przyrządzaniem posiłków, wynoszeniem śmieci, kąpielą i usypianiem dzieci – zawsze po równo.

W biznesie strategicznie planuję najważniejsze dla mnie rzeczy i niezwykle mocno pilnuję ich realizacji. To na celach jestem skupiona, całej reszcie mówię „NIE”. Gdy tylko mogę, nie zajmuję się drobiazgami takimi jak strona wizualna mojego bloga. To dla mnie mało istotna kwestia w porównaniu z osiąganiem strategicznych celów. Nie robię sama rzeczy, na których poznaniu i nauczeniu się mi nie zależy. Na przykład nie robię zdjęć. Nie mam ambicji zostania blogerką-fotografką i już się z tym pogodziłam (nie chodzi o to, że nie mogłabym się nauczyć robienia dobrych zdjęć, lecz o to, że nie chcę tego robić – wolę w tym czasie zarabiać pieniądze). Nie koryguję i nie redaguję swoich tekstów – od tego mam korektorkę.

**Jak odkryłaś, że akurat pomaganie kobietom w zarządzaniu ich czasem jest Twoim powołaniem, zajęciem dostarczającym Ci satysfakcji i zgodnym z Twoim systemem wartości? Jak wyglądały poszukiwania?**

Ostatnio dochodzę do wniosku, że poszukiwania trwały chyba całe moje dotychczasowe życie. Odkąd pamiętam, szukałam swojego miejsca na ziemi, choć otoczenie dawało mi niekiedy znać, że już wystarczy i że może w końcu trzeba się ustatkować, zamiast ciągle zmieniać pracę. Na szczęście mój mąż, czyli najważniejsza osoba w moim życiu, nigdy czegoś takiego mi nie powiedział i zawsze wspierał moje poszukiwania.

Od dziesięciu lat jestem trenerką. Specjalizuję się w efektywności osobistej. Gdy prowadziłam szkolenia dla pracowników korporacji, nie miałam wrażenia, że jest to coś, czym będę się zajmować (być może dlatego, że korporacje zawsze mają swój „system", w który ludzie muszą się wpasować, a takie podejście generalnie mnie nie zachwyca). Jednak już wtedy dostrzegałam, że kobiety i mężczyźni zupełnie inaczej podchodzą do zagadnienia organizacji czasu.

Oczywiście od zawsze wiedziałam, że jestem świetnie zorganizowaną osobą, choć nie uważałam, że jest to coś, z czego mogłabym skorzystać. Dopiero gdy zachorował mój syn, a ja zobaczyłam, ile spraw w swoim życiu ogarniam, organizuję, układam i tym podobne, przyszło mi do głowy, że jestem Panią Swojego Czasu. I tak zostało.

# Czas zabawy

## Wpisz przyjemności do kalendarza

*Randka z samą sobą*

Nauczyłam się już, że, jakkolwiek dziwnie by to brzmiało, miłe spędzanie czasu trzeba planować, tak samo jak planujemy sobotnie odkurzanie mieszkania czy spotkanie ze znajomymi w czwartkowy wieczór. Potraktuj to jak nieprzekładalną randkę z samą sobą. Jeśli na środowe popołudnie zaplanujesz długi spacer z psem połączony z nauką sztuczek albo wyjście do kina na kolejną część ulubionej sagi, zapisz to w kalendarzu i zorganizuj wszystko tak, żeby zdążyć. Brzmi kuriozalnie? Bardzo dobrze! Chcąc żyć w zgodzie ze sobą, trzeba się nastawić na robienie dziwacznych rzeczy, o ile tylko są skuteczne.

Wiem, że jeśli zapiszę sobie w planie dnia, by zarezerwować pół godziny na czytanie poezji, to z dużym prawdopodobieństwem to zrobię. Gdy tylko pomyślę, że chciałabym to zrobić w bliżej niesprecyzowanej przyszłości – wręcz przeciwnie. W moim przypadku to się sprawdza i nie obchodzi mnie, co pomyśli sobie człowiek przy kawiarnianym stoliku obok, jeśli przypadkiem zerknie do mojego terminarza. „Normalność" jest przereklamowana – wystarczy spojrzeć, ile problemów i napięć powoduje u ludzi dążenie do niej za wszelką cenę. Spontaniczne przyjemności są zawsze mile widziane, ale planujmy je tak na wszelki wypadek, żeby o sobie nie zapomnieć.

Czytam całkiem sporo książek: po pierwsze, dlatego że bardzo to lubię, po drugie, dlatego że wierzę, że pozwoli mi to nauczyć się lepiej pisać i lepiej opowiadać historie. Najciekawsze lektury każdego miesiąca opisuję na blogu. Nie tylko po to, żeby podzielić się z czytelnikami tytułami godnymi zainteresowania, ale też dla siebie. Kiedy wynotuję sobie najważniejsze przemyślenia i opiszę, jak dana lektura wpływa na moje życie, co wyciągnęłam z niej dla siebie, jest mi dużo łatwiej przypomnieć ją sobie w razie potrzeby.

Często spotykam się z uwagami osób, które zazdroszczą mi dużej ilości wolnego czasu – one też chętnie by czytały, ale niestety nie mają kiedy. Tymczasem jest to po prostu kwestia priorytetów. Mam czas na czytanie, bo sobie go wyznaczyłam i zaplanowałam. A zrobiłam to, bo czytanie jest dla mnie ważne i bardzo je lubię. Mam też nawyk czytania przed snem – nawet jeśli miałaby to być jedna strona, po której zasnę. Nie oglądam za to telewizji, nie spędzam wieczorów w klubach, sporadycznie włączam seriale czy gram w gry komputerowe. Nie robię też mnóstwa innych rzeczy, które nie sprawiają mi przyjemności – nawet jeśli namawiają mnie do nich znajomi czy rodzina.

*Pożeracze czasu*

Często jednak jest tak, że w wolnej chwili niejako z automatu wybieramy czynności, które wymagają od nas najmniej zastanowienia i wysiłku. Gramy na telefonie, znów odświeżamy Facebooka, przeglądamy kolejne zdjęcia kotów. Zrobienie czegoś bardziej satysfakcjonującego, nawet jeśli to czynność, którą naprawdę lubimy, wymagałoby od nas nie tylko zmobilizowania się do działania (a często są to rzeczy o wyższym „progu wejścia" – trzeba przeczytać instrukcję gry planszowej i namówić do niej domowników, nastroić dawno nieużywany instrument muzyczny czy po prostu się skupić, by wciągnąć się w komiks czy książkę), ale też wymyślenia, co mogłoby to być.

Dlatego dobrze mieć dostępną zawsze pod ręką listę rzeczy, które lubimy robić w wolnym czasie. W wirze codziennych obowiązków łatwo zapomnieć o tym, co sprawia, że czujemy się naprawdę zadowoleni i zrelaksowani. Przygotowywanie takiej listy to świetna okazja, żeby powrócić do dawnych pasji, na które pozornie nie udawało nam się znaleźć czasu.

Poniżej moja lista, która być może cię zainspiruje:

1 **Czytanie książek.**
Najbardziej lubię te o przygodach małych chłopców, życiu pięknych i bogatych, o tajemnicach i miłości. Moi ulubieni pisarze to między innymi Erich Maria Remarque, Joanna Bator, Wiesław Myśliwski, ale uwielbiam też książki o Harrym Potterze.

2 **Dobre jedzenie.**
Brak śniadania albo rozczarowujące posiłki są w stanie zepsuć mi humor na cały dzień. Dlatego staram się myśleć zawczasu o tym, co będę danego dnia jeść, mam też kilka ulubionych restauracji, które nigdy mnie nie zawodzą.

3 **Spędzanie czasu ze swoim psem – na zabawach czy nauce nowych sztuczek.**
Uwielbiam nie tylko jego urok osobisty i ogólną puszystość czy umiejętność dawania zupełnie bezwarunkowej miłości, ale też chęć uczenia się wszystkiego, co tylko przyjdzie mi do głowy.

4 **Zakupy w second-handach.**
Nie zawsze mi się chce, ale kiedy już najdzie mnie ochota, z przyjemnością odwiedzam ulubione sklepy z używaną odzieżą i rzucam się w wir poszukiwania miękkich kaszmirów i szeleszczących

jedwabi. Ma to w sobie coś z polowania, do tego nigdzie indziej nie znajdziemy tak szlachetnych tkanin w tak niskich cenach.

5 **Spotkania z inspirującymi ludźmi.**
Mogą to być najbliżsi przyjaciele albo zupełnie nowi znajomi, osoby w moim wieku czy pracujące w bliskiej mi branży albo zupełnie do mnie pod tym względem niepodobne. Jeśli tylko mają jakąś szczerą historię do opowiedzenia, potrafią mówić z pasją o tym, co lubią, czy po prostu – są dobrymi rozmówcami, to z przyjemnością spędzam z nimi czas. Najbardziej lubię wspólne spacery, spotkania przy kawie czy dobrym obiedzie. Wolę widzieć się z kimś w pojedynkę lub w małych grupach niż na wielkiej imprezie, gdzie trudno poprowadzić rozmowę poza wymianę uprzejmości i najnowszych plotek.

6 **Gry! Miejskie, planszowe, komputerowe.**
Uwielbiam wszystkie, choć muszę się pilnować i przypominać sobie, że chodzi w nich o dobrą zabawę – mam tendencję do walczenia jak lwica i nie znoszę przegrywać.

7 **Odkrywanie nowych, ciekawych miejsc w Warszawie, najchętniej na rowerze.**
Uwielbiam to uczucie, kiedy w pozornie znajomej okolicy nagle odkrywam małe bistro z pysznymi zupami czy tajemniczy skwer.

8 **Pisanie.**
Najchętniej tego, co w danym momencie najbardziej mam ochotę opisać, przelewanie na papier świeżych myśli, które aż same się tam wyrywają. Lubię pisać w pociągach, czytelniach i kawiarniach.

9 **Podróże małe i duże.**

Uwielbiam raz na jakiś czas pojechać gdzieś naprawdę daleko, poluję na tanie bilety i odwiedzam kraje, o których zobaczeniu marzyłam w dzieciństwie. Ale równie dużą przyjemność sprawiają mi krótkie, nawet jednodniowe wycieczki – spacer po lesie, wizyty w pięknych małych miasteczkach czy tematyczne wyprawy, na przykład śladami bohaterów książek ulubionych autorów (Pana Samochodzika, postaci wykreowanych przez Joannę Chmielewską).

10 **Chodzenie do kina.**

W domu oglądam filmy stosunkowo rzadko, ale uwielbiam rytuał towarzyszący wyprawie do kina: szczególnie staranny strój, choć przecież będzie ciemno, pełen podekscytowania spacer (mam to szczęście, że mieszkam kilkaset metrów od świetnego kina studyjnego). I ten pośpiech – bo przecież kinowe reklamy też są warte zobaczenia, głupio byłoby się na nie spóźnić. Zapach popcornu. Czasem zdarzają mi się wielomiesięczne przerwy w oglądaniu filmów w kinie i zawsze bardzo tego żałuję – dlatego właśnie dobrze mieć pod ręką taką listę.

## Pora na ciebie!

Co daje ci największą frajdę w wolnym czasie? Może jest coś, co bardzo lubiłaś robić, ale zaprzestałaś „z braku czasu"? Wypisz poniżej, trzymaj pod ręką i regularnie przeglądaj podczas planowania swoich aktywności!

Warto zadbać o to, by na twojej liście znalazły się nie tylko rzeczy związane z konsumowaniem treści, takie jak czytanie czy oglądanie filmów, ale też takie, które wymagają tworzenia. To może być sweter robiony na drutach, zaprojektowania w programie graficznym logo twojej nieistniejącej firmy, amatorski podcast, krótkie opowiadanie – cokolwiek, co sprawi, że staniesz się twórcą, a nie tylko odbiorcą. Potrzebujemy równowagi między tworzeniem a pochłanianiem treści. Trochę o tym zapomnieliśmy. Stąd nagła popularność narzędzi, które mają pomóc uwolnić naszą kreatywność: kolorowanek dla dorosłych, książek typu *Zniszcz ten dziennik*, albumów Project Life, które pozwalają prowadzić wizualny pamiętnik. Wciąż jest to kreatywność w wyznaczonych ramach, ale ma pozwolić nabrać rozpędu albo korzystać z uroków tworzenia czegoś ręcznie, bez martwienia się o brak pomysłu czy umiejętności. Łatwiej wykonywać zadania z książki, którą polecają nam nasi znajomi, niż usiąść nagle z kredkami i kartką przy stole, jeśli ostatni raz mieliśmy je w ręce w przedszkolu. Co z tego, że od lat czegoś nie robiłaś? Po prostu zacznij!

Może od lat wymyślasz powieść, misternie splatasz losy bohaterów, rozważasz możliwe zakończenia, ale zawsze brakowało ci tego impulsu, który sprawi, że usiądziesz i zaczniesz pisać. Wpisz sesję kreatywnego pisania na listę i zarezerwuj sobie na nią czas – choćby miała to być tylko godzina. Nie daj się wpędzić swojemu umysłowi w pułapki: „nie wiem jak", „nie wiem, gdzie zacząć", „jeszcze nie jestem gotowa". Działaj! Nie potrzebujesz do tego niczyjej zgody, zachęty ani specjalnych kwalifikacji. Nie zobowiązujesz się do stworzenia wybitnego dzieła. Zacznij i zobacz, co się wydarzy.

## Kreatywne projekty do wypróbowania

Kiedy ostatni raz robiłaś coś kreatywnego? Najwyższa pora obudzić swoją prawą półkulę mózgu, samodzielnie lub w towarzystwie rodziny czy przyjaciół. Kiedy się na coś zdecydujesz, od razu wpisz to w kalendarz. Albo po prostu zabierz się do pracy!

- Z użyciem kartki i kredek albo programu graficznego zaprojektuj na nowo okładkę swojej ukochanej książki.
- Zakreśl niepotrzebne słowa w artykule z codziennej gazety, a z pozostałych stwórz biały wiersz – tak zwany *blackout poem* (wpisz w wyszukiwarkę, żeby zobaczyć przykłady).
- Stwórz wpis do wizualnego dziennika. Opowiedz o swoim dniu czy tygodniu, nie używając ani jednego zdania.
- Pokoloruj obrazek – to naprawdę odpręża! Nie musisz nawet kupować całej kolorowanki, mnóstwo darmowych wzorów do wydrukowania znajdziesz w sieci.
- Pozbieraj stare magazyny, przygotuj klej i nożyczki i zrób kolaż.
- Stwórz swoją *bucket list*, czyli listę marzeń. Najlepiej w wizualnej formie!
- Napisz swój prywatny manifest. W co wierzysz? Co jest dla ciebie ważne? Czego wszyscy powinniśmy się nauczyć?
- Przygotuj przebranie na przebieraną imprezę. A potem zrób imprezę!
- Wypróbuj zupełnie nowy makijaż, na przykład podobny do makijażu ulubionej gwiazdy. Możesz podeprzeć się tutorialem na YouTubie.
- Nagraj jakiś naprawdę miły komunikat i ustaw go jako swoją automatyczną sekretarkę.
- Skonstruuj latawiec, pięknie go ozdób i wybierz się na najbliższe łąkę czy pole – tylko upewnij się, czy wieje! Zrobiłam niezliczone ilości latawców ze swoim dziadkiem i wspominam to z dużym wzruszeniem.

- Złóż proste origami. A potem trochę trudniejsze. Może stworzysz całą girlandę do ozdobienia ściany?
- Przeprowadź jakiś eksperyment (uwaga, cola i mentosy tylko na zewnątrz!) albo wykonaj jakieś usprawnienie – na przykład skonstruuj wyłącznik światła uruchamiany klaśnięciem. Trudne, ale jakie satysfakcjonujące!
- Wybierz się na spacer fotograficzny. Fotografuj tylko niepasujące elementy, tylko perfekcyjną symetrię albo tylko naturę w mieście. A później wybierz najlepsze zdjęcia i stwórz minialbum z motywem przewodnim.
- Zrób własnoręcznie kartkę z wakacji, świąteczną albo urodzinową. A potem ją wyślij!

**Twoje pomysły:**

- . . . . . . . . . . . . . . . . . . . . . . . . . . . . . . . . . .
- . . . . . . . . . . . . . . . . . . . . . . . . . . . . . . . . . .
- . . . . . . . . . . . . . . . . . . . . . . . . . . . . . . . . . .
- . . . . . . . . . . . . . . . . . . . . . . . . . . . . . . . . . .
- . . . . . . . . . . . . . . . . . . . . . . . . . . . . . . . . . .
- . . . . . . . . . . . . . . . . . . . . . . . . . . . . . . . . . .
- . . . . . . . . . . . . . . . . . . . . . . . . . . . . . . . . . .
- . . . . . . . . . . . . . . . . . . . . . . . . . . . . . . . . . .
- . . . . . . . . . . . . . . . . . . . . . . . . . . . . . . . . . .
- . . . . . . . . . . . . . . . . . . . . . . . . . . . . . . . . . .
- . . . . . . . . . . . . . . . . . . . . . . . . . . . . . . . . . .
- . . . . . . . . . . . . . . . . . . . . . . . . . . . . . . . . . .
- . . . . . . . . . . . . . . . . . . . . . . . . . . . . . . . . . .
- . . . . . . . . . . . . . . . . . . . . . . . . . . . . . . . . . .
- . . . . . . . . . . . . . . . . . . . . . . . . . . . . . . . . . .
- . . . . . . . . . . . . . . . . . . . . . . . . . . . . . . . . . .
- . . . . . . . . . . . . . . . . . . . . . . . . . . . . . . . . . .

## Zatrzymaj chwilę

A może chciałabyś zacząć pisać bloga albo prowadzić dziennik? Poczucie dobrze spędzonego czasu i miniaturowego triumfu po wykonaniu zadania to wyjątkowo satysfakcjonująca mieszanka. Wpis na blogu czy w pamiętniku to na tyle krótka forma, że spokojnie da się ją doprowadzić do końca w jedno popołudnie, a bywa, że w kilkadziesiąt minut. A kończenie tego, co się zaczęło, to najlepsze uczucie na świecie.

*Prowadzenie notatek*

W ogóle warto prowadzić zapiski, w jakiejkolwiek postaci. Spisywanie swoich myśli i wrażeń ma niemal terapeutyczne działanie. Pozwala się wyciszyć, spokojnie zastanowić nad tym, co kłębi nam się w głowie, popatrzeć na wszystko z dystansu. W moim przypadku świetnie sprawdza się blog, bo nie jestem wystarczająco zdyscyplinowana, by pisać do szuflady. Jeśli nie masz ochoty dzielić się swoimi przemyśleniami z połową świata albo jesteś w tej kwestii tradycjonalistką, pamiętnik czy dziennik również będzie doskonałym rozwiązaniem. Zamiast bloga możesz też wybrać wideo.

Podczas robienia notatek działa efekt gumowej kaczki. I nie, nie jest to najnowszy termin w psychologii, ale skrót myślowy autorstwa mojego chłopaka, wywodzący się z branży programistycznej. Pracuje w biurze, które dzieli z kilkoma innymi osobami. Bardzo często zdarzało się, że któryś z kolegów przychodził do niego z problemem na tyle łatwym do rozwiązania, że kiedy już kończył mówić, sam na nie wpadał i odchodził zadowolony, nie przejmując się tym, że wytrącił kogoś z rytmu. Pewnego dnia, kiedy granica irytacji została przekroczona, Andrzej przyniósł do pracy żółtą gumową kaczkę, taką jak te, które na filmach zabiera się do wanny, postawił w widocznym miejscu i zaproponował następujące rozwiązanie: każdy problem należy najpierw opowiedzieć kaczce i jeśli wciąż nie będzie się znało odpowiedzi, można zawracać głowę komuś innemu. Liczba odrywających go od pracy pytań znacznie zmalała (chociaż może koledzy po prostu pomyśleli, że jest trochę dziwny).

Cudownie wrócić do swoich tekstów po dłuższym czasie. Z jednej strony ze względu na wartość sentymentalną, z drugiej... użytkową! Ja mam potwornie słabą pamięć, dlatego wypracowałam sobie nawyk robienia notatek ze wszystkiego – ze spotkań z inspirującymi ludźmi, filmów, które mnie poruszyły, książek, które czymś mnie zaintrygowały. Ponieważ do tego jestem bałaganiarą, staram się sporządzać je od razu w przeznaczonej do tego aplikacji albo przenoszę z kartki tak szybko, jak tylko mogę. Używam do tego darmowego Google Keep – aplikacji, do której szybki dostęp mam ze wszystkich urządzeń, no i mogę oznaczać swoje notatki różnymi etykietami i kolorami. Równie dobrze może się sprawdzić notes albo zwykły zeszyt – przetestuj, co w twoim przypadku działa najlepiej.

Później część zapisków przerabiam na blogowe posty. Z chaotycznego strumienia świadomości (kilka razy nie byłam w stanie sobie przypomnieć, co miałam na myśli, zapisując przed snem „które imiona bardziej" albo „dziewczyna, która robi las", więc teraz staram się dbać o względną klarowność swoich zapisków) zmieniają się w zgrabne akapity, które angażują odbiorców, wywołują w nich emocje, inspirują. Gdybym próbowała odtworzyć oryginalną myśl całkowicie z pamięci, pewnie straciłaby swoją świeżość i umknęłoby mi wiele szczegółów – można to zauważyć zwłaszcza w przypadku relacji z wydarzeń czy podróży.

Prowadzenie notatek powoduje też, że oglądam i czytam bardziej świadomie – tak by móc zapisać coś więcej niż to, że film był fajny, a książka ciekawa. Zastanawiam się, co dokładnie mnie ujęło, przyglądam się zjawiskom z różnych stron, zapamiętuję na dłużej.

A więc róbmy notatki i róbmy je na gorąco, choćby w wersji zupełnie „na brudno". Nigdy nie wiemy, kiedy nam się przydadzą albo staną się cennym znaleziskiem dla kogoś innego – pamiętam, jak ogromną przyjemność sprawiło mi czytanie pamiętnika mojej babci. I róbmy je od razu – pamięć jest bardzo zawodna. Jeśli pomyślisz sobie, że zapiszesz coś później, najprawdopodobniej potem będziesz pamiętać tylko tyle, że miałaś coś zapisać. Notatki wcale nie muszą mieć tradycyjnej formy. Jeśli lepiej czujesz się, szkicując, wyklejając czy tworząc wizualne mapy myśli, działaj! Takie kreatywne formy spisywania wrażeń, łączące różne techniki, doskonale sprawdzają się na przykład w przypadku relacji z wyjazdów. Wyobraź sobie, jak przyjemnie będzie przeglądać ze znajomymi czy rodziną album ze wspólnego wyjazdu, z listą odwiedzonych miejsc, wynikami gier, tekstami wspólnie wymyślonych piosenek, garścią spisanych historii czy anegdot, zdjęciami lub naszkicowanymi widokami – co tylko przyjdzie wam do głowy. Albo przeglądać w jesienny wieczór letni dziennik z zasuszonymi polnymi kwiatami, przepisanymi cytatami z przeczytanych książek, wklejonymi pocztówkami i listą marzeń na kolejny rok.

Możesz puścić wodze fantazji albo – jeśli nie wiesz, jak zacząć – poszukać w anglojęzycznym internecie przykładów i szczegółowych instrukcji tworzenia takich albumów, wpisując w Google frazy „visual journaling" lub „travel journal" – istnieją całe strony i blogi im poświęcone. Pamiętaj tylko, że to nie konkurs. Rezultat ma być nie najpiękniejszy ani najlepszy, ale po prostu twój – nawet jeśli oznacza to koślawe literki i chybotliwe kreski.

## Planuj wyjścia i wakacje

Wróćmy jednak do sprawy planowania. Wszystko jak zwykle jest kwestią priorytetów. Jeśli masz ochotę pójść na koncert w przyszłym tygodniu, ale obawiasz się, że tam nie dotrzesz, bo będziesz miała dużo nauki czy pracy, po prostu kup bilet. Zapewniam cię, że wtedy poukładasz wszystko tak, żeby zdążyć.

To samo dotyczy podróży. Kiedy odwiedzam swoich rodziców, raz na jakiś czas przeglądam albumy ze zdjęciami – a jest ich trochę. Moja mama w czasach studenckich, pozująca w zakopiańskim kożuszku (były hitem w latach siedemdziesiątych!). Zdjęcie z kuligu. I kolejne, na którym z tatą dzielnie wiosłują na kajaku – regularnie wybierali się na spływy ze znajomymi. Przywozili z nich nie tylko opaleniznę i wyrobione mięśnie ramion, ale też mnóstwo historii, które wiele lat później opowiadali mi na dobranoc. A to o psie Kajtku wyspecjalizowanym w wyciąganiu szynki spomiędzy kromek chleba, tak by właściciel kanapki się nie zorientował, a to o przeciekającym kajaku, z którego tata wybierał wodę butem, a chwilę później, w emocjach, niechcący wyrzucił go za burtę.

Zawsze myślę wtedy o tym, jak sposób spędzania czasu tamtych młodych ludzi różnił się od dzisiejszego. Nie zamierzam tutaj wpadać w marudny ton w rodzaju „kiedyś to były czasy" czy „ach, ta dzisiejsza młodzież". Na przeszłość zawsze nakładamy sentymentalny filtr, przez który przenika tylko to, co godne zapamiętania. Niepokoi mnie jednak tendencja, którą zauważam u wielu swoich rówieśników. Próbowałaś kiedyś skrzyknąć grupę znajomych na wspólny wyjazd? Jeśli tak, pewnie wiesz, jak ogromnych umiejętności negocjacyjno-logistycznych wymaga to zadanie. Przede wszystkim pojawia się problem z czasem. Niby są weekendy, ale wtedy „nadrabia się zaległości z pracy" albo „nie ma się siły na nic". Ewentualnie jest się uwikłanym w przymusowe spotkania towarzyskie: imieniny nielubianej ciotki, ślub kuzynki, z którą kompletnie nic nas nie łączy. Pół biedy, jeśli są to wymówki osób, które nie mają ochoty na wyjazd (choć byłoby lepiej dla obu stron, gdyby po prostu szczerze to powiedziały). Najgorsze, że wiele osób jest rzeczywiście przekonanych, że przez kolejne miesiące i lata nie mogą sobie pozwolić na relaksujący wypad ze znajomymi ze względu na inne zobowiązania. Albo uważają, że jeśli nie są to Malediwy ani surfing w Maroku, to nie ma sensu. Ich życie obraca się wokół pracy i... zakupów, żeby odbić sobie trudy nieprzyjaznej codzienności. Niby nic nadzwyczajnego, ale kiedy spojrzymy na to z boku, zaczynamy się zastanawiać, jak to się stało, że dajemy się zapędzić w ślepy zaułek.

Ja również przez długi czas żyłam w przekonaniu, że na wakacje i wyjazdy przyjdzie pora później, teraz za dużo się dzieje. Ba, był taki miesiąc czy dwa, kiedy wydawało mi się, że wolne popołudnie z książką już na zawsze pozostanie poza zasięgiem moich możliwości i muszę się z tym pogodzić. Sporo czasu zajęło mi odkrycie, że po jednym bardzo ważnym projekcie przychodzi następny i wpadam w błędne koło.

Funkcjonując w ten sposób, nie zyskamy więcej wolnego czasu ani za miesiąc, ani za rok, ani za trzy lata. Najczęściej jest wręcz przeciwnie: wraz z rozwojem zawodowym pojawia się więcej odpowiedzialności, często równolegle powiększa się rodzina. Naiwnością jest wierzyć, że obudzimy się pewnego dnia i dojdziemy do wniosku, że liczba naszych obowiązków radykalnie się zmniejszyła, więc możemy spokojnie odpocząć. Oczywiście są scenariusze, zwykle bardzo stresujące, które powodują drastyczne zmniejszenie liczby zobowiązań – utrata pracy czy poważna choroba. Trudno jednak wtedy mówić o relaksie i rozrywkach.

Dlatego dobrze uczynić z robienia miłych rzeczy w czasie wolnym priorytet niepodlegający negocjacjom. To dokładnie tak samo jak z naszym zdrowiem fizycznym – możemy sobie wmawiać, że nie mamy czasu na gotowanie zdrowych posiłków i ruch, żywić się fast foodami i jeździć wszędzie samochodem, ale jeśli nasze zdrowie w końcu się posypie (a przy takim trybie życia posypie się na pewno), zupełnie uniemożliwi nam robienie tego, co wcześniej wydawało się tak pilne i ważne. Higiena umysłowa działa w ten sam sposób.

Mówi się, że warto wybrać takie zajęcie, żebyśmy nigdy nie potrzebowali od niego wakacji. Z samą myślą przewodnią się zgadzam – warto robić coś, co naprawdę daje nam satysfakcję i poczucie celu. Uważam jednak, że oderwanie się od czasu do czasu od codzienności ma zbawienny wpływ na nasze samopoczucie. Dlatego dłuższy odpoczynek planuję z wyprzedzeniem. Kupuję bilety w jedno z wymarzonych miejsc (a właściwie to zdarzają się też miejsca zupełnie przypadkowe, które nigdy wcześniej nie przyszły mi do głowy – jestem fanką podróżowania w stylu „gdzie Fly4free poniesie") kilka czy nawet kilkanaście miesięcy wcześniej, a potem organizuję wszystko tak, by nie mieć w tym czasie żadnych zobowiązań – bo nie mam innego wyjścia. Kiedy skończę pisać tę książkę, teatralnym gestem zamknę laptop i kilka dni później zamelduję się na lotnisku, by wyruszyć do Azji i Australii. Planowanie z dużym wyprzedzeniem ma jeszcze jedną zaletę – podróż na antypody brzmi jak luksus, na który stać nielicznych, a ja zapłaciłam za bilety naprawdę niewiele.

Takie ograniczenia dobrze zresztą wpływają na produktywność. Nie od dziś wiadomo, że zadania rozciągają się wprost proporcjonalnie do czasu potrzebnego na ich wykonanie. Jeśli będziesz miała całą sobotę na posprzątanie mieszkania, prawdopodobnie zajmie ci to pół dnia, ale jeśli nagle dowiesz się, że niebawem zjawią się niespodziewani goście, zrobisz to samo w godzinę – a różnica będzie znikoma albo żadna. To samo dotyczy pisania prac magisterskich (przedłużanie terminu to najgorsze, co można zrobić, i środek absolutnie ostateczny), odpowiadania na maile (zwięzłość to cnota!) i większości innych zadań.

*Work/life balance*

Wzorem do naśladowania w dziedzinie *work–life balance* jest dla mnie mój brat. Odkąd skończył studia, pracuje na etacie w dużej firmie. W żaden sposób nie przeszkadza mu to w wolnym czasie chodzić na ściankę wspinaczkową i jeździć w skały, uprawiać jazdę konną, uczyć się szermierki i regularnie wyjeżdżać w ciekawe miejsca – od Karpacza po Peru. Mógłby zmienić pracę, objąć bardziej odpowiedzialne stanowisko, ale tego nie robi, bo ważniejsza jest dla niego elastyczność pozwalająca mu na wiele wyjazdów w ciągu roku. Jak słusznie zauważyła Kasia, z którą wywiad znajduje się pod koniec książki, bez sensu jest zaharowywać się dla marzenia o podróży dookoła świata, jeśli później okaże się, że nie możemy wyjechać ze względu na obowiązki.

Nie zapominaj, że jesteś ważniejsza niż twoja praca. Jeśli otoczenie, w którym pracujesz, stara ci się udowodnić, że jest inaczej, najwyższa pora się ewakuować.

Oczywiście nie wszyscy muszą lubić dalekie podróże albo podróże w ogóle. Nie każdy musi lubić szaloną różnorodność. Moi rodzice od lat jeżdżą w te same regiony Włoch i zawsze odkrywają tam coś nowego. Wciąż jednak uważam, że dobrze raz na jakiś czas wziąć wolne i oderwać się od codziennej rutyny i obowiązków. Spędzić cały dzień na kanapie, czytając książki, odwiedzić babcię, pospacerować po nieznanych rejonach miasta. Zmęczyć się fizycznie, a potem zjeść coś naprawdę pysznego. Usiąść w kawiarni i poobserwować ludzi. A może po prostu trochę się ponudzić? Podobno to wtedy przychodzą nam do głowy najlepsze pomysły.

No i niezależnie od tego, jak zdecydujesz się spędzić swój urlop, pamiętaj – on też nie jest kolejnym sprawdzianem i nie polega na zaliczaniu kolejnych etapów. Niezależnie od tego, czy wybierzesz się do Kołobrzegu, czy do Tokio, pamiętaj, że wbrew temu, co piszą w przewodnikach, nie ma żadnych obowiązkowych punktów do zaliczenia. Jeśli najbardziej kochasz street art i masz ochotę zwiedzić miasto śladem murali albo nic nie daje ci takiej frajdy, jak oglądanie obrazów impresjonistów, i masz ochotę zajrzeć do każdej najmniejszej galerii, albo zamiast zwiedzać całe muzeum, wolisz stać przed jednym obrazem choćby przez godzinę, rób to! Nie zważaj na podszepty, że może jesteś tam raz w życiu, więc warto zobaczyć wszystkie najważniejsze atrakcje. Może jesteś tam raz w życiu, więc warto zadbać, by to doświadczenie było jak najbliższe twojemu sercu.

Daj też sobie czas na przestawienie się na tryb wakacyjny. Stres i zmęczenie nie mijają w mgnieniu oka, gdy tylko założymy słomkowy kapelusz. Denerwując się na siebie, że nie jesteś wystarczająco zrelaksowana, tylko się nakręcasz. Zamiast tego skup się na chłonięciu niecodziennych okoliczności, w jakich się znalazłaś. Przestań oczekiwać, że wszystko wokół będzie idealne i wyjątkowe, po prostu delektuj się każdym nowym miejscem takim, jakie jest.

## Naucz się czuć swobodnie, spędzając czas sama

Ludzie w twoim życiu przychodzą i odchodzą, ale własne towarzystwo dane ci jest na zawsze, więc dbaj o tę relację! I to nie tylko od święta, ale regularnie. Tak samo jak w romantycznym związku, ważne jest regularne okazywanie sobie miłości. Również dlatego, że media społecznościowe często pozostawiają nas w zawieszeniu – nie jesteśmy ani naprawdę blisko drugiego człowieka, ani naprawdę sami.

Spędzanie czasu we własnym towarzystwie to istotny element świadomego życia. Dla niektórych z nas jest to bardziej naturalne, dla innych mniej. Mam znajomych, dla których wieczór spędzony samotnie w domu to tortura, ale znam i takich, którzy nie potrzebują niczego więcej niż dobrego filmu czy książki przez większość dni w tygodniu.

Ja nie mam żadnego problemu ze spędzaniem czasu w pojedynkę w domu, w kawiarni, w bibliotece. Zawsze mam co robić:

piszę, czytam, nadrabiam zaległości w mailach od czytelników, odwiedzam ulubione blogi – wolny wieczór bez żadnych towarzyskich zobowiązań to dla mnie przyjemność. Samotne wyjście na obiad do restauracji czy poranek spędzony na pisaniu w kawiarni – nie ma sprawy. Dlatego byłam przekonana, że wieczorne wyjście solo sprawi mi tyle samo przyjemności. Ale gdzie tam!

Za pierwszym razem wybrałam się samotnie do kina. Nie była to nawet szczególnie zaplanowana inicjatywa, po prostu kolega, z którym się wybierałam, musiał zostać dłużej w pracy, a ja bardzo chciałam zobaczyć ten film, bo powoli znikał z repertuaru. Do dziś zresztą pamiętam, co to było – *Szukając Vivian Maier*, dokument opowiadający historię niezwykle utalentowanej fotografki, która przez całe życie realizowała swoją pasję w ukryciu, pracując jako niania.

Wyjście do kina – niby nic szczególnego, a wywołało lawinę wątpliwości i emocji. W kolejce po bilet natychmiast sięgnęłam po telefon i zaczęłam coś na nim przeglądać – przecież jeśli będę tak stała jak słup, wszyscy dookoła pomyślą, że jestem jakimś dziwakiem, wyrzutkiem społecznym, który nie ma nawet z kimś pójść do kina. Tuż przed seansem, już siedząc w fotelu, zmieniłam strategię i wyciągnęłam z torebki notatnik. Niby po to, żeby notować spostrzeżenia do posta na blogu, ale tak naprawdę pomyślałam, że trzymając go na kolanach, będę sprawiać profesjonalne wrażenie. Jakbym przyszła tam do pracy, a nie plątała się żałośnie nie wiadomo po co.

Później był jeszcze koncert, który spędziłam, chowając się za filarem, żeby przypadkiem nie spotkać nikogo znajomego, kto mógłby zobaczyć, że jestem tam sama. Bo to przecież najbardziej ekscentryczna rzecz na świecie, iść samemu posłuchać muzyki! I przedstawienie w teatrze, z udziałem chłopaka, który mi się podobał – to dopiero był stres. Spędziłam je, kuląc się w fotelu i pisząc w panice esemesy do koleżanki. I nie, nie miałam wtedy piętnastu lat, ale dobre dziesięć więcej.

Za każdym razem było mi jednak odrobinę łatwiej. No dobrze, może poza tym teatrem, ale wtedy rzuciłam się na głęboką wodę. Kiedy zaczynam czuć się niepewnie, mówię sobie, że przecież nic mi nie zagraża. Może będę czuć dyskomfort, ale z całą pewnością nie umrę – i zmuszam się, żeby nie uciec. Pomaga. Wciąż przede mną jest największe wyzwanie, czyli pójście w pojedynkę do baru, zamówienie drinka i wypicie go powolutku bez zerkania na telefon, zasłaniania się książką czy gryzmolenia czegoś na kartce. Koniecznie przy barze. Dozwolona jest wyłącznie pogawędka z barmanem lub innymi nieznajomymi.

Wartościowe spędzanie czasu wyłącznie we własnym towarzystwie pozwala nam wyjść ze strefy komfortu, lepiej poznać swoje potrzeby i stanąć twarzą w twarz ze swoim ja. Daje szansę na odcięcie się od dźgających nas z każdej strony bodźców, spojrzenie w głąb siebie, zastanowienie się nad tym, czego w danym momencie potrzebujemy i pragniemy, na naładowanie energetycznych baterii i podumanie nad tym wszystkim, co umyka nam w natłoku codziennych obowiązków. Ma też pozytywny wpływ na nasze relacje z innymi. W końcu im lepiej czujemy się we własnym towarzystwie, tym więcej mamy do zaoferowania innym.

No i przede wszystkim, unikając samotnego spędzania czasu, bardzo wiele tracimy. Jasne, w gronie rodziny czy znajomych może być naprawdę fantastycznie, ale w deszczowym popołudniu spędzonym w kawiarni sam na sam ze swoimi myślami kryje się magia. Możesz robić to, co naprawdę masz ochotę robić, nie musisz iść na żadne kompromisy, nikogo przekonywać ani przed nikim się tłumaczyć. Warto się w tym od czasu do czasu zanurzyć.

## Zabierz samą siebie na randkę!

**Lista darmowych (albo prawie darmowych) rzeczy, które możesz zrobić we własnym towarzystwie.**

- Zrób sobie spacer z atlasem w ręku, połączony z nauką o roślinach. Warto na nowo połączyć się z przyrodą!
- Idź na przechadzkę śladami ulubionego pisarza, artysty czy filmu związanego z twoją miejscowością. Albo na spacer alejami starego cmentarza w okolicy.
- Odwiedź muzeum – zwyczajowo raz w tygodniu można wejść za darmo.
- Włącz Madonnę, a potem pozbądź się przedmiotów, których nie używasz i tylko zagracają twoją przestrzeń, łącznie z ubraniami. To uczucie jest przyjemniejsze niż zakupy!
- Zrób coś dobrego! Nic tak nie poprawia samopoczucia jak pomoc innym. Uskrzydla nas i przypomina, że nie jesteśmy pępkiem świata. Zainteresuj się wolontariatem w swojej okolicy albo sprawdź, w jakie dni można wyprowadzać na spacer psy w pobliskim schronisku. To też świetny sposób na poznanie nowych ludzi (i nie tylko!). Wybierz coś, na czym naprawdę ci zależy.
- Idź do kawiarni albo parku i poczytaj inspirującą biografię. Moje ulubione to biografie Wisławy Szymborskiej, Richarda Feynmana i Richarda Bransona.
- Zbuduj fort z koca i poduszek (okej, możesz po prostu opatulić się na kanapie), zrób sobie kakao albo dobrą herbatę i jeszcze raz przeczytaj ulubioną książkę z dzieciństwa (moje to *Ania z Zielonego Wzgórza*, *Bracia Lwie Serce*, *Siódme wtajemniczenie* i serie o Tomku Wilmowskim, Panu Samochodziku i Mikołajku).
- Zrób sobie solo dzień bez internetu i elektroniki. Tylko ty, książki, papier, gazety, farby albo szminki, wołowina duszona w winie albo frytki, co tylko ci się zamarzy. Potraktuj to jako dzień inspiracji. Zaczynasz się nudzić? Bardzo dobrze, dobrze sobie czasem przypomnieć, jakie to uczucie.
- Napisz list lub kartkę do dawno niewidzianego przyjaciela czy członka rodziny. Możesz ozdobić ją rysunkami, naklejkami albo dołączyć zdjęcia pokazujące,

co u ciebie słychać. Wyżyjesz się kreatywnie i sprawisz odbiorcy niespodziewaną radość.

- Idź do sklepu papierniczego, wybierz najpiękniejszy zeszyt i zacznij pisać dziennik wdzięczności. Po prostu trzymaj go przy łóżku i wieczorem zapisuj, za co jesteś danego dnia wdzięczna. Przeglądaj go, kiedy dopada cię smutek, by przypomnieć sobie, jak wiele masz powodów do radości.
- Wyślij maila do osoby, którą podziwiasz. Nie oczekuj odpowiedzi.
- Ubierz się ładnie i uczesz, jakbyś wychodziła na spotkanie, i idź do kina. Sama! W południe!
- Poświęć popołudnie na powrót do dzieciństwa. Przypomnij sobie swoje ulubione bajki, poszukaj na YouTubie ukochanych gier, przejrzyj zdjęcia, może zapodział się gdzieś twój pamiętnik z podstawówki albo Złote Myśli? Zastanów się, co sprawiało ci największą przyjemność, co najbardziej lubiłaś robić – może warto wrócić do niektórych z tych rzeczy? Nie mówię, że masz namawiać znajomych do skakania w gumę (chociaż wierzę, że jeszcze wróci do łask), ale na spacery po lesie z dziadkiem albo granie w gry planszowe na pewno znajdzie się miejsce w twoim grafiku. Jeśli wciąż się wahasz, zastanów się, co pomyślałabyś jako dziecko o osobie, którą jesteś teraz. I zakręć tym hula-hoopem!
- Przygotuj sobie energetyczną playlistę i idź pobiegać. Jeśli nie lubisz, zatańcz tak, by Justin Timberlake poczuł się zawstydzony, albo naucz się układu tanecznego do jakiegoś hitu. Na YouTubie znajdziesz mnóstwo tutoriali. Polecam Britney albo Beyoncé!
- Włóż swoją ulubioną sukienkę, idź do ulubionej restauracji i zamów ukochaną potrawę albo usiądź w kawiarni, którą lubisz, i zamów najulubieńszy deser. Jedz i smakuj powoli.

**Dopisz, co jeszcze przychodzi ci do głowy, i (zgadłaś!) od razu to zaplanuj.**

- . . . . . . . . . . . . . . . . . . . . . . . . . . . . . . . . . . .
- . . . . . . . . . . . . . . . . . . . . . . . . . . . . . . . . . . .

## Próbuj nowych rzeczy

Równie ważne jak regularne oddawanie się ulubionym czynnościom jest próbowanie nowych rzeczy. To najprostsza droga do rozwoju i poszerzania swoich horyzontów, ale też uniknięcia nudy i poczucia stagnacji. Pamiętasz, jak wszystko cię ekscytowało, kiedy byłaś dzieckiem? To dlatego, że wszystko było dla ciebie nowe i wszystkiego musiałaś się nauczyć. W dorosłym życiu często boimy się zaczynać od zera, być w czymś kompletnie beznadziejni i uczyć się krok po kroku. Wydaje nam się, że szkoda na to czasu, że tylko się skompromitujemy. Nowe doświadczenia dają nam jednak tę iskierkę entuzjazmu i sprawiają, że codzienność nabiera kolorów – a przecież właśnie o ciekawe, radosne życie nam chodzi. No i nigdy nie wiemy, czy nowo poznana czynność przypadkiem nas nie zachwyci albo czy nie odkryjemy w sobie nowego talentu.

Rozpoczynanie czegoś zupełnie od nowa okazuje się wartościowe także ze względu na to, że kiedy jesteśmy w czymś zupełnie zieloni, bardzo szybko robimy postępy. To pozwala nam poczuć dumę z siebie i zmotywować się do działania również na innych polach.

Kilka lat temu kończyłam studia magisterskie na londyńskiej uczelni. Przez Anglię przetoczyła się wtedy moda na pole dance, czyli taniec na rurze. Kilka lat później dotarła do Polski. Kolejne studia powstają jak grzyby po deszczu. Wbrew złej sławie sportowy taniec na rurze ma niewiele wspólnego z szemranymi lokalami. To sport wymagający ogromnej siły i koordynacji. Treningi prowadzą fitness cluby na całym świecie, a zajęcia nie budzą większego zdziwienia niż zumba czy pilates. Organizowane są także profesjonalne zawody w tej dyscyplinie.

Postanowiłam więc spróbować. Wykupiłam karnet na miesiąc i czując mieszankę strachu i ekscytacji, pojawiłam się na pierwszych zajęciach. Oczywiście nie robiliśmy na nich nic specjalnie karkołomnego. Jednak już sam moment oderwania nóg od ziemi, żeby okręcić się wokół rurki (robią się od tego straszne siniaki w zgięciach ramion!), był dla mnie chwilą absolutnego triumfu. I owszem, byłam prawdopodobnie najgorsza na całej sali, ale czułam się, jakbym właśnie wbiegła na metę maratonu.

*Zasada Pareta*

W przypadku czynności, w których jesteśmy bardzo biegli, trudno o taki moment chwały. Sprawdza się tutaj zasada Pareta. Jeśli chcemy osiągnąć w czymś mistrzowski poziom, prawdopodobnie przez dwadzieścia procent czasu, który jest do tego potrzebny, uda nam się posiąść osiemdziesiąt procent umiejętności. Pozostałe osiemdziesiąt procent czasu poświęcimy na mozolne szlifowanie wszelkich subtelności. Oczywiście nie piszę tego, aby zniechęcić cię do doskonalenia się w jakiejś dyscyplinie. Wskazuję po prostu, że dla własnej frajdy i zachowania świeżości umysłu warto czasem zrobić coś zupełnie nowego.

Robienie nowych rzeczy jest wartościowe z jeszcze jednego względu. Nie bez powodu renesans jest tak ważnym momentem w historii. Oni mieli rację! Najciekawsze pomysły rodzą się często na styku różnych dyscyplin. W pierwszym dziesięcioleciu XXI wieku blogi były kojarzone głównie z internetowymi pamiętnikami nastolatek, polem prób dla początkujących adeptów sztuki pisania czy miejscem politycznych dyskusji. Komuś wpadło jednak do głowy, że można wykorzystać formę bloga do stworzenia oddolnej alternatywy dla nieprzystępnych magazynów modowych, i bach, powstały blogi szafiarskie. Dziś norma, ale ktoś kiedyś musiał na to wpaść, najpierw poznając, a potem łącząc dwie idee.

To zresztą także dobra strategia, jeśli chcemy się wyróżnić na rynku pracy czy w biznesie. Na tradycyjnych ścieżkach kariery panuje straszny tłok! To może być bardzo subtelna mieszanka taka jak copywriter specjalizujący się w branży medycznej, ale i coś zupełnie odjazdowego, na przykład śpiewająca ekipa remontowa. Na dowód wystarczą bajkowe zdjęcia Alicji

Zmysłowskiej, bardzo młodej dziewczyny ze Śląska, która połączyła zamiłowanie do zwierząt i fotografii i zasłynęła na całym świecie magicznymi portretami psów.

Otwórz się na nowe możliwości. Jeśli o tym zapominasz, polecam spontaniczność kontrolowaną – podejmij wyzwanie, że zrobisz coś nowego przynajmniej raz w miesiącu, i wpisz to do kalendarza. Możesz uczynić robienie takiej listy swoim urodzinowym rytuałem!

A gdzie w takim razie szukać nowych rzeczy do spróbowania? Przede wszystkim w sobie. Zastanów się, czy jest coś, co zawsze chciałaś zrobić, ale z jakichś powodów to odwlekałaś. Idealny moment nigdy nie nastąpi, więc równie dobrze możesz zebrać się w sobie już teraz i sprawdzić, czy dana czynność rzeczywiście ci się podoba. Oprócz tego przygotowałam dla ciebie listę punktów wyjścia, które mogą posłużyć jako inspiracja:

- Raz na jakiś czas powiedz „tak" czemuś, od czego zawsze się wykręcasz. Karaoke, prowadzenie samochodu, taniec... Jestem pewna, że masz coś takiego!
- Skorzystaj z uroków ekonomii współdzielonej – zamiast pociągiem pojedź gdzieś BlaBlaCarem, zamiast do hotelu wybierz się na Couchsurfing.
- Kiedy jesz na mieście, raz na jakiś czas wybierz z karty danie, którego nazwy nie znasz, nie pytając o wyjaśnienie. Tylko uważaj, jeśli jesteś alergikiem!
- Kup abonament kinowy i raz na jakiś czas obejrzyj film, na który normalnie nigdy byś się nie wybrała. Możesz się zdziwić.
- Do standardowych zakupów spożywczych dorzuć pięć produktów, których nigdy nie próbowałaś.
- Idź do biblioteki i wylosuj książkę.
- Zrób sobie półkolonię! Obejrzyj swoje miasto oczami turysty, odwiedź ważne punkty, w których nigdy nie byłaś, wybierz się

na spacer tematyczny z przewodnikiem – śladami średniowiecznych morderczyń, kobiet związanych z nauką albo architektury modernistycznej. Nie w twojej miejscowości? To może sama przygotujesz jakąś trasę?

- Wysiądź na przystanku, na którym nigdy nie byłaś, i wróć do domu piechotą.
- Odezwij się do kogoś nieznajomego z ciekawym pytaniem.
- Naucz się nowej umiejętności. Może być zupełnie niepraktyczna. Moonwalk! Inny sposób wiązania sznurówek! Wymyślne rodzaje warkoczy! Będziesz się dobrze bawić i masz szansę zostać najbardziej obleganą osobą na każdej imprezie.
- Zaszalej i zamień się na weekend mieszkaniami ze znajomymi z innego miasta.
- Zrób sobie dzień bez technologii i zobacz, gdzie cię poniesie.

## W życiu nie występują okresy przejściowe

Największym wrogiem spełnionego życia jest przeświadczenie, że „jeszcze będzie na to czas". Jeśli odwlekanie doświadczeń na bliżej nieokreśloną przyszłość wejdzie nam w nawyk, trudno będzie nam zabrać się do czegokolwiek. Wbrew pozorom pamięć o tym, że nasz czas nie jest nieograniczony, ba, nie wiemy, ile nam go jeszcze zostało, nie sprawi, że nasze życie będzie naznaczone ponuractwem. Wręcz przeciwnie, jeśli nauczymy się być pod tym względem niecierpliwi, nasza codzienność będzie zdecydowanie bardziej satysfakcjonująca.

To niesamowicie smutne, jak wiele osób raczej przeczekuje życie, niż naprawdę je przeżywa. Jestem pewna, że kojarzycie kogoś takiego w swoim otoczeniu. Cechy charakterystyczne to: wieczne narzekanie na pogodę („Ale mróz! Kiedyś tego nie było. Byle do lata", „Ale upał! Kiedy to w końcu minie? Nie da się wytrzymać"), odliczanie czasu do ważnych wydarzeń („Jeszcze tylko miesiąc do Bożego Narodzenia, potem niedługo Wielkanoc, jakoś to przeleci", „Przed sylwestrem to już nie opłaca mi się starać"), ogólne pesymistyczne nastawienie, negatywne postrzeganie życia i rzeczywistości, brak wiary we własną moc sprawczą.

O ile mogę to jakoś zrozumieć w przypadku starszych osób, o tyle przeraża mnie, jak wielu młodych ludzi myśli w podobny sposób. Oczywiście nagromadzenie negatywnych doświadczeń na pewno potrafi przytłoczyć, ale nie zmienia to faktu, że jesteśmy odpowiedzialni za własne życie i w dużej mierze od nas zależy, jak je przeżyjemy. Chociaż mamy ograniczone możliwości kontrolowania tego, co się nam przydarza, jak najbardziej możemy wpływać na naszą postawę wobec tych wydarzeń.

Dla wielu osób punktem przełomowym na drodze do satysfakcjonującego życia jest uświadomienie sobie, że żyją przede wszystkim dla siebie. I że narzekanie oraz nastawienie: „wszyscy się na mnie uwzięli", „inni mają łatwiej, więc nie warto się starać" i inne w tym stylu są zaskakująco zbliżone do typowej dla dzieci postawy: na złość mamie odmrożę sobie uszy.

To samo dotyczy uwikłania w różne zależności. Ludzie bardzo często przekonują siebie samych, że będą żyli w zgodzie ze sobą, znajdą czas na odpoczynek i zabawę, bardzo chętnie, ale... teraz nie mogą, bo kredyt, bo przecież wszystko się zawali, kiedy wezmą tydzień wolnego, bo przecież cała rodzina to prawnicy, więc muszą kontynuować tę tradycję, i tak dalej. Mija kilka lat i... nic się nie zmienia.

Zderzenie z rzeczywistością bywa bolesne, ale i otrzeźwiające – nie żyjesz w międzyczasie, okresy przejściowe nie istnieją, życia nie można odwiesić na kołek. Toczy się tu i teraz. W ten wtorek, kiedy czekasz w kolejce do lekarza, w czwartkowy wieczór, który spędzasz, ucząc się do egzaminu. Więc nagródź się kubkiem parującej herbaty i ciekawą rozmową z kimś bliskim – małych przyjemności najbardziej potrzebujemy wtedy, kiedy zupełnie nie mamy do nich głowy.

Gdy byłam na studiach, okres wokół sesji miałam kompletnie wyjęty z życia. Po części dlatego, że nie byłam mistrzem uczenia się na bieżąco (czytaj: nie ruszałam książek, dopóki naprawdę nie musiałam), ale przede wszystkim z powodu przekonania, że skoro teraz jest czas nauki, należy się umartwiać i nie myśleć o niczym innym. Zapomnieć o odpoczynku i rozrywkach, odizolować się od rodziny i znajomych oraz żywić śmieciowym jedzeniem. W głowie miałam za to całą listę rzeczy, które zrobię, kiedy skończy się sesja.

Każdy, kto funkcjonował w takim trybie, wie, jak bardzo jest to nieprzyjemne. Brak snu, koszmarna dieta, stres, zero rozrywek i kontaktów z bliskimi składa się na samopoczucie, którego nie życzyłabym najgorszemu wrogowi. Zdecydowanie nie jest to atmosfera sprzyjająca chłonięciu wiedzy i wysiłkowi umysłowemu. Za to idealna do prokrastynacji.

Postanowiłam już nigdy nie powtarzać tego błędu. W trakcie pisania tej książki bardzo dbałam o swoje dobre samopoczucie – po pierwsze, dlatego że nauczyłam się, jak wiele to zmienia, po drugie, żeby nie czuć się jak ostatnia hipokrytka. Pisałam rzetelnie, odmawiałam asertywnie, ale za każdym razem, kiedy dopadał mnie stres i chciałam odwołać coś miłego, starałam się temu oprzeć. W znakomitej większości przypadków wygrywałam. I choć mogłam w panice przełożyć na „po deadlinie" wyjazd w góry, odwiedziny u przyjaciółki czy spacer z koleżanką, dobrze wiedziałam, że może będę miała odrobinę mniej czasu, ale za to lepiej go wykorzystam – bo wypocznę i się zainspiruję.

Życie w zgodzie ze sobą to balansowanie pomiędzy robieniem rzeczy, które wywołują dyskomfort, ale są tego warte, takimi jak ćwiczenia fizyczne, planowanie budżetu czy tworzenie czegoś od zera, a miłością do siebie i dawkowaniem sobie przyjemności naprawdę przynoszących radość.

## Odklej się od komputera

Mamy więcej rozpraszających rzeczy niż kiedykolwiek w historii. Migające ikonki mediów społecznościowych zachęcają do sprawdzenia powiadomień. Tak wiele z nich zdecydowało się na prezentację wybranych dla nas treści w formie feedu, bo jest to dla naszego mózgu podobnie wciągające jak hazard. Nigdy nie wiemy, na co trafimy. Może wśród powodzi zdjęć kotów, dzieci i obiadów trafimy na tekst lub filmik, który prawdziwie nas poruszy lub rozbawi. Koszt przewijania kolejnych wiadomości na ekranie jest (pozornie!) żaden, nie wymaga to od nas najmniejszego wysiłku, więc to bardzo kusząca perspektywa.

Oczywiście nie ma niczego złego w sprawdzeniu internetowych nowości, jeśli jednak czujemy, że zdarza się nam to zbyt często, że przeszkadza nam w pracy, nauce czy odpoczynku, że trudno nam się skupić choćby na kilkanaście minut i nie przerywać wykonywanej czynności, by szybko zerknąć na ekran telefonu, warto sobie pomóc i coś z tym zrobić.

Dla mnie był to duży problem, więc musiałam włożyć wiele wysiłku w zerwanie z nawykiem ciągłego sprawdzania skrzynki mailowej, mediów społecznościowych czy ulubionych serwisów. Było to tym trudniejsze, że ogromna większość mojej pracy odbywa się właśnie w internecie – w końcu jestem blogerką, prowadzę też sklep internetowy.

*Flow* Najpierw zaczęłam się łapać na tym, że czas przecieka mi przez palce. Proste czynności zajmowały mi dużo więcej czasu, niż powinny – właśnie dlatego, że ciągle coś mnie od nich odrywało. Tu problem jest bardziej złożony, niż mogłoby się wydawać. Nie chodzi tylko o to, że krótkie chwilki, które poświęcamy na polubienie zdjęcia czyjejś kawy czy obejrzenie szczeniaka wpadającego do basenu, lubią się sumować do zatrważająco długiego czasu. Jeszcze gorsze jest to, że nasz mózg, raz wytrącony z toru myślenia i działania, potrzebuje przynajmniej kilkunastu minut, by wrócić do poprzedniego stanu. Pamiętasz pewnie stan określany jako *flow*, ferwor. Trudno ci się do czegoś zebrać, ale gdy już się zmusisz, by zacząć pisać artykuł czy rozwiązywać zadania, okazuje się, że to wcale nie jest takie męczące, jak się spodziewałaś. Ba, w pewnym momencie zaczyna się dziać jakby automatycznie, wchodzisz w tryb przyjemnej i satysfakcjonującej płynności. Aby się w niego wprowadzić, potrzebujemy dłuższej chwili skupienia i to właśnie dlatego wszelkiego rodzaju rozproszenie tak negatywnie wpływa na naszą efektywność.

Największym zderzeniem z rzeczywistością był dla mnie krótki okres, kiedy z powodu awarii sieci nie miałam w domu internetu. Wychodziłam z laptopem do kawiarni, robiłam to, co miałam zrobić, i wracałam do domu. Byłam naprawdę zaskoczona, jak wiele czasu miałam nagle na pisanie, wyjścia z przyjaciółmi czy oglądanie filmów. W te dni po raz pierwszy od długiego czasu poczułam, że naprawdę efektywnie pracuję i naprawdę odpoczywam. Że moje myśli wędrują zupełnie innymi ścieżkami, niż gdy odbieram niezliczoną ilość ciągłych internetowych bodźców, że przychodzi mi do głowy mnóstwo świeżych, inspirujących pomysłów.

To był punkt przełomowy. Zaczęłam dbać o jakość czasu, który spędzam online. Od tego momentu wiele się nauczyłam. Czuję się lepiej i pracuję wydajniej, co daje mi więcej czasu na odpoczynek bez wyrzutów sumienia – również odpoczynek online!

Internet to wspaniałe narzędzie. Jestem ostatnią osobą, która mogłaby na niego narzekać i kwestionować jego moc. Blog pozwala mi docierać do setek tysięcy osób, daje mi pracę, którą uwielbiam i która doskonale pasuje do mojego stylu życia, dzięki niemu nawiązałam wiele przyjaźni i wzbogacających znajomości. Olbrzymie internetowe archiwa pozwalają mi realizować swoją pasję poszukiwania różnego rodzaju ciekawostek, docierać do wiedzy, która w inny sposób byłaby dla mnie trudno dostępna.

Media społecznościowe czy jakieś odprężające treści bywają naprawdę miłą rozrywką, a przecież nie sposób przecenić jej znaczenia w naszym życiu! Problem pojawia się wtedy, kiedy tracimy kontrolę nad sposobem, w jaki spędzamy czas w internecie. Kiedy planujemy jedno, a robimy drugie. Zamiast przygotowywać raport, przeglądamy Pinteresta (to ja!), zamiast pracować nad powieścią, której wydanie jest naszym ogromnym marzeniem, oglądamy na YouTubie fragmenty ulubionych filmów (również ja). To najgorszy stan, w którym ani nie pracujemy wydajnie, ani bezstresowo nie odpoczywamy. Po spędzonym tak dniu mamy poczucie, że choć nic nie zrobiliśmy, jesteśmy bardzo zmęczeni. A na domiar złego dopadają nas jeszcze wyrzuty sumienia.

Co więc możesz zrobić, żeby nie dać się porwać internetowej fali, gdzie wszystko walczy o twoją uwagę? Pamiętaj, że to ty ustalasz reguły. Inaczej ktoś zrobi to za ciebie: redakcja internetowych portali spędzająca mnóstwo czasu na doprowadzaniu do perfekcji chwytliwych nagłówków („Nie wierzyła, że kiedykolwiek schudnie, a potem wydarzyło się to!", „10 faktów o spinaczach, które raz na zawsze odmienią twoje biuro!"), znajomi w mediach społecznościowych oczekujący od ciebie natychmiastowej odpowiedzi na bardzo ważną wiadomość o najnowszym filmie z Johnnym Deppem czy sprytny algorytm YouTube'a podsuwający ci wciąż i wciąż nowe filmiki, które prawdopodobnie cię zainteresują.

Jeśli nadmierne bezcelowe błądzenie po sieci wejdzie ci w nawyk, szybko poczujesz się zniechęcona, będzie ci trudno zabrać się do czegoś konkretnego. Na co dzień o wiele lepiej być żaglowcem zmierzającym do celu niż wolno dryfującą tratwą. Dlatego jeśli zdarza ci się mieć z tym problem, powinnaś ustalić swoje reguły, zanim zrobi to ktoś inny.

1 **Bądź czujna.**
Uświadamiaj sobie momenty, kiedy bezwiednie wpisujesz w okno wyszukiwarki adres portalu społecznościowego czy jakiejś typowo rozrywkowej strony albo sięgasz po telefon, chociaż robisz coś zupełnie innego. Zauważaj te impulsy i po prostu się im opieraj. Jeśli naprawdę trudno ci się powstrzymać, rób piętnaście pompek albo trzydzieści przysiadów za każdym razem, kiedy złapiesz się na przerywaniu lektury czy pisania, żeby sprawdzić Facebooka. Nauka skupiania się postępuje wtedy zaskakująco szybko!

2 **Wykorzystaj internetowe technologie na swoją korzyść**
i ułatwiaj sobie pracę w skupieniu za pomocą aplikacji pomagających zwalczać rozproszenie. Zamiast wystawiać swoją silną wolę na próbę, jednym kliknięciem rozwiązujesz problem. Jedną z moich ulubionych jest wtyczka do przeglądarki Google Chrome o nazwie News Feed Eradicator. Zastępuje naszą ścianę na Facebooku inspirującym cytatem, więc nawet jeśli odruchowo tam zajrzymy, nie wciągnie nas wir pytań, dyskusji, podlinkowanych wiadomości i filmików z kotami. Naprawdę zmieniła moje życie. Kolejna wtyczka – StayFocusd – pozwala zablokować w przeglądarce strony kuszące nas najbardziej albo po prostu zablokować wszystkie oprócz tej, na której aktualnie pracujemy.

3 **Wyłącz powiadomienia!**
Nic tak nie szatkuje nam mózgu jak piszcząca co chwila skrzynka mailowa, Facebook czy Twitter. Nie sposób się wtedy skupić i działać w twórczym trybie. Niezależnie od tego, czy robisz coś

przy komputerze, czy odpoczywasz z książką na kanapie, pozbądź się tego raz na zawsze. Naprawdę nic się nie stanie, jeśli sprawdzisz maila dwa razy dziennie, zamiast robić to za każdym razem, kiedy coś do ciebie przyjdzie (chyba że pracujesz w obsłudze klienta albo w agencji prasowej, ale wtedy tym bardziej odłącz się od sieci poza pracą), ani jeśli nie dowiesz się w ciągu trzech sekund, że ktoś odpowiedział na twój komentarz na Facebooku. A zyskasz w zamian nieoceniony spokój ducha.

4 **Planuj swoją obecność w social mediach i swobodne przeglądanie stron.**
Na pewno sama wiesz, jak łatwo szybkie sprawdzenie wiadomości może się zamienić w kilkugodzinne przewijanie coraz to dziwniejszych stron. Wyznacz sobie kilka piętnastominutowych okienek w ciągu dnia (mogą być dłuższe albo krótsze – to zależy od ciebie), nastaw minutnik w telefonie i kiedy czas minie, natychmiast wracaj do wcześniejszych zadań. Jeśli nie chcesz robić tego sama, istnieje specjalna aplikacja, która po przerwie odpowiedniej długości blokuje social media w przeglądarce – dopóki nie upłynie kolejny blok czasu przeznaczony na pracę. Nazywa się Strict Workflow. Podobną funkcję ma już wspomniany StayFocusd.

5 **Minimalizuj liczbę otwartych kart w przeglądarce.**
Jeśli piszesz maila, służbowego czy prywatnego, tworzysz tekst w edytorze online czy po prostu coś czytasz, staraj się mieć otwartych tylko tyle kart, ile naprawdę w danej chwili potrzebujesz – najlepiej jedną.

6 **Użyj aplikacji.**
Jednym z najczęstszych powodów niekontrolowanego odpływania w odmęty internetu jest przekonanie, że jeśli natychmiast

nie przeczytamy interesującego artykułu, nie będziemy w stanie go odnaleźć i na pewno ominie nas coś niezwykle ważnego. To jeden z przejawów internetowego FoMO, czyli obawy przed przegapieniem jakiejś ważnej informacji. Jeśli ciebie też to dotyczy, nie martw się – istnieje aplikacja, która pomoże ci poradzić sobie z tym problemem, a przy okazji być bardziej produktywną. Nazywa się Pocket. W podstawowym zakresie jest zupełnie darmowa, zresztą tak jak wszystkie inne wymienione aplikacje, i pozwala zapisywać interesujące nas artykuły na później za pomocą jednego kliknięcia. Działa i na komputerze, i na telefonie. Ja używam jej naprawdę intensywnie. Kiedy podczas pracy trafię na coś, co chciałabym przeczytać, oznaczam to szybko wygodnym przyciskiem (działa podobnie jak dodawanie do zakładek) i zamykam kartę. Raz w tygodniu przeglądam wszystkie zgromadzone treści i czytam te, które rzeczywiście chcę przeczytać. Resztę bez skrupułów wyrzucam, żeby nie robić bałaganu.

7 **Jeśli tworzysz dłuższy tekst lub robisz coś, co wymaga dużego skupienia, pracuj w trybie pełnego ekranu,**
w miarę możliwości wyłączając wszystkie narzędzia poza białą „kartką" czy jednym programem, którego używasz. To naprawdę czyni cuda. Taki tryb ma większość standardowych programów, również te do edycji tekstów, nawet te działające w chmurze, których jestem wielką fanką – wiem wtedy, że żadna awaria komputera nie dotknie moich dokumentów, choć oczywiście i tak regularnie wykonuję kopie zapasowe. Są także minimalistyczne programy do pisania, ograniczające rozpraszające rzeczy do minimum. Powstały specjalnie po to, by zapewnić użytkownikowi niczym niezakłócone doświadczenie pisania w stylu zen.

8 **Rób notatki.**

Jestem pewna, że zdarza ci się znienacka wpaść na wspaniały pomysł, zupełnie niezwiązany z tym, co w danym momencie robisz. Żeby nie odrywać się od pracy, dobrze mieć pod ręką jakąś formę notatnika i zapisać myśl. Z jednej strony masz wtedy pewność, że będziesz pamiętać, o czym myślałaś (jeśli czegoś nie zapiszę, zwykle później majaczy mi jedynie mętne wspomnienie o jakimś wspaniałym pomyśle, ale za nic nie mogę sobie przypomnieć, o co dokładnie chodziło). Z drugiej – oczyszczasz głowę i możesz z powrotem skupić się na tym, co robiłaś wcześniej. Możesz do tego celu użyć tradycyjnego notatnika albo jednej z wielu aplikacji do szybkich notatek – ja korzystam z przywoływanego już Google Keep, które jest proste, szybkie i pozwala kolorami oznaczać, jakich spraw dotyczą zapiski. Niebieskie to książka, czerwone to blog, żółte to piżamy, białe to pomysły na zupełnie nowe projekty i tak dalej. Wiele osób chwali sobie też Evernote.

9 **Zrób porządki!**

Przejrzyj swoje media społecznościowe, zastanów się, czy na pewno wszystkie są ci potrzebne. Wypisz się z niechcianych newsletterów – jeśli chcesz to zrobić za jednym zamachem, użyj aplikacji Unroll.Me. Usuń z Facebooka znajomych, z którymi od lat nie miałaś kontaktu i nie planujesz go nawiązywać. Odlajkuj strony, które nie wnoszą nic wartościowego – ich listę znajdziesz, wpisując w pasek przeglądarki adres: facebook.com/imię.nazwisko/likes, wstawiając tam oczywiście imię i nazwisko, pod którym jesteś zarejestrowana na Facebooku.

10 **Od czasu do czasu zrób sobie dzień offline.**

Zwłaszcza gdy na co dzień dużo czasu spędzasz przed komputerem. Idealnie nadają się do tego weekendy. Taki internetowy detoks nie tylko jest miłą odmianą, lecz także potrafi uświadomić, jak wiele czasu i energii pożerają komputery, tablety i telefony. Jeśli dzień bez elektronicznych gadżetów jest dla ciebie niewyobrażalny, jeśli czujesz silny niepokój, to tym bardziej warto popracować nad proporcjami online–offline. Od internetu można się uzależnić tak samo jak od alkoholu czy zakupów, warto więc trzymać rękę na pulsie.

# Relacje na 300%

## *Slow dating*

Filozofię *slow*, którą możemy nazwać też po prostu zdrowym rozsądkiem, da się z powodzeniem zastosować we wszystkich dziedzinach życia – również w tej najbardziej romantycznej. Choć nasze relacje z innymi ludźmi są zwykle dużo bardziej subtelne i złożone niż te, które łączą nas z przedmiotami czy zobowiązaniami, można się doszukać kilku porównań.

Na przykład fiksowanie się. Tak samo jak zdarza nam się łapać na myśleniu, że bez tego nowego modelu telefonu nasze życie nie ma sensu, a kiedy go kupimy, wszystko będzie wyglądać inaczej, wpadamy czasem w obsesję na punkcie ludzi, których często nawet nie znamy. Kiedyś pozostawało nam wzdychanie do mijanego na przystanku nieznajomego, ewentualnie wypytywanie o niego koleżanek, teraz social media dają nam dużo większe pole do popisu. Możemy skrupulatnie prześledzić czyjeś życie, czyichś znajomych, miejsca, które odwiedza, i dorzucić jeszcze garść wyobrażeń od siebie. Na tej podstawie budujemy sobie często bardzo mylny obraz, zapominając, że ludzie dzielą się w mediach społecznościowych tylko tym, czym chcą się podzielić. I wszystko byłoby w porządku, gdybyśmy zwyczajnie umawiali się na kawę czy obiad z kimś, kto nas zainteresował. Bardzo często jednak popadamy w niezdrową obsesję – zamiast po prostu się odezwać, przeprowadzamy internetowe śledztwo, analizujemy każdy komentarz i coraz bardziej się nakręcamy. Zaczyna nam się wydawać, że to ta jedna, jedyna osoba na całym świecie, która może dać nam szczęście, i układamy w głowie listę weselnych gości oraz zastanawiamy się nad imionami dla dzieci.

To najprostsza droga do rozczarowania. Kiedy w końcu uda nam się spotkać z tym człowiekiem, bardzo często okazuje się, że jest zupełnie kimś innym, niż sobie wyobrażałyśmy. I ma do tego pełne prawo! Jeśli przychodzimy na spotkanie ze stworzonym w swojej głowie obrazem i długą listą oczekiwań, jesteśmy wobec tej osoby nie w porządku. Druga strona z łatwością może odnieść wrażenie, że nie interesuje nas to, kim tak naprawdę jest, co dla niej ważne, ale czy pasuje do jakiegoś wyimaginowanego wzorca.

*Internetowe śledztwa*

Warto powstrzymać się od przeprowadzania internetowego śledztwa. O ile rzucenie okiem na czyjś facebookowy profil mieści się w normie, o tyle oglądanie zdjęć jego znajomych czy szpiegowanie życia zawodowego siedem lat wstecz – już nie do końca.

Takie zachowanie nie tylko przyczynia się do budowania często zupełnie nietrafionego obrazu drugiej osoby i odziera nas z tego pierwszego dreszczyku poznawania i radości odkrywania punktów wspólnych. Może też tę drugą stronę najzwyczajniej w świecie przestraszyć. Jeśli nie mamy doświadczenia w pracy w służbach specjalnych, pod wpływem emocji wywołanych spotkaniem może być nam trudno ukryć, że wiemy o nim (lub o niej) rzeczy, których teoretycznie nie mamy prawa wiedzieć, tylko dlatego że dokopaliśmy się do nich w internecie. Na przykład, że piętnaście lat temu grał(-a) elfa w szkolnym przedstawieniu. Nie wspomnę o tym, jak łatwo przesunąć kciuk w nie to miejsce na ekranie i polubić zdjęcie z albumu na Facebooku z 2007 roku, do którego dotarliśmy po czterdziestu pięciu minutach grzebania.

Podobnie jak w większości innych dziedzin życia proste rozwiązania są zwykle najlepsze. Ktoś spodobał ci się na imprezie u znajomych? Po prostu podejdź i powiedz: „Świetnie się bawiłam.

Musimy się kiedyś umówić na obiad". Jeśli nie masz odwagi, wiadomość na Facebooku też będzie okej. Naprawdę nie ma nic złego w tym, że ktoś wydał ci się interesujący i masz ochotę spędzić z nim więcej czasu.

Wiele kobiet wzbrania się przed tym z powodu wciąż pokutującego przekonania, że to mężczyzna powinien się pierwszy odezwać i „zdobywać" opierającą się wybrankę. Wolę myśleć, że zdrowe związki buduje się między dwiema życzliwymi sobie osobami, które mają ochotę poznać się nawzajem i spędzać razem czas. I pewnie, nie zawsze jest to takie proste, ale utrudnianie sobie życia przez przywiązywanie się do wydumanych, nieaktualnych zasad to naprawdę nie najlepsza strategia. A stereotypowe postrzeganie relacji międzyludzkich, odgórne wyznaczanie, co komu wypada, jest krzywdzące i szkodliwe dla obu płci.

Niezobowiązujące zasugerowanie wspólnej aktywności to sytuacja *win–win*, a nawet *win–win–win*. Jeśli wszystko pójdzie po naszej myśli, to fantastyczny pierwszy krok do bliższej relacji. Jeśli okaże się, że druga strona nie jest zainteresowana romantyczną relacją, możemy zyskać świetną znajomość albo przynajmniej jasną i szybką informację zwrotną, że z naszych nadziei nici. Zaboli, ale przejdzie. A jeśli nasz wybranek będzie zdegustowany tym, że śmiałyśmy odezwać się do niego pierwsze, to też wyjątkowo cenny sygnał, że i tak nie było warto – bo przecież nie chciałabyś angażować się w relację z osobą z ewidentnymi problemami z poczuciem własnej wartości czy zamkniętym światopoglądem.

Często boimy się, że odzywając się pierwsze albo wchodząc z ciekawością w relację z drugą osobą, będziemy postrzegane jako „zdesperowane". To jakiś koszmarny mit. Przez desperację w tym kontekście rozumiemy po prostu obawę, że nie jesteśmy wystarczająco dobre, wartościowe czy atrakcyjne, żeby ktoś miał ochotę się z nami spotykać. Co w takim razie jest desperacją?

Przyjazne zainicjowanie kontaktu z drugim interesującym człowiekiem? Wyjście z założenia, że jesteśmy wartościową osobą i ciekawym partnerem do rozmowy? A może jednak obsesyjne krążenie wokół często przypadkowo wybranej „ofiary" i śledzenie informacji o jej życiu? Dwa pierwsze przypadki to decyzja powodowana ciekawością, a ostatni – strachem. Dolary przeciwko orzechom, że ten pierwszy wybór ma zdecydowanie większe szanse, aby stać się zalążkiem wartościowej relacji.

Choć czasem trudno w to uwierzyć, na świecie jest mnóstwo wartościowych osób, które zachwyciłyby się tobą, gdyby tylko miały szansę. Taką, jaka jesteś teraz, bez spektakularnej kariery, figury instruktorki fitness czy idealnie prostych zębów. Takie podejście wcale nie wynika z wyrachowania czy cynizmu. Chodzi raczej o budowanie gruntu pod wartościowe, dojrzałe relacje. To dopiero jest romantyczne, przynajmniej w moim rozumieniu! Kiedy więc następnym razem przyjdzie ci do głowy myśl, żeby zadzwonić do byłego chłopaka, z którym rozstałaś się w wyjątkowo nieprzyjemnych okolicznościach nie raz, a kilka razy, i powiedzieć mu, że jesteście dla siebie stworzeni... weź głęboki oddech i policz do stu. Pomijam już to, że mamy wybiórczą pamięć i tendencję do idealizowania przeszłych wydarzeń. To najczęściej po prostu sygnał, że nie poznałaś wystarczającej liczby ciekawych ludzi i że warto wziąć się w garść i właśnie to zrobić, zamiast kolejny raz odgrzewać stary kotlet w panierce z dramy.

*Zasada 48 godzin*

W kontaktach z byłymi chłopakami sprawdza się zresztą zasada czterdziestu ośmiu godzin. Chcesz coś powiedzieć lub napisać? Zapisz to i odłóż na czterdzieści osiem godzin. Jeśli po tym czasie wciąż będziesz tak myśleć, wysyłaj, skoro naprawdę musisz. Ale jeśli wprowadzisz jakiekolwiek zmiany, wiadomość powinna leżakować kolejne czterdzieści osiem godzin – i tak dalej. Ta zasada wydaje się uciążliwa, ale wiele razy dziękowałam sobie za jej stanowcze przestrzeganie.

Wiara w to, że gdzieś na świecie czeka ta jedna, jedyna przeznaczona nam osoba, zakrawa na szaleństwo. Gdyby rzeczywiście tak było, nie pozostawałoby nam nic innego, jak tylko usiąść i płakać. Jaka wtedy byłaby szansa, że ta osoba znajdzie się na tym samym kontynencie, w tym samym kraju i jeszcze jest kolegą twojego starszego brata, znajomym z pracy albo chociaż jeździ tym samym tramwajem? Odpowiem za ciebie – bliska zeru.

Jestem przekonana, że dla każdego z nas istnieje całkiem spora pula osób, z którymi możemy stworzyć udane, wartościowe związki. To osoby, które podzielają nasze wartości, zgadzają się z nami w fundamentalnych kwestiach, mają podobne cele w życiu, a przy tym wszystkim są dla nas atrakcyjne. I jeśli wybierzemy jedną z nich i włożymy wystarczająco dużo pracy w ciągłe budowanie wartościowej relacji, jesteśmy w domu.

Co w takim razie z obrazem rzeczywistości, który sprzedają nam komedie romantyczne? Pokazują, że mimo ciągłych konfliktów i rozstań wystarczy odpowiednio szalony romantyczny gest, by wszystko było dobrze. Że jeśli ktoś nie ma ochoty się z nami spotykać, wystarczy go namolnie nachodzić, a na pewno zmieni zdanie. Że jeśli nie uda nam się namówić naszej drugiej połówki, żeby się z nami związała, to jesteśmy skazani na życie w wiecznym nieszczęściu. No cóż, powiem tylko, że są to scenariusze, które mają szansę sprawdzić się wyłącznie w kinie – a i to nie zawsze wychodzi.

W ogóle koncepcja dwóch połówek jabłka czy popularne określenie „moja lepsza połowa" bywają groźne. Zakładają bowiem, że żeby stworzyć spójną, pełnowartościową całość, potrzebujemy jeszcze kogoś. Że sami nie jesteśmy wystarczająco dobrzy. Naprawdę udane i dojrzałe relacje powstają tam, gdzie dwie świadome własnej wartości osoby postanawiają się ze sobą związać, dlatego że obie tego chcą, nie dlatego, że czegoś od drugiej osoby potrzebują. Wbrew prawom matematyki w takich przypadkach z połączenia stu procent i stu procent powstaje trzysta procent.

*Poczucie własnej wartości*

Podstawą powodzenia, tak jak w wielu innych dziedzinach życia, jest tutaj poczucie własnej wartości. Jeśli lubimy siebie, jest nam ze sobą dobrze, otaczamy się ludźmi, którzy nas wspierają i akceptują, nie ma zagrożenia, że wpakujemy się w relację, w której ktoś nie ma dla nas czasu, boi się zobowiązań albo źle nas traktuje. Nie będą nas pociągały związki typu „lepszy rydz niż nic".

Pamiętaj, że to ty będziesz spędzać z tym człowiekiem mnóstwo czasu, a nie twoja przyjaciółka, siostra czy babcia. Nie namawiam cię do odrzucania uwag bliskich, którzy bardzo często widzą ewidentne sygnały ostrzegawcze ignorowane przez nas w uczuciowym zamroczeniu. Jeśli jednak komuś nie podoba się kolor włosów, styl ubierania się czy zasobność portfela osoby, z którą się spotykasz, jest na to tylko jedna właściwa odpowiedź: „Na szczęście to nie ty spędzasz z nim czas".

Może myślisz sobie teraz: „Wszystko fajnie, ale żeby w ogóle zawracać sobie tym głowę, najpierw musiałabym zacząć się z kimś spotykać". Może się tym stresujesz i masz wrażenie, że wszyscy dookoła łączą się w pary, a tobie jak nic przypadnie rola tej dziwnej ciotki mieszkającej z bandą kotów. Może wydaje ci się, że jeśli nie masz figury modelki i buzi jak Jessica Alba, nie masz szans na udany związek – brzmi absurdalnie, ale to przekonanie co jakiś czas pada z ust którejś z moich koleżanek; ba, sama nieraz dałam się wpędzić w takie myślenie.

Zamiast zbierać do skarbonki na operacje plastyczne i czytać o skomplikowanych strategiach podrywu, zajmij się... sobą. Dbaj o siebie, prawidłowo się odżywiaj i staraj się przemycić do swojej codzienności jak najwięcej aktywności fizycznej, tak żebyś czuła się pełna energii.

Rób rzeczy, które naprawdę lubisz robić. Nie ma nic bardziej atrakcyjnego niż ktoś opowiadający z wypiekami na twarzy o swojej pasji. Próbuj nowych rzeczy. Rzuć sobie wyzwanie próbowania czegoś nowego co tydzień. Spędzaj czas z ludźmi, którzy sprawiają, że masz ochotę tańczyć z radości. Po prostu staraj się być interesującą i zadowoloną ze swojego życia osobą. To nie tylko uczyni cię niesamowicie atrakcyjną w oczach innych, ale też da ci mnóstwo okazji do poznania kogoś wartościowego.

Jedna z czytelniczek mojego bloga podpisująca się pseudonimem Tymka zostawiła mi kiedyś w komentarzu następującą opowieść. Została właścicielką działki pod miastem, położonej przy dużej drodze. Cała okolica była bardzo zaśmiecona. Tymka, zamiast narzekać, zniechęcić się czy zasuwać sama, wywiesiła na drzewie kartkę, że tego a tego dnia planuje posprzątać okolicę i raźniej jej będzie w ekipie. Jestem pewna, że o takich rezultatach nawet nie marzyła: „Nie uwierzycie, ale zebrało się aż osiem osób, z czego pięciu młodych, przystojnych chłopa z własnymi taczkami, workami na śmieci i rękawicami. Nie dość, że posprzątaliśmy las, rozpoczynając tym piękną tradycję sprzątania co roku przed sezonem, to jeszcze poznałam tam mojego przyszłego męża, z którym jestem od trzech lat!".

*Slow* podejście do związków wyraża się też w braku jakichkolwiek deadline'ów. Gdybym dostawała złotówkę za każdym razem, kiedy z ust jakiejś znajomej słyszę: „Jeśli nie znajdę nikogo do urodzin, to zostanę starą panną" albo „Wszyscy fajni faceci są już zajęci", sporo bym uzbierała. To, czy masz dwadzieścia dwa lata, dwadzieścia siedem czy trzydzieści dwa, naprawdę nie ma kompletnie żadnego znaczenia, a bariery, które sobie postawiłaś, istnieją tylko w twojej głowie.

Życie to nie wyścig, ale gdyby nim było, zdecydowanie byłby to raczej maraton niż sprint. To, że kuzynka się zaręczyła, a koleżanka awansowała w pracy, nie powinno być dla ciebie żadnym punktem odniesienia. Każdy z nas ma swoją indywidualną ścieżkę, a szybciej wcale nie znaczy lepiej. Wolniej też nie znaczy lepiej. W swoim tempie – to słowo klucz. Podejmowanie ważnych życiowych wyborów pod presją – czasu, oczekiwań rodziny, zazdrości wobec znajomych – to zawsze zły pomysł.

Im szybciej zrozumiesz, że porównywanie się z innymi to najprostsza droga do frustracji, tym lepiej dla ciebie. To naprawdę jeden z najważniejszych filarów dobrego samopoczucia. Poza tym życie osób, którym zazdrościsz, często wcale nie jest tak idealne, jak się z zewnątrz wydaje. Jabłka w ogrodzie sąsiada zawsze sprawiają wrażenie bardziej błyszczących.

**Kilka wskazówek, które pozwolą ci się dobrze bawić na pierwszej randce:**

1 **Pierwsza randka nie musi być ani bardzo wymyślna, ani bardzo zobowiązująca –**
po co dokładać sobie stresu? Kawa w ulubionej kawiarni, spacer po dzielnicy, w której się wychowałaś, albo kino i bar sprawdzą się dużo lepiej niż kolacja w bardzo eleganckiej restauracji. Takie atrakcje warto sobie zostawić na późniejszy etap znajomości.

2 **Pamiętaj, że macie się przede wszystkim dobrze bawić i miło spędzić czas.**
Nakładanie na drugą osobę piętrowych oczekiwań niezwykle to utrudnia. Ciesz się chwilą, nie wybiegaj myślami do przodu, bądź obecna tu i teraz, zamiast zastanawiać się, co będzie potem.

3 **Przemyśl wcześniej, w co chcesz się ubrać, żeby nie panikować w ostatniej chwili.**
Postaraj się unikać nerwowego maratonu po sklepach. Jest duża szansa, że nie potrzebujesz nowej sukienki i znacznie lepiej będziesz się czuła w starej, ulubionej.

4 **Ubierz się tak, żebyś czuła się sobą.**
Jeśli się wahasz, idź w stronę prostoty – zawsze lepiej mieć na sobie jeden dodatek mniej niż więcej. W końcu najbardziej stylowe osoby to te, które sprawiają wrażenie, że ładny wygląd przychodzi im zupełnie naturalnie. Podobnie jest z makijażem i fryzurą – jeśli nie możesz ruszać głową, żeby czegoś nie zepsuć, przemyśl to jeszcze raz. Powinnaś czuć się swobodnie i na luzie – twój towarzysz na pewno zauważy i doceni właśnie to, a nie czwartą warstwę błyszczyku czy doklejone w drogim salonie rzęsy.

5 **Nie ma żadnego obowiązkowego stroju na pierwszą randkę –**
chyba że wybieracie się na wyścigi w Ascot. Jeśli nie nosisz na co dzień sukienek, idź w jedwabnej koszuli i w czarnych dżinsach. Jeśli nie umiesz i nie lubisz chodzić na szpilkach, po prostu ich nie wkładaj – baleriny czy botki sprawdzą się dużo lepiej. Jeżeli czujesz się w czymś niepewnie albo jest ci niewygodnie, nie ma takiej możliwości, żebyś wyglądała w tym dobrze. To dotyczy również bielizny!

6 **Lepiej z czegoś zrezygnować, niż szarpać się w ostatniej chwili – to się nigdy dobrze nie kończy.**
Jeśli nie zdążyłaś pomalować paznokci i wpada ci do głowy myśl, że zrobisz to szybko przed wskoczeniem do taksówki albo przed sprintem na przystanek, pomyśl wtedy, że to jeden z tych pomysłów, które nigdy nie kończą się dobrze. Nie ma nic złego w niepomalowanych paznokciach, a już na pewno są dużo lepsze niż pokiereszowane, nierówne warstwy lakieru i smugi na spódnicy w kolorze *peachy pink*. Albo jeszcze gorzej. Kiedyś tuż przed wyjściem przejechałam paznokcie kupionym specjalnie na tę okazję lakierem. W drogerii wydawał się mieć elegancki księżycowy kolor z delikatnym połyskiem. Kiedy wysechł, okazało się, że jest w najbrzydszym możliwym żółtawym odcieniu beżu,

a do tego ma koszmarną chropowatą fakturę i tandetne kawałki brokatu. Przy całej swojej okropności miał jedną niezaprzeczalną zaletę, której brakuje wielu innym lakierom – był nie do usunięcia. Wybrałam się więc na romantyczną wycieczkę na łono natury z palcami przypominającymi dziesięć miniaturowych paluszków rybnych. Bez dwóch zdań to była kara za impulsywne, nieprzemyślane zakupy!

### 7 Zamiast zastanawiać się, jak dobrze wypaść, pomyśl o tym, co zrobić, żeby się dobrze bawić.

Wyprostuj się, weź głęboki oddech i przede wszystkim się uśmiechnij. Nie ma nic bardziej pociągającego niż pewność siebie i życzliwość.

### 8 Nie spóźniaj się!

Dobrze traktować innych tak, jak sami chcielibyśmy być traktowani. Przyjście na czas to najprostsza oznaka szacunku do drugiej osoby, a to chyba najlepsze pierwsze wrażenie, jakie możemy zrobić.

### 9 Wycisz telefon.

Nie odbieraj go, a przede wszystkim nie pisz esemesów ani nie sprawdzaj Facebooka podczas spotkania. To naprawdę potrafi zniechęcić. A do tego zupełnie zmienia dynamikę rozmowy. Na gorsze! Jeśli się nudzisz, podziękuj za wspólnie spędzony czas i idź do domu.

### 10 Niczego nie oczekuj.

Jeśli twój towarzysz zaproponuje, że ureguluje rachunek, jak najbardziej możesz się zgodzić (nie zapomnij podziękować!), ale kiedy kelner podejdzie do stolika, powinnaś wyjść z inicjatywą zapłacenia za siebie.

## Moc otwartości

Wybierając się na randkę, często zastanawiamy się, co zrobić, by wywrzeć na drugiej stronie jak najlepsze wrażenie. Układamy włosy, szczególnie starannie robimy makijaż, przymierzamy kolejne sukienki. Nie ma w tym nic złego, warto zresztą to podejście utrzymać również na dalszym etapie znajomości. Dbanie o swój wygląd jest z jednej strony oznaką szacunku dla drugiej osoby, z drugiej – sprawia, że czujemy się lepiej sami ze sobą.

Łatwo jednak wpaść w pułapkę w rodzaju: „Muszę sprawiać wrażenie idealnej, bo jeśli mój wybranek połapie się, że też jestem zwykłym człowiekiem, na pewno z marszu straci zainteresowanie". I rusza proces kontroli. Nie zamówię lasagne, na które mam ogromną ochotę, bo na pewno chlapnę sobie sosem na bluzkę. A poza tym lepiej zjeść sałatkę, niech nie myśli, że dużo jem. Wykręcę się od spaceru po górach, bo przecież nie pójdę tam w szpilkach, a bez nich moje nogi nie wyglądają idealnie! Nie przyznam się, że przyszłam rano do pracy w bluzce od piżamy, budząc tym wesołość całego biura – przecież rujnuje to mój wizerunek.

*Vulnerability*

Nie bierzemy pod uwagę, że tym, co pozwala nam zbudować naprawdę wartościową relację z drugim człowiekiem, jest szczerość, wrażliwość, gotowość do odsłonięcia swojego miękkiego podbrzusza. W języku angielskim istnieje bardzo zgrabne słówko *vulnerability*, ale nie odkryłam jeszcze żadnego sensownego polskiego odpowiednika. Może po prostu „otwartość". Najprościej mówiąc, to chęć podzielenia się z drugą osobą swoimi emocjami, przemyśleniami, obawami płynącymi prosto z serca. To bycie sobą ze wszystkimi tego konsekwencjami. Wyjście z pancerza. Autentyczność, która wystawia nas na ryzyko, ale pozwala też bardzo wiele zyskać.

Jesteś nauczycielką jogi i zastanawiasz się, jak wytłumaczysz swoim uczniom nieobecność na zajęciach spowodowaną dołkiem psychicznym? Powiedz prawdę. Kiedy dowiedzą się, że też nie zawsze masz z górki, będzie im się łatwiej z tobą utożsamić i przed tobą otworzyć. A ty nie będziesz się martwić, że twój kruchy wizerunek kiedyś runie.

Nie radzisz sobie z raportem do pracy, ale boisz się przyznać, że czegoś nie wiesz, i poprosić o pomoc? Zrób to! Nie tylko przestaniesz się stresować (i skończysz raport!), ale też jest szansa, że zyskasz sobie przychylność osoby, do której zwróciłaś się o pomoc. Tak, tak, dobrze zrozumiałaś – żywimy cieplejsze uczucia do osób, którym mieliśmy okazję wyświadczyć przysługę.

Przyjaciółce zmarł ktoś z bliskiej rodziny, a ty nie wiesz, jak się zachować, więc nie robisz nic? Mimo że czujesz się niepewnie, weź telefon, przeproś, powiedz, że nie wiedziałaś, jak się zachować, i że jest ci bardzo przykro. I że choć nigdy nie znalazłaś się w takiej sytuacji, to jeśli będzie cię potrzebować, jesteś w pobliżu.

Podoba ci się sprzedawca w księgarni, w której kupujesz książki? Zaproś go na kawę, ewentualnie możesz zostawić mu uroczy liścik, w którym wspomnisz, jak bardzo imponuje ci jego wiedza o komiksach i że łączy was zamiłowanie do pasiastych swetrów. Czy masz gwarancję, że będzie chciał się z tobą spotkać? Żadnej! Czy warto? Warto! Bo jaka jest najgorsza rzecz, która może się wydarzyć?

Cały koncept polega na tym, że pokonując swoje opory, znosząc chwilowy dyskomfort, kładąc na szali podatność na zranienie, zyskujesz coś wyjątkowego – prawdziwą więź z drugim człowiekiem.

Brené Brown poświęciła sporą część swojej kariery naukowej na zbadanie, jak połączenie wrażliwości i śmiałości czyni nasze życie bogatszym i nadaje mu większy sens. W swojej książce *Z wielką odwagą*, która ukazała się również w Polsce, tłumaczy, że *vulnerability* to nie zarzucanie przypadkowych odbiorców pikantnymi szczegółami ze swojego życia prywatnego, opowiadanie o burzliwym rozwodzie dziennikarce z kolorowej gazety czy wylewanie na niespodziewających się niczego znajomych wiader trudnych emocji. To otwartość i szczerość wobec osób, na których nam zależy. Pozwala nam wznieść się na zupełnie nowy poziom intymności i zaufania, przeżyć życie w pełni, a nie tylko ślizgać się po powierzchni. Chyba zgodzisz się ze mną, że warto zaryzykować.

Tym bardziej że szczerość i otwartość to oznaki pewności siebie. Obnażając swoje słabości, pokazujesz, że znasz i akceptujesz siebie na tyle, by mieć śmiałość się nimi podzielić. To bywa naprawdę imponujące. Kojarzysz piętnastolatków, którzy ukrywają swoje prawdziwe uczucia pod płaszczykiem obojętności czy złośliwości, robią beznadziejne rzeczy, by wydać się bardziej *cool*, a w środku są pogubieni i często czują się nieszczęśliwi? *Vulnerability* polega na czymś zupełnie odwrotnym.

## Pytania na dobry początek

Dlaczego dorośli zadają takie nudne pytania? O ile w ogóle zdobędą się na to, by jakieś zadać... Czy nie lepiej jest kogoś zaskoczyć, wytrącić z utartego toru myślenia, a przy tym dowiedzieć się czegoś naprawdę ciekawego? Oto kilka pytań, które sprawią, że poznasz drugą osobę lepiej, szybciej przełamiecie lody, a przede wszystkim będziecie się naprawdę dobrze bawić:

- Jeśli mógłbyś zjeść kolację z dowolną osobą na świecie, żyjącą lub nie, kogo byś wybrał?
- Jaka była twoja ulubiona książka w dzieciństwie?
- Za co ktoś musiałby się przebrać na horror party, żeby naprawdę cię przestraszyć?
- Jeśli musiałbyś wybrać jedną piosenkę do ścieżki dźwiękowej filmu o twoim życiu, co by to było?
- Czy jest jakaś zupełnie przyziemna rzecz, która nieustannie cię zdumiewa?
- Czy masz listę marzeń, rzeczy, które chciałbyś w życiu zrobić? Co na niej jest?
- Jak wyglądałby twój idealny dzień?
- Za co jesteś najbardziej wdzięczny?
- Co najbardziej cenisz w swoim najlepszym przyjacielu?
- Co ostatnio robiłeś po raz pierwszy?
- Czego się bałeś jako dziecko? (Mój chłopak bał się pudli!)
- Jakie jest twoje ulubione wspomnienie z dzieciństwa?
- Kiedy ostatnio sam siebie zaskoczyłeś?
- Jaki jest twój najdziwniejszy sekretny talent?
- Czego ludzie zwykle o tobie nie wiedzą?
- Jeśli mógłbyś oglądać do końca życia tylko jeden film, który byś wybrał?
- Kto sprawia, że myślisz: „Chciałbym taki być, gdy dorosnę"?
- Kiedy czułeś się ostatnio naprawdę dumny z siebie?
- Kim chciałeś zostać w dzieciństwie?
- Jakiej sprawie wszyscy powinniśmy poświęcać więcej uwagi?
- Czy masz jakieś swoje drobne dziwactwa?

Twoja kolej! Zastanów się, czego naprawdę chciałabyś się dowiedzieć o nowo poznanej (albo doskonale ci znanej!) osobie, zapisz pytania poniżej i zadawaj je jak najczęściej. Nie tylko dowiesz się mnóstwa nowych rzeczy, ale także twoi rozmówcy poczują się zauważeni i docenieni.

## Przyjaźnie

Szczerość, otwartość i odwaga sprawdzają się nie tylko w romantycznych relacjach. Są też kluczem do naprawdę wartościowych przyjaźni. Przyjaźni typu „A to drań! Zahaczę tylko o cukiernię i zaraz u ciebie będę" albo „Pakuj się! Jest piękna pogoda, jedziemy na wycieczkę".

Z moją najlepszą przyjaciółką Anią przeżyłam mnóstwo przygód. Znamy się od liceum, zaprzyjaźniłyśmy się, poprawiając kartkówkę z geografii. Tę z konturówką, na której trzeba było zaznaczać państwa i wypisywać ich stolice. To drugie polecenie nie było żadnym problemem, ale wskazanie czegoś na mapie to dla mnie przeszkoda nie do pokonania, a co dopiero na mapie, na której nie ma żadnych punktów odniesienia! W końcu oszukałam system i nauczyłam się, o ile państw w lewo albo w prawo od kilku charakterystycznych kształtów są oddalone poszczególne kraje.

Zostawmy jednak tę geograficzną dygresję. Przez te wszystkie lata zaliczyłyśmy z przyjaciółką dziesiątki imprez, babskich wieczorów, momentów radości i płaczu. Wszystkie bardzo mile wspominam, ale chyba najbardziej chwytało mnie za serce, kiedy Ania po prostu wspierała mnie w ważnych momentach:

– W gorące popołudnie w Krakowie, kiedy w ramach przeprowadzania badań do pracy magisterskiej robiłam grę miejską dla kilkudziesięciu osób. Tuż po starcie zorientowałam się, że nie wzięłam z domu baterii do aparatu – a zrobienie zdjęć było głównym elementem całego projektu (studiowałam kierunek, który można określić jako „metody wizualne w socjologii miasta").

– W zimny i ponury jesienny wieczór, kiedy mimo że miała zupełnie inne plany, wybrała się ze mną do knajpy, żeby zaaranżować spotkanie z chłopakiem, który bardzo mi się wtedy podobał (lekcja na przyszłość: jeśli musisz kombinować jak koń pod górę, żeby się z kimś spotkać, zwykle gra jest niewarta świeczki).

– Zeszłego lata, kiedy po premierze mojej pierwszej książki miałam spotkanie autorskie w rodzinnym mieście i panikowałam, że nikt nie przyjdzie. Przyszło mnóstwo ludzi, w tym Ania i jej mama.

Wiele osób rezygnuje ze swoich marzeń, odwleka plany w nieskończoność tylko dlatego, że obawia się negatywnej reakcji ze strony innych. Muzyk amator odrzuca sugestię zaprzyjaźnionego barmana, by zorganizować koncert, bo boi się, że coś pójdzie nie tak i ludzie jeden po drugim zaczną wychodzić. Ktoś rok w rok odwleka zorganizowanie imprezy urodzinowej, bo boi się, że nikt nie przyjdzie.

PS: *To ja! Podejrzewam, że dopadła mnie klątwa urodzin w wakacje – kiedy byłam w podstawówce, często okazywało się, że wszystkie moje koleżanki są na wakacjach, więc rezygnowałam z imprezy. Teraz niby nic nie stoi na przeszkodzie, w końcu dla zdecydowanej większości moich znajomych instytucja wakacji jest tylko miłym wspomnieniem, ale i tak nigdy nie mogę się zebrać, wymyślam dziesiątki wymówek. A przecież wiem, że to nie konkurs popularności i nawet jeśli pojawią się dwie osoby, będziemy się świetnie bawić. No i zostanie dla nas tyle jedzenia!*

*Drążenie samego siebie pytaniem „dlaczego?" często pozwala nam zmotywować się do działania. Dokładnie tak stało się w odniesieniu do poprzedniego akapitu. Gdy tylko go napisałam, postanowiłam zrobić imprezę, która wynagrodzi mi wszystkie zaległe urodziny, pozwoli poznać się różnym grupom moich znajomych, a mnie – mam nadzieję – uwolni od urodzinowej klątwy. I żeby nie tracić zapału, nie czekam do urodzin, zrobię ją teraz. A co!*

Entuzjasta gier miejskich boi się przetestować miesiącami dopracowywany scenariusz, bo jest przekonany, że nikt nie będzie miał ochoty poświęcić sobotniego poranka na bieganie po ulicach i parkach, że będzie jedyną osobą, która pojawi się na miejscu zbiórki.

Dlatego tak ważne jest, by być dla swoich przyjaciół cheerleaderką, ba, całym zespołem cheerleaderek robiącym gwiazdy i zagrzewającym do działania. Zwykle słyszymy tę radę w kontekście związków: „Bądź największym fanem swojej dziewczyny", „Bądź największą fanką swojego chłopaka". Tymczasem jest to tak samo ważne w przypadku prawdziwie wartościowych przyjaźni. Oczywiście nie znaczy to, że rolą przyjaciela jest przyklaskiwać wszystkiemu, co robimy – wręcz przeciwnie, czasem najlepsza rzecz, jaką może zrobić, to zamachać nam przed oczami wielką czerwoną flagą. Ale jeśli ktoś, kto jest ci bliski, decyduje się zrobić coś, co jest dla niego ważne i wymaga sporo odwagi, postanawia wyjść ze swojej strefy komfortu, twoją rolą jest być tam i trzymać go za rękę.

Przychodź więc na spektakle, koncerty, prelekcje swoich znajomych, kupuj bilet w pełnej cenie, siadaj w pierwszym rzędzie i klaskaj najgłośniej. Możesz być pewna, że będzie to dla nich znaczyć naprawdę dużo. A już zawsze, ale to zawsze, przychodź, jeżeli powiedziałaś, że przyjdziesz.

## Kilka prostych zasad ułatwiających komunikację

Ważnym elementem *slow life* jest umiejętność współodczuwania, postawienia się w sytuacji innych. Jeśli szanujemy swój czas, szanujmy też czas innych. Oto kilka rzeczy, o których warto pamiętać:

- Jeśli piszesz do kogoś – maila, esemesa, wiadomość na Facebooku – zastanów się najpierw, co chcesz przekazać, i dołóż starań, żeby twój komunikat był jak najbardziej zrozumiały. Zwykle oznacza to jego uproszczenie.
- Jeśli prosisz o pomoc lub przysługę, zrób to możliwie bezpośrednio. Ludzie lubią pomagać, muszą jednak wiedzieć, czego od nich oczekujesz.
- Zwięzłość jest cnotą. W ciągu dnia musimy się przebić przez tyle informacji, że te sformułowane precyzyjnie są na wagę złota. Boisz się, że krótka wiadomość zostanie odebrana jako niewystarczająco uprzejma? Przypomnij sobie słowa Marka Twaina: „Nie miałem czasu na napisanie krótkiego listu, więc napisałem długi".
- Zanim zaczniesz zawracać komuś głowę – szefowi, współpracownikowi, odpoczywającej mamie – upewnij się, czy nie znasz odpowiedzi albo czy sam nie możesz jej zdobyć, na przykład wpisując pytanie w wyszukiwarce.
- Jeśli chcesz czegoś od kogoś na Facebooku, nie pytaj: „Jesteś?", nie pisz: „Daj znać, gdy będziesz". Po prostu sformułuj spójną wiadomość, wyślij i cierpliwie poczekaj na odpowiedź.
- Nie spóźniaj się! Dobrą metodą jest szykowanie się do wyjścia wcześniej zamiast w ostatniej chwili. Czyli: najpierw się ubierasz, malujesz i czeszesz, a w pozostałym czasie odpisujesz na maile, czytasz książkę, oglądasz serial czy cokolwiek miałaś w planie. Unika się wtedy nerwowego szukania drugiej skarpetki i wymachiwania dłońmi ze świeżo pomalowanymi paznokciami.

## Nie rzucaj słów na wiatr

Niesłowność w sytuacjach dotyczących pojawiania się w miejscach, w których zobowiązaliśmy się być, stała się plagą. Może to wina mediów społecznościowych, w których wszystko zrobiło się luźne i niezobowiązujące. To, że ktoś klika „Wezmę udział" na stronie wydarzenia na Facebooku, jeszcze nic nie znaczy. Może chciał na wszelki wypadek zapamiętać, że taka impreza się odbywa, gdyby nagle naszła go ochota. Może stwierdził, że na jego znajomych dobre wrażenie zrobi sama chęć wybrania się na premierę w teatrze. Może wykorzystał guzik „Wezmę udział" jako formę wsparcia, poinformowania swoich znajomych o wydarzeniu, które uważa za wartościowe.

Ta niefrasobliwość przeniosła się na spotkania towarzyskie. Zauważyłam, że kiedy moi rodzice zapraszają znajomych na przyjęcie albo wspólnie się gdzieś wybierają, musiałoby się wydarzyć coś naprawdę niespodziewanego, by któraś ze stron odwołała spotkanie. Mogę takie sytuacje policzyć na palcach jednej ręki. I zwykle zjawiają się mniej więcej o czasie – jak sądzę, ma to związek z tym, że w czasach swojej młodości nie mieli telefonów komórkowych, nie było więc wyjścia, musieli przyjść na czas.

Ja z kolei, mimo że i tak byłam przyzwyczajona do luźniejszego traktowania terminów i ustaleń, doznałam szoku, kiedy przeprowadziłam się do Warszawy. Spotkanie o 13.00? Mogę spokojnie przyjść o 13.15, a i tak poczekam. Umówiony tydzień wcześniej obiad? Po kilku rozczarowaniach zaczęłam wręcz się spodziewać, że druga osoba odwoła spotkanie – i tak dobrze, jeśli nie w ostatniej chwili.

To bardzo frustrujące i demotywujące. Po co przygotowywać przyjęcie, skoro niesłowni znajomi przyjdą albo nie? Okazało się jednak, że to, co irytuje mnie u innych, z powodzeniem robię sama. To klasyczna pułapka myślowa, w psychologii społecznej znana jako błąd aktora-obserwatora. Jeśli inni robią coś niewłaściwego, to na pewno dlatego, że są niesłownymi, niegodnymi zaufania ludźmi. Jeśli ja robię coś niewłaściwego, to tylko dlatego, że zmusiły mnie okoliczności.

Kilka miesięcy temu koleżanka zaprosiła mnie na swoje urodziny. Nie jesteśmy ze sobą specjalnie blisko, ale znamy się bardzo długo. Napisałam, że jeśli tylko będę mogła, to chętnie się pojawię, i... w ostatniej chwili dałam znać, że jednak nie mogę. Nie mogę, czyli jestem zmęczona po całym dniu spotkań i jedyne, na co mam ochotę, to położyć się z książką do łóżka.

A przecież już wtedy wiedziałam, że mam zaplanowane spotkania, i spodziewałam się, że będę po nich wypompowana z energii, a ostatnią rzeczą, na jaką przyjdzie mi ochota, będzie prowadzenie small talków z nieznajomymi na dużej imprezie. Mogłam więc od razu podziękować, złożyć życzenia i odmówić, ale nie zrobiłam tego, bo wydało mi się to niegrzeczne. Nie to, co odwoływanie swojego przybycia w ostatniej chwili.

Nie czułam się z tym najlepiej, ale odetchnęłam w duchu, że nie muszę się zwlekać z łóżka i doprowadzać do porządku. Po chwili zapomniałam o całej sytuacji i zatopiłam się w lekturze, nawet lekkie wyrzuty sumienia minęły. Do momentu, gdy przeczytałam na stronie wydarzenia na Facebooku, że koleżanka wychodzi i jeśli ktoś będzie miał ochotę, znajdzie ją w tym czy w tamtym barze. Samą! Wychodzi, bo nikt się nie pojawił. Nikt z kilkunastu osób, które kliknięciem potwierdziły swoją obecność. Miałam ochotę zakopać się ze wstydu pod kołdrę i już nigdy nie pokazywać się tej znajomej na oczy.

To był punkt przełomowy. Od tamtej pory w kwestii spotkań i wydarzeń towarzyskich jestem z jednej strony słowna, z drugiej – asertywna. Jeśli wiem, że nie będę miała czasu gdzieś pójść, odmawiam. Jeśli nie jestem super podekscytowana perspektywą spotkania, też odmawiam. Ale jeśli już zadeklaruję, że przyjdę, to choćby się waliło i paliło, dotrzymuję słowa.

## Niektóre przyjaźnie mają określony termin ważności

Jedną z najsmutniejszych lekcji dorosłego życia jest ta, kiedy odkrywamy, że nie wszystkie przyjaźnie mogą przetrwać próbę czasu. Z niektórych w naturalny sposób wyrastamy. Rozwijamy się w różnym tempie i w różnych kierunkach, może więc się zdarzyć, że osoba, którą poznaliśmy wiele lat temu, teraz jest kimś zupełnie innym – i nie zawsze będzie nam to odpowiadać. Albo w drugą stronę – to my się zmieniliśmy. Czasem mamy inne cele w życiu, pragniemy różnych rzeczy, czasem okazuje się, że to, co było spoiwem naszej znajomości, na przykład wspólne mieszkanie czy studia, minęło, a poza tym zbyt wiele nas nie łączy.

*Sztuka odpuszczania*

Wyobraź sobie, że utrzymujesz kontakt z każdą osobą, z którą kiedykolwiek miałaś w zwyczaju spędzać czas. To niewykonalne! *Slow life* to także sztuka odpuszczania. Bo czy nie lepiej zamiast ciągnąć znajomość niejako z obowiązku i próbować ją na siłę reanimować, docenić to, że w pewnym okresie życia dawała nam radość, i pozwolić jej zakończyć się w momencie, kiedy wciąż przeważają te najlepsze wspomnienia? I z szacunku dla tej relacji oszczędzić sobie rozgoryczenia i wzajemnych pretensji, narzekania za plecami?

Oczywiście przyjaźnie ewoluują z czasem. Nic dziwnego, że z szaloną przyjaciółką z czasów studenckich, z którą co piątek tańczyłyście na domówkach, w „dorosłym życiu" widujecie się rzadziej, a wtedy wolicie pójść na dobry obiad i porozmawiać. Równie naturalne jest to, że niektóre relacje się kończą, by zrobić miejsce nowym. Mówi się, że jesteśmy wypadkową pięciu osób, z którymi najczęściej spędzamy czas. To brzmi brutalnie, ale warto te osoby dobierać z głową. Jeśli nasze najbliższe otoczenie ciągnie nas w dół, demotywuje, sprawia, że czujemy się niepewnie, niepełnowartościowo, to zróbmy sobie szczery rachunek sumienia i pomyślmy, czy nie lepiej byłoby się odciąć – dla dobra naszego, drugiej osoby i po to, by zachować miłe wspomnienia.

Jakie są w takim razie sygnały, że nad daną znajomością warto się zastanowić?

- Cały wysiłek jest po twojej stronie. Przyjaźń to gra zespołowa. Wiadomo, że każdy może mieć gorszy czas lub być bardzo zajęty i inicjatywę przejmuje raz jedna, raz druga osoba. Ale jeśli za każdym razem to ty musisz się odzywać pierwsza, coś ewidentnie nie gra.
- Druga strona odzywa się tylko wtedy, gdy czegoś potrzebuje, a dodatkowo nie daje nic od siebie.
- Po wspólnie spędzonym dniu czujesz się gorzej, nie lepiej, i ta sytuacja się powtarza.
- Czujesz, że nie możesz ufać drugiej osobie, wielokrotnie zawiodła twoje zaufanie, przekazała dalej powierzone jej w tajemnicy informacje.
- Druga osoba sprawia, że czujesz się niewystarczająco dobra, kwestionujesz swoją wartość, zniechęca cię do działania czy próbowania nowych rzeczy. Nie zrozum mnie źle, przyjaciele to najlepsze osoby do szczerej krytyki (najlepiej wtedy, kiedy ktoś o nią prosi), ale jeśli ktoś krytykuje każdy twój ruch, to naprawdę nie warto wystawiać się na taką dawkę negatywnej energii.

## Jak dbać o przyjaźnie, które chcemy zachować?

Zaczęliśmy od tej mniej przyjemnej strony, ale są przecież znajomości, które chcemy i powinniśmy utrzymywać i rozwijać. Czy można przetrwać bez przyjaźni? Pewnie można, tylko... po co?

*Wszystko za życie* to oparty na prawdziwych wydarzeniach film o Chrisie McCandlessie, wyróżniającym się absolwencie amerykańskiej uczelni, który decyduje się rzucić wszystko, zerwać z życiem w konsumpcyjnym społeczeństwie i wyruszyć na wyprawę w alaską dzicz. Nie będę wam psuć przyjemności poznawania jego historii, przywołam tylko refleksję, która nachodzi Chrisa po wielu, wielu dniach spędzonych na łonie natury, bez kontaktu z człowiekiem: „Szczęście jest prawdziwe tylko wtedy, gdy się nim z kimś dzielimy". Dopowiedziałabym tu: „gdy dzielimy się nim z więcej niż jedną osobą".

Kilka razy zdarzyło mi się usłyszeć: „Odkąd spotkałam swojego misiaczka (miłość swojego życia, swoją bratnią duszę), nie mam potrzeby spotykania się ze znajomymi. Nikt nie rozumie mnie tak jak on". Choć tak intensywna relacja wydaje się godna pozazdroszczenia, mocno wierzę w to, że powinniśmy starać się utrzymywać różnorodność w kontaktach towarzyskich. Oczekiwanie, że jedna osoba spełni wszystkie nasze potrzeby towarzyskie, jest nierealne. Różnorodność kontaktów wzbogaca nasze życie i pomaga zachować zdrową równowagę – choć wydaje się to bardzo romantyczne, zdrowie psychiczne wymaga, by druga osoba nie była całym naszym światem. Relacje z innymi czynią nas też ciekawszymi, bardziej fascynującymi partnerami, przyjaciółmi, po prostu ludźmi.

A więc – miejmy przyjaciół! Zawsze mnie fascynowało, jak to się dzieje, że z niektórymi osobami od razu nawiązujemy nić porozumienia, po kilku minutach rozmowy mamy wrażenie, jakbyśmy znali się od lat. Jak się okazało, kogoś intrygowało to do tego stopnia, że napisał o tym książkę. Konkretnie byli to bracia Brafmanowie, a książka nosi tytuł *Click*. Co odkryli? Jakie siły działają w przyjaźni?

Po pierwsze, chęć odsłonięcia się, o której już była mowa w podrozdziale o randkach. Kiedy otwieramy się na drugiego człowieka, pokazujemy, że nie jesteśmy idealni, że mamy gorsze momenty, targają nami niepewność i obawy. To może być coś bardzo drobnego – choćby podzielenie się historią o półgodzinnych poszukiwaniach kluczyków do samochodu, które w końcu odnalazły się w kieszeni.

Po drugie, bliskość – jest dużo większa szansa, że zaprzyjaźnimy się z kimś, z kim jest nam po drodze, całkiem dosłownie. Z kimś takim jak sąsiadka, koleżanka z akademika, kolega z pracy.

Po trzecie, to, co Brafmanowie nazywają rezonansem. To pewność, że gdy opowiemy żart, wszyscy w otoczeniu go zrozumieją i uznają za śmieszny.

Co jeszcze? Mówi się, że przeciwieństwa się przyciągają, ale to podobieństwa pozwalają nam osiągnąć porozumienie. Miłość do mało znanego filmu, ta sama sportowa pasja czy kibicowanie jednemu kierowcy rajdowemu – to sprawia, że czujemy się częścią tego samego zespołu, a to doskonała podstawa budowania przyjaźni.

Niedawno od razu poczułam więź z nowo poznaną koleżanką, kiedy przyznałam się jej, że nie cierpię chodzić na imprezy, z których nie mam drogi odwrotu – kiedy jestem od kogoś zależna albo nie mam poczucia, że mogę wrócić do domu, gdy tylko będę miała ochotę. Ku mojemu zaskoczeniu wyznała, że ma dokładnie tak samo, i od razu nawiązała się między nami więź.

I ostatnia rzecz – nic tak nie zbliża, jak bycie towarzyszami niedoli. To dlatego tak lubimy razem ponarzekać na wspólnego wroga, niezależnie od tego, czy jest nim niekompetentny szef, czy opieszale działająca wspólnota mieszkaniowa. Stąd romantyczne historie małżeństw zawieranych przez osoby, które poznały się uwięzione w tym samym pociągu podczas śnieżycy czy zatrzaśnięte w windzie.

Przyjaźnie są różne. Niektóre przychodzą najzupełniej naturalnie, możemy zadzwonić do kogoś po wielu tygodniach i płynnie przejść do niedokończonej rozmowy. Inne wymagają nieco więcej wysiłku – najczęściej te, które zawieramy z ludźmi o odmiennych poglądach, celach czy przyzwyczajeniach. Wbrew pozorom one wcale nie są gorsze. Wzbogacają nas i rozwijają. Poza tym przebywanie wyłącznie z ludźmi podobnymi do nas to przecież straszna nuda!

Jak być dobrym przyjacielem? To proste (nie mylić z łatwe!) – wystarczy sprawić, żeby druga osoba dobrze się czuła w naszej obecności i wiedziała, że może na nas liczyć. Co to jednak oznacza w praktyce?

1 **Słuchaj.**
Nie mogę się nadziwić, ilu ludzi umawia się na spotkania towarzyskie jedynie po to, żeby ponawijać o sobie. To nie tylko niegrzeczne, ale także pozbawia nas możliwości dowiedzenia się czegoś ciekawego, poznania kogoś lepiej, skonfrontowania naszych przekonań z przekonaniami innych.

2 **Naprawdę słuchaj.**
Nie w stylu: „Siedzę jak na szpilkach, bo nie mogę się doczekać, żeby powiedzieć to, co mam do powiedzenia, bo to przecież najważniejsze. Kiedy moja kolej?". Bądź szczerze zainteresowana, dopytuj, uśmiechaj się, przytakuj. I postaraj się nie przerywać.

3 **Tak naprawdę, naprawdę słuchaj.**
Nie myl słuchania ze słyszeniem. Nie oceniaj, nie wyskakuj z piętnastoma rozwiązaniami problemu, jeśli nikt nie prosi cię o radę. Po prostu słuchaj i dawaj znać, że rozumiesz. Bądź wsparciem.

4 **Zadawaj pytania.**
Ponieważ większość ludzi albo skupia się na sobie, albo wciąga w kurtuazyjne rozmówki i plotki, dzięki prostemu zadawaniu pytań możemy łatwo podbić czyjeś serce, sprawić, że poczuje się interesujący i doceniony, i zbudować bliską relację. „Jaki temat ostatnio cię zafascynował?" „Co najbardziej lubisz w swojej

pracy?" „Czego ostatnio próbowałeś po raz pierwszy?" Postaraj się, by pytania były raczej otwarte („Co sądzisz o nowych *Gwiezdnych wojnach*?") niż zamknięte („Podobały ci się nowe *Gwiezdne wojny*?").

### 5 Świętuj z przyjaciółmi ich sukcesy i bądź z nimi, gdy się nie udaje.

I dbaj o to w drugą stronę. Naprawdę nie chcesz być tą osobą, która wydzwania z tysiącem problemów, a potem znika, gdy wszystko się układa.

### 6 Nie staraj się nikogo zmieniać ani na siłę rozwiązywać problemów.

To nie jest twoja rola. Zanim wygłosisz złotą radę, zapytaj, czy będzie mile widziana. Chyba że sytuacja jest kryzysowa – wtedy warto ostrzec.

### 7 Dbaj o to, żebyście spędzali czas wspólnie, nie tylko obok siebie.

I nie chodzi mi tu o rodzaj aktywności, ale o bycie z drugą osobą – bez telefonu na stole, bez sprawdzania co trzy minuty maila czy mediów społecznościowych.

### 8 Bądź sobą.

Nie udawaj, nie próbuj się wydać bardziej fajna, pozwól sobie na szczerość wobec siebie i drugiej osoby. Jeśli znajoma osoba czy grupa znajomych ci na to nie pozwalają, zamiast zmieniać siebie, zmień towarzystwo na takie, które podziela twoje wartości. Nie zbudujesz satysfakcjonującej relacji na udawaniu kogoś, kim nie jesteś. To nie film o amerykańskim liceum, w którym wszyscy zabiegają o przyjaźń zarozumiałych chłopaków z drużyny i niemiłych cheerleaderek.

9 **Komunikuj się otwarcie.**
Zamiast strzelać fochy, komunikuj swoje uczucia i obawy. Mów o problemach od razu, zamiast zamiatać je pod dywan, by się tam niepostrzeżenie skumulowały.

10 **Nie uważaj waszej przyjaźni za coś oczywistego, co ci się należy.**
Doceniaj ją na co dzień, chwal drugą osobę, kiedy jesteś z niej dumna, mów komplementy, przynieś jej własnoręcznie zrobione ciasto do pracy, okazuj swoją sympatię, kiedy tylko masz okazję.

## Socjalizuj się

Życie w zgodzie ze sobą nie oznacza bycia samotną wyspą. Mamy różne potrzeby i preferencje, jeżeli chodzi o spędzanie czasu z innymi. Niektórzy są urodzonymi duszami towarzystwa, z wdziękiem łączą różne grupy znajomych i sypią pomysłami jak z rękawa. Inni wolą mniej intensywne kontakty albo spotkania w węższym gronie. Wszyscy jednak bez wątpienia potrzebujemy kontaktu z drugim człowiekiem, i to z lubianym drugim człowiekiem! Bo choć zawsze warto być otwartym na innych, a sztuka konwersacji na każdy temat to ceniona umiejętność, zamiast przesiedzieć z kimś wieczór, nudząc się jak mops, lepiej zostać w domu i obejrzeć film.

W dorosłym życiu podtrzymywanie i nawiązywanie nowych znajomości wydaje się trudniejsze. Wymaga więcej wysiłku, organizowania i planowania. Dawne kontakty często się rozluźniają, mamy mniej czasu, pojawiają się rodzinne zobowiązania. Nowe nie przychodzą już tak naturalnie – rzadziej zmieniamy środowisko, mniej mamy pretekstów do nawiązania nici porozumienia.

Warto jednak podjąć wysiłek, by poczuć się częścią społeczności, zbudować sobie krąg wsparcia. Jeżeli więc zależy nam na spędzaniu czasu z wyznającymi podobne wartości, inspirującymi ludźmi, musimy sobie te okazje stworzyć. Najlepiej robiąc rzeczy, które dają nam radość. Upieczemy dwie pieczenie przy jednym ogniu, a szansa, że poznamy ludzi, z którymi nadajemy na tych samych falach, znacznie się zwiększy.

Co możemy zrobić?

- Zapisać się do sekcji wspinaczkowej albo ligi kręgli. Moja babcia poznała w ten sposób grono fantastycznych znajomych. Wiem, że to nie brzmi jak najbardziej *cool* rekomendacja, ale kręgle naprawdę są fajne. Babcia jest zresztą mistrzynią poznawania nowych ludzi: kilka lat temu odpowiedziała na ogłoszenie pań, które szukały czwartej osoby do gry w karty, i za jednym zamachem zdobyła trzy przyjaciółki.
- Zapisać się na kurs grafiki czy układania kwiatów w domu kultury. Takie zajęcia często kosztują grosze.
- Pójść na warsztaty improwizacji albo kodowania dla dziewczyn – oba środowiska mają atmosferę bardzo otwartą na nowych członków.
- Zostać wolontariuszem organizacji charytatywnej albo festiwalu teatralnego (filmowego, muzycznego, folkowego... i tak dalej).
- Zagadać w parku do innych właścicieli psów, najlepiej chwaląc urodę pupila albo prosząc o radę.
- Wybrać się na spotkanie społeczności internetowej, w którą jesteśmy zaangażowani.
- Pójść do baru z planszówkami i przyłączyć się do kogoś, komu brakuje gracza. To bardziej powszechne, niż się wydaje.

Aktywnie spędzając czas na tym, co lubimy, na pewno przy okazji spotkamy ludzi, z którymi będzie nam po drodze. Niektóre pasje są wręcz do tego stworzone, tak jak wspinaczka, bo wymaga asysty drugiej osoby, inne niekoniecznie. Ale nawet jeśli lubimy pisać, rysować albo grać na harfie, możemy chodzić na interesujące nas koncerty, wernisaże, spotkania autorskie czy warsztaty. Albo stworzyć facebookową grupę miłośników naszej dziedziny i zaproponować wyjście integracyjne.

## Inicjuj!

Kiedy byliśmy w szkole, ciekawe zajęcia ze znajomymi przychodziły naturalnie. Skakanie w gumę na przerwie, gra w piłkę na plaży, wspólne wyjście na salsę po egzaminie. Z czasem tych okazji jest coraz mniej, aż w końcu zdajemy sobie sprawę, że jeśli sami nie zaczniemy działać, to czekają nas wyjazdy integracyjne z pracy, sporadyczne kawy z koleżankami i... to właściwie tyle.

A gdzie tu miejsce na brzuch bolący od śmiechu? Na popołudnia i wieczory, które zapadną nam w pamięć i na długo naładują baterie? Zajęcia, które pozwolą poznać starych znajomych od innej strony, ale i zupełnie nowych ludzi?

Czasem mam wrażenie, że zapomnieliśmy, że pomiędzy siedzeniem samemu przed ekranem komputera a szaloną imprezą w klubie jest jeszcze wiele możliwości. Jesteśmy dorośli, pora się przyzwyczaić, że jeśli chcemy przyjemnie spędzać czas z innymi, to warto pokonać lenistwo, obawy i wyjść z inicjatywą.

Wyjście poza kawowo-obiadowy kanon jest trochę onieśmielające. Wiąże się z emocjonalnym ryzykiem, bo pokazujemy, że nam zależy, że włożyliśmy w coś odrobinę wysiłku. A co, jeśli wszyscy pomyślą, że to dziecinne? A co, jeśli nikt nie przyjdzie?

Zamiast z góry zakładać najczarniejszy scenariusz, po prostu spróbuj. Proponujesz w końcu dobrą zabawę w wyjątkowym (!) towarzystwie, a nie ciężkie roboty w kamieniołomach. Nie stawiaj nie wiadomo jak dużych oczekiwań, nikogo nie zmuszaj, nie obrażaj się, gdy ktoś odmówi. Po prostu niezobowiązująco zaproponuj. Będziesz zaskoczona, jak wiele osób zareaguje z dziecięcym entuzjazmem.

Kilka lat temu moi znajomi wystawili dla przyjaciół i rodziny... musical w jednej z krakowskich knajp. Konkretnie *Króla Lwa*. Bez okazji, bez profesjonalnych umiejętności, za to z dużą energią. Przedstawienie mimo oczywistych technicznych niedociągnięć wyszło ujmująco, a kilkudniowe przygotowania bardzo zbliżyły do siebie całą grupę.

## Pomysły na rozruch

Jeśli masz ochotę spróbować czegoś nowego w obszarze spędzania czasu ze znajomymi, poniżej znajdziesz kilka pomysłów na rozruch. Może od razu przyjdzie ci coś do głowy.

- **Jak lepiej poznać ludzi, których już znasz?** Przepisz na karteczki pytania ze strony 230 albo wymyśl swoje, złóż na pół i jeszcze raz na pół, wrzuć do słoja albo miski i postaw w miejscu, gdzie mijasz pozornie dobrze ci znane osoby – na stole w salonie czy w biurowej kuchni. Losuj i zachęcaj do losowania przy każdej nadarzającej się okazji. Ten pomysł podpatrzyłam u Alexandry i jestem zachwycona jego działaniem!
- **Poznaj swoich sąsiadów.** Wywieś ogłoszenia o wyprzedaży garażowej albo wymianie książek na skwerze czy placyku, gdzie każdy będzie mógł się pozbyć niepotrzebnych rzeczy. Dwa w jednym!
- **Zrób miniaturowy *TED Talk*.** Zaproś ludzi na imprezę, na której każdy będzie miał pięć minut, by opowiedzieć o ważnym dla niego temacie – losie pszczół, ewolucji Myszki Miki w filmach Disneya, sztuce pieczenia ciast lub o czymkolwiek innym. Wsparcie i entuzjazm publiczności gwarantowane!
- **Zorganizuj loteryjkę niechcianych prezentów!** Tym pomysłem podzieliła się na moim blogu jedna z czytelniczek, Marta. To bardzo proste: każdy przychodzi na imprezę z niechcianym prezentem (chyba każdy z nas trzyma jakiś w szafce), opakowanym tak, by nie było widać, czym jest. Wszystkie pakunki dostają numerki i rusza losowanie, po którym następuje triumfalne odpakowywanie łupów. Jak pisała Marta: „Świetna zabawa i śmiechu co niemiara. To, co jednym się znudziło, inni uważają za odkrycie roku, chociaż zdarzają się też prezenty, które krążą od wielu lat". Pomysł świetnie sprawdzi się również w przypadku przeczytanych książek.
- **Rozpisz turniej albo ligę.** Nie ma to jak nutka rywalizacji. Na przykład w bule czy badmintona. Zaproś znajomych i znajomych znajomych albo znanych i nieznanych sąsiadów.

- **Idź do parku z piłką do siatkówki albo frisbee.** Po prostu. Na pewno znajdą się chętni, by dołączyć.
- **Darcie pierza 2.0!** Czyli babski wieczór z szydełkowaniem, dzierganiem czy nawet kolorowaniem. Moja znajoma regularnie organizuje takie wieczory w jednej z bielskich kawiarni (szukaj pod hasłem Handimania i Sobotnia Mania Dziergania!) – są otwarte dla wszystkich i cieszą się ogromnym powodzeniem.
- **Weź udział w grze miejskiej lub zabaw się w geocaching.** Albo zorganizuj swoją grę! Ja mam na koncie dwie – obie przyniosły uczestnikom sporo frajdy.
- **Zagraj w gry planszowe.** Moje ulubione to *Catan*, *Dixit* i *Świat Dysku*.
- **Zrób konkurs potraw,** których składniki nie kosztują więcej niż dziesięć złotych.
- **Albo zagraj w kalambury!** Proste, a jakie emocjonujące!
- **Stwórz *bucket list*.** W gronie rodziny, partnerów, najbliższych przyjaciół – stwórzcie wspólną *bucket list*, czyli listę rzeczy, które chcielibyście razem zrobić. A potem zacznijcie je robić!

A teraz dorzuć swoje pomysły! Jestem pewna, że wymyśliłaś coś naprawdę super.

- . . . . . . . . . . . . . . . . . . . . . . . . . . . . . . . . . . . .
- . . . . . . . . . . . . . . . . . . . . . . . . . . . . . . . . . . . .
- . . . . . . . . . . . . . . . . . . . . . . . . . . . . . . . . . . . .
- . . . . . . . . . . . . . . . . . . . . . . . . . . . . . . . . . . . .
- . . . . . . . . . . . . . . . . . . . . . . . . . . . . . . . . . . . .
- . . . . . . . . . . . . . . . . . . . . . . . . . . . . . . . . . . . .
- . . . . . . . . . . . . . . . . . . . . . . . . . . . . . . . . . . . .
- . . . . . . . . . . . . . . . . . . . . . . . . . . . . . . . . . . . .
- . . . . . . . . . . . . . . . . . . . . . . . . . . . . . . . . . . . .
- . . . . . . . . . . . . . . . . . . . . . . . . . . . . . . . . . . . .
- . . . . . . . . . . . . . . . . . . . . . . . . . . . . . . . . . . . .

# Wywiad z Kasią Czajką

Kasia Czajka, znana w internecie jako Zwierz Popkulturalny, jest pasjonatką kultury (niespodzianka!) popularnej i autorką poczytnego bloga. Tym, co go wyróżnia, jest niezwykle zaangażowana społeczność, regularnie spotykająca się nie tylko w sieci, ale i offline.

**Internet często uważany jest za głównego sprawcę rozpadu więzi między ludźmi. Słychać też radykalne głosy, że przekreśla szczęśliwą młodość. Co o tym sądzisz? Jak zachować równowagę między byciem online a offline?**

Sytuacja jest paradoksalna, ponieważ internet jest postrzegany albo jako najlepsza rzecz, jaka się przytrafiła ludzkości, albo w kategoriach apokaliptycznych: „grozi nam zagłada". Ostatnio przeczytałam, że powinniśmy ograniczać dzieciom dostęp do wszystkiego, co audiowizualne: powinny tylko czytać, żeby wyrosły na mądrych ludzi. Bo przecież kiedyś dzieci biegały po podwórkach i nie oglądały bajek...

Przede wszystkim powinniśmy zapytać samych siebie, po co nam internet. Są cztery zasadnicze aktywności, do których nam służy: po pierwsze, możemy spotykać ludzi i wchodzić z nimi w interakcje, po drugie, pozyskiwać informacje i je analizować, po trzecie, spotykać się z różnymi rodzajami twórczości, a po czwarte, marnować czas. Każda z tych rzeczy jest ważna, tylko trzeba je umieć pogodzić. Ale jak je od siebie oddzielić?

Jeśli grasz w kulki online i myślisz w tym czasie nad swoją pracą naukową albo czymś istotnym, co inaczej pewnie by ci uciekło, możesz uznać, że nie marnujesz czasu. Jeśli jednak tylko grasz, warto się zastanowić, czy tego nie ograniczyć.

Podobnie jest z komunikacją. Jeśli wchodząc do internetu, poznajesz nowych ludzi, rozmawiasz o swoich problemach, a nawet o życiu codziennym, zmienia się tylko kanał interakcji. Ale jeśli komunikujesz się w sieci tylko po to, żeby się z kimś pogryźć, to już jest problem. Kiedy czytam za dużo kłótni w internecie, zaczynam warczeć na ludzi wokół siebie, co jest idiotyczne – jestem zła na ludzi, którzy są obok, z powodu ludzi, których tu nie ma. Następuje krytyczny moment, kiedy obiecuję sobie, że nie będę się już wdawać w internetowe dyskusje. Nie dlatego, że się z kimś zgadzam – po prostu denerwuję się i wiem, że powodem mojego rozdrażnienia jest internet.

Jeśli chodzi o twórczość i informacje, warto zadać sobie pytanie: co to zmienia, jeśli oglądasz serial w internecie, a nie na przykład na DVD? Sądzę, że odbiór sztuki, obcowanie z twórczością nigdy nie jest stratą czasu, bo to jedyny sposób, aby przekonać się, jak odbierają świat inni ludzie. Z informacjami trzeba bardziej uważać. Czasem łapię się na tym, że przeglądam czterdzieści newsów na TVN24 i są to same złe wiadomości. I chociaż w moim życiu nie dzieje się nic złego, zawisa nade mną wielka czarna chmura, z którą nic nie mogę zrobić.

Ważne jest nawet nie to, żeby równoważyć życie online i offline, bo o tym każdy decyduje sam zgodnie z własnymi potrzebami. Są takie dni, kiedy mamy ochotę wyłączyć komputer, wyjść z domu i biegać po łące, a potem przychodzi noc oscarowa i wszyscy siedzimy przyklejeni do ekranów. Najistotniejsze, aby te rzeczy odróżnić. Jeśli wchodzimy do internetu, żeby obejrzeć serial, poznawać ludzi, porozmawiać ze znajomymi, to wszystko jest w porządku. Ale jeśli robimy to, żeby hejtować się nawzajem pod wiadomościami o polskiej polityce, może czas się zastanowić.

**Jak najchętniej spędzasz wolny czas? Co sprawia Ci największą radość, najbardziej ładuje Twoje baterie? Może masz jakieś swoje ukochane, drobne rytuały?**

Mam kilka takich rzeczy. Jedną z nich jest czytanie gazety przy kawie, moja ukochana rozrywka. Wychodzę z domu i wiem, że na pewno pójdę na kawę i że na pewno przeczytam gazetę, ale nie wiem gdzie. Warto sobie w ogóle przypomnieć, jak cudowna jest lektura gazety. Na stronie jest dziesięć informacji zamiast pięciuset, i są tylko one. Musisz się zastanowić: „hmm, czy zgadzam się z tym, co myśli autor tego artykułu, czy nie? Czy to mnie interesuje, czy nie?". Bardzo lubię reportaże, zastanawiam się, czy faktycznie są prawdziwe, co o nich sądzę. Wspaniałe jest to, że liczba stron jest skończona, i ten problem, że przeglądasz dalej i nie możesz się oderwać, automatycznie odpada.

Uwielbiam też spacerować. Nie wiem, ile osób tak ma, ale ja zawsze, gdy spaceruję, prowadzę wewnętrzne monologi. Zapomniana sztuka spaceru polega na tym, by wyjść samemu, pomyśleć nad własnymi sprawami, albo nawet coś sobie w głowie poopowiadać, albo z kimś, żeby spokojnie porozmawiać. Naszym największym problemem jest to, że zawsze mamy pięć miejsc, w których powinniśmy być. Na spacerze jesteśmy tylko tu, gdzie jesteśmy. Najlepiej, jeśli przy okazji padnie nam telefon.

Gdy przebywamy w obcym miejscu, rozglądamy się wokół, wchodzimy do kościołów, oglądamy nawet zwykłe osiedla, jeśli ktoś nam powie, że warto, a we własnym mieście mamy skłonność do ignorowania swojego otoczenia. Proponuję wszystkim, żeby spróbowali poruszać się po własnym mieście tak, jakby go nie znali. Często poruszamy się po utartych ścieżkach z ulicy A na ulicę B. Tymczasem kiedy zboczymy ze stałej trasy, często odkrywamy miejsca, w których nigdy nie byliśmy. Warszawa jest pod tym względem niesamowita. Wysiadasz dwa przystanki dalej niż zwykle i nagle jesteś w zupełnie innym mieście.

Ale nie zawsze da się wyjść z domu ani nie zawsze mam na to ochotę. Dlatego kolejną rzeczą, którą uwielbiam, jest kolorowanie. Łączy przyjemność bycia samemu ze sobą i robienia czegoś własnymi rękami. Zanim odkryłam kolorowanki, robiłam kolaże. Kupowałam mnóstwo magazynów dla kobiet, wycinałam z nich fragmenty i wyklejałam z nich ładne rzeczy na kartce. W ogóle odnajduję przyjemność w drobnych manualnych czynnościach, chociażby malowaniu paznokci. Wydaje mi się, że w świecie, w którym większość rzeczy odbywa się wirtualnie, robienie czegoś własnymi rękami jest bardzo przyjemne.

**Wspomniałaś o tym, że często czujemy, że powinniśmy być w pięciu miejscach naraz. Mam wrażenie, że to problem nie tylko w tym fizycznym wymiarze. Rzadko kiedy robiąc coś, jesteśmy w pełni obecni i skupieni na tej czynności. Ja ostatnio ćwiczę tę umiejętność z całych sił i za czas treningu obrałam sobie zmywanie naczyń.**

Mnie zdarza się cieszyć na moment mycia naczyń, ponieważ mogę sobie wtedy pomyśleć. Mam naturalną skłonność do narracji, snucia opowieści, więc myję i snuję. Nasz czas jest zbyt cenny, by poświęcać go na myślenie wyłącznie o zmywaniu.

Myślę, że uważność najlepiej zarezerwować na momenty, kiedy przydarza nam się coś nowego. Bo co wtedy robimy? Wyciągamy telefon i nagle każde doświadczenie zamienia się w doświadczenie najlepszego ujęcia. Kroczek w lewo, kroczek w prawo... To, czy uda nam się ustawić w taki sposób, żeby zdjęcie dobrze wyszło, staje się ważniejsze od samego zdarzenia. W pewnym momencie zdałam sobie sprawę, że kiedy gdzieś jestem, nie obchodzi mnie samo miejsce, lecz to, jakie zdjęcia z niego przywiozę. Więc przestałam robić zdjęcia w takich sytuacjach!

Dla mnie najważniejsze są fotografie zarejestrowane moimi oczami – to, co zobaczę i zapamiętam. Nieważne, że nie będę mogła się nimi podzielić z całym światem, nie będę ich miała na papierze, zostaną tylko w mojej głowie. To właśnie jest istotne, żeby w chwilach, kiedy naprawdę się coś dzieje, nie dać się rozproszyć poczuciu, że musimy tę chwilę udokumentować, pokazać innym, opisać.

Nie chodzi więc o to, by w każdym momencie swojego życia być uważnym, bo naprawdę, im mniej się uważa w trakcie składania prania, tym lepiej dla nas. Uważność jest warta docenienia, kiedy naprawdę coś się dzieje. Warto o nią dbać, ale wtedy, kiedy jest potrzebna – myślę, że nikt nie chciałby uważnie sprzątać po psie. To jest dokładnie ten moment, w którym można pomyśleć o czymś innym.

**Kiedy odkryłaś, że interesuje cię popkultura?**

Moja historia odbiega od tych wszystkich opowieści o ludziach, którzy pokonywali przeciwności losu, by wreszcie odnaleźć swoją pasję. Zostałam wychowana w szacunku do kultury popularnej, w przekonaniu, że jest ważna. Moi rodzice lubili fantasy, oczywiste było dla mnie, że wszyscy oglądali *Gwiezdne wojny*. Dość wcześnie wiedziałam, że właśnie to mnie interesuje.

Mój tata prenumerował czasopismo „Film". Pamiętam, że była tam strona z premierami na dany miesiąc i że zapisywałam, co chcę zobaczyć. Co więcej, do dziś zdarza mi się coś obejrzeć i odkreślić to sobie w głowie z tej dawnej listy. Szybko się zorientowałam, że kiedy oglądam film, chcę wiedzieć więcej – kto w nim grał, dlaczego. Jeśli jakiś aktor mnie interesował, byłam w stanie o nim bardzo dużo przeczytać.

Kiedy miałam szesnaście lat, byłam niemal wzorową uczennicą. Zaczęłam jednak zwiewać z lekcji języka angielskiego. Było takie piękne rozdroże, prawie jak metafora – w lewo autobus skręcał na angielski, w prawo do kina. Najczęściej lądowałam w tym autobusie na prawo. Oczywiście, było przy tym mnóstwo kalkulacji, o ile wcześniej muszę wyjść z domu, żeby to się nie wydało. Kiedyś zostawiłam na wierzchu mój pamiętnik i mama do niego zajrzała. Zamiast na mnie nakrzyczeć, że uciekam z angielskiego do kina, uznała, że widocznie jest to dla mnie ważne. Zaczęła dawać mi więcej pieniędzy na bilety i częściej mnie tam zabierać. Do tej pory zresztą uważa, że to była najlepsza inwestycja w moją skromną osobę. Nie wiedziałam, że zajrzała do tego pamiętnika – powiedziała mi dopiero, gdy byłam dorosła.

Byłam więc ciągle wystawiona na popkulturę i nagle okazało się, że posiadam wiedzę, której inni nie mają. Człowiek, który sporo ogląda, zafascynowany kinem, dostrzega, że przekaz medialny jest bardzo uproszczony, dostosowany do odbiorców, którzy nie interesują się filmem. Siedem lat temu dzień po gali oscarowej otworzyłam rano gazetę i przeczytałam o dziwnym zachowaniu pewnego aktora. Wiedziałam doskonale, że wcale nie zachowywał się dziwnie, tylko naśladował zachowanie innego aktora z talent show. Napisałam wtedy pierwszy post na blogu.

Z drugiej strony, jeśli odnajdziesz swoją pasję, możesz też stanąć przed następującym problemem – do pewnego momentu po prostu coś lubisz, a potem nagle orientujesz się, że gdyby nie było tej rzeczy w twoim życiu, to nie wiadomo, co dalej. Tak było u mnie z kinem. Lubiłam film, ale w pewnym momencie zdałam sobie sprawę, że to jest mój sposób wyrażania swojej wrażliwości, a w tym, jak ktoś snuje swoją wizualną opowieść, kryje się mój sposób postrzegania świata. Wydaje mi się, że miałam wyjątkowe szczęście, bo mogło mi się przydarzyć mnóstwo rzeczy, które przeszkodziłyby mi w realizowaniu tej pasji.

Natomiast trudno jest się przyznać przed samym sobą, że to jest właśnie „to", zwłaszcza jeśli nie chodzi o rzeczy ważne i wzniosłe... Jeśli twoją pasją jest pisanie o tym, że ktoś nakręcił film, wymaga to przełamania pewnej bariery. Pewnie tak jak u większości blogerów: któregoś dnia musisz się przed sobą przyznać, że skoro biegniesz do domu napisać wpis, to nie jest jakiś tam nieważny element codzienności, tylko twój sposób na wyrażenie siebie. No i przed rodziną, taki *coming out* – mamo, tato, jestem blogerem!

Z jednej strony fajnie jest mieć pasję i fajnie jest nią żyć, ale z drugiej – bardzo ważne jest, by nie postawić wszystkiego na jedną kartę. Bo jeśli włożysz całą swoją energię w jedną rzecz, wszystko może się z łatwością posypać. Dobrze mieć *back-up plan*. Trochę jakbyśmy wszyscy byli zawodowymi sportowcami. Oni zawsze mają jakiś plan B, gdyby ten główny jednak nie wypalił.

**No właśnie! A często stawia się sportowców za wzór stuprocentowego oddania się jednej idei, zupełnie nie zwracając uwagi na to, o czym mówisz, lub na fakt, że kluczowe znaczenie ma dla nich odpoczynek.**

Niezależnie od tego, czy to jest pasja, praca czy rodzina, wszystko w życiu trzeba jakoś równoważyć. To straszna męka, bo wszyscy mamy tendencję do spalania się w jednej dziedzinie. Zakładamy bloga i nie mamy ochoty zajmować się niczym innym, rodzi nam się dziecko i okazuje się, że świat nigdy nie widział piękniejszego. Mam zresztą świetny przykład: aktorka Jada Pinkett Smith, żona Willa Smitha, w jednym z programów została zapytana przez swoją córkę, co dla niej oznacza bycie matką i żoną. Jada odpowiedziała, że kiedyś się spalała w tym całkowicie, a potem zdała sobie sprawę, że aby w pełni zadbać o rodzinę, musi przede wszystkim zadbać o siebie. *(Mój przypis: wpiszcie w Google: „Jada Pinkett Smith on being a mom" i zobaczcie to koniecznie na własne oczy. Naprawdę warto!)* Łatwo zatracić się tak, że swoje potrzeby stawiamy na ostatnim miejscu.

Moim problemem jest też to, że chciałabym, żeby mnie wszyscy lubili. Przychodzi jednak taka chwila, kiedy trzeba zrozumieć, że to niemożliwe, i nie obrażać się o to, nie podchodzić na zasadzie: „nie przyjmuj żadnej krytyki, bo to sygnał, że inni ci zazdroszczą". Bardzo często dostrzegam w tych krytycznych opiniach ziarno prawdy. Panuje przekonanie, że jeśli ktoś o czymś pisze w internecie, musi być ekspertem. Ja natomiast, chociaż mam dużą wiedzę o kulturze popularnej i jestem w stanie napisać dobre omówienie filmu, wiem, że są filmoznawcy, ludzie, którzy się tym zajmują, wiedzą więcej, ale... to nie jest moja rola. Jestem popularyzatorem, pokazuję laikom, jak to wygląda, żeby mieli ogólną wiedzę. To jest bardzo ważne, żeby znać swoją rolę. Często błędnie zakładamy, że wszyscy ludzie, którzy tworzą coś w internecie, mają ten sam cel, a to nieprawda! Są ludzie, którzy przekonują do swojego zdania, są tacy, którzy popularyzują.

Ostatnio pisałam książkę i martwiłam się, że to nie będzie najlepsza powieść na świecie. Ale potem zadałam sobie pytanie: „Kasia, ale czy ty chcesz, żeby to była najlepsza powieść na świecie?". Nie! Chcę, żeby to była powieść, którą ktoś może przeczytać w tramwaju. Okej, piszemy dalej. I to jest właśnie ten moment, ważny w przypadku pracy, pasji czy zarabiania, kiedy musimy zadać sobie pytanie, kim jestem i jaki jest mój cel, co chcę osiągnąć. Jaki jest maksymalny punkt wymagań – mój względem mnie, a nie innych.

**A co poradziłabyś komuś, kto chciałby mieć swoje hobby, jakąś szczególnie umiłowaną dyscyplinę, ale nie bardzo wie, co by to miało być?**

Przede wszystkim, mam wrażenie, że większość z nas ma jakąś rzecz, którą lubi bardziej niż inne. Problem w tym, że żyjemy w dość paranoicznych czasach, ponieważ wmówiono nam, że powinniśmy albo coś robić idealnie albo w ogóle. A najlepiej, gdy mamy na to jeszcze papierek, koniecznie na piątkę z plusem. Na przykład, jeśli chcesz być modelarzem, musisz się zapisać do klubu modelarskiego i dostać zaświadczenie. To jest zabójca każdej pasji.

Zdarza się, że wkręcanie śrubki okazuje się sprawiać nam wielką przyjemność, ale nie przyjdzie nam do głowy, że gdybyśmy mieli do dyspozycji jakiś warsztat, to z wielką chęcią wkręcalibyśmy i wykręcali te śrubki. Zanim zaczniemy się zastanawiać, czy naszą pasją nie jest nurkowanie na rafie koralowej albo garncarstwo, sprawdźmy, co nam sprawia przyjemność na co dzień.

U mnie to na przykład małe prace plastyczne, o których już wspominałam. Ale mój brat zarysowywał wszystkie zeszyty! Po pewnym czasie kupiliśmy mu farby, a później sztalugę. Nie będzie malarzem, ale to moim zdaniem rzecz, o której zapominamy – nie musimy pasji zamieniać w zawód, to nie musi się mieścić w naszym cv. Mogłabym przyjąć, że skoro nie piszę perfekcyjnie, to powinnam siedzieć schowana pod kocem i pisać mój mały, skryty pamiętniczek. Ale piszę, chociaż moje zdania czasem mają początek, ale nie mają końca, bo gdzieś po drodze zaginęła mi myśl. Albo że przecinki nie będą u mnie występować.

Żeby znaleźć przyjemność i pasję, nie trzeba szukać daleko od siebie, tylko zastanowić się, co takiego w życiu robiliśmy, co sprawiało, że jesteśmy szczęśliwi, co było nadspodziewanie miłe.

Na przykład wiosenne porządki – bardzo dużo osób spełnia się w sprzątaniu. Mam koleżankę, która uwielbia sprzątać, można ją wynająć do sprzątania szafy i jest przeszczęśliwa. Są ludzie, którzy lubią robić listy, na przykład mój ojciec to uwielbia, cały internet przepisuje w formie listy. Nie wiem dlaczego, ale to jest jego pasja, hobby.

Hobby to nie jest dziesięć najmodniejszych w danym sezonie czynności, które pozwolą ci się pochwalić na imprezie. Przeciwnie, polega na tym, że robisz coś, co sprawia ci przyjemność, pozwala ci się spełnić. Rubryka „hobby" w CV to najgorsza rzecz, która nas spotkała: nagle się okazało, że wszyscy musimy mieć hobby. I to jeszcze wybierane z listy! Patrzysz na ten zestaw hobby, nic tam nie wygląda jak hobby, no to wpisujesz garncarstwo, bo w końcu ulepiłeś jakiś garnek w drugiej klasie podstawówki. I fotografię, bo wszyscy mamy aparaty w telefonach. Kiedy potem ktoś pyta o nasze hobby, nie mówimy: „Wiesz co, w ciągu dnia nie mogę się doczekać, aż rozwieszę pranie", bo przecież hobby to musi być coś rozwijającego.

Należy spojrzeć na swoje życie i zadać sobie pytanie, co mi sprawia przyjemność, czy jestem w stanie zwiększyć częstotliwość tej czynności. Oczywiście, jeśli ktoś najbardziej lubi okradać staruszki w ciemnych zaułkach, to może lepiej nie. Jeśli z jakiegoś powodu nie możesz znaleźć tej pasji, to może dlatego, że tego nie kontynuowałaś – może ktoś ci powiedział, że to głupie, nie można się było tym pochwalić na imprezie albo wpisać do CV. Nie ma głupich pasji. Przecież nikt nie przychodzi do kolekcjonerów i nie mówi: „proszę wyjąć te figurki z opakowań i oddać przedszkolakom".

**Opowiedz o akcji wymiany prezentów świątecznych między czytelnikami Twojego bloga. Co Cię do niej skłoniło, jakie uczucia i wrażenia Ci po niej towarzyszą?**

Mam grupę koleżanek, oczywiście z internetu, z którymi trzymamy sztamę, i pomyślałam, że moglibyśmy zrobić akcję Secret Santa. Wpadłam na ten pomysł, wychodząc od koleżanki, ale kiedy dochodziłam do domu, pojawiła się idea, że moglibyśmy ją zrobić dla wszystkich. I tu powinna mi się zapalić w głowie jakaś czerwona lampka, ale nie, nie zapaliła się.

Doszłam do wniosku, że nie chcę nadzorować wymiany kupionych prezentów, bo to się wiąże z mnóstwem zakupów. Chciałam, żeby prezenty były wykonane ręcznie. Po pierwsze dlatego, że nie jest to związane z komercją i nikogo nie wyklucza. Po drugie, sądzę, że w naszych czasach bardzo potrzebujemy momentów, kiedy usiądziemy i zrobimy coś własnoręcznie. Nie uważam, że powinniśmy wszyscy mieszkać w chatkach pod lasem i uprawiać warzyw, ale coś w tym jest, że jeśli robisz jakąś rzecz samemu, wkładasz w to serce.

Dlaczego obstaję przy prezentach wykonanych własnoręcznie? Bardzo dużo osób pisało: „nie dam rady, to będzie brzydkie, ja nic nie umiem". To mnie ogromnie zmartwiło. Jesteśmy wystawiani non stop na perfekcjonizm, wszystko musi być idealne. A przecież kiedy otrzymujemy prezent, który ktoś sam wykonał, czujemy, że zrobił to z myślą o nas. I naprawdę, taki tort w kształcie głowy Batmana, nawet jeśli ta głowa nie przypomina głowy Batmana, którą widzieliśmy na Instagramie, cieszy, bo jest dla nas, ktoś się postarał. Ludzie mówią, że nie są w stanie nic zrobić, a potem przynoszą fantastyczne rzeczy, i to jest jeden z tych mechanizmów, który mnie ciągle napędza.

Chciałam też złowić ducha świąt, który nam trochę umyka, zepchnięty na bok sprzątaniem, myciem okien, gotowaniem, pieczeniem, użeraniem się z rodziną. Brakuje refleksji: „bądźmy dla siebie dobrzy, dajmy sobie coś", i to nie na zasadzie „muszę przebić prezent wujka Józka z zeszłego roku" albo „kupię rodzinie czterdzieści prezentów, żeby zobaczyli, że mam wyższą pensję", tylko dajmy coś osobie, której nie znamy, dla czystej przyjemności dawania prezentu. To się zawsze sprawdza – ten, kto daje prezent, bawi się lepiej niż obdarowany.

Powiedziałam swoim czytelnikom: słuchajcie, wierzę w was. Kiedy coś robisz, to musisz po pierwsze wierzyć, że się uda. Zgłosiła się ogromna liczba osób, całą rodziną odczytywaliśmy nazwiska, koordynowaliśmy, czy odbiorca jest połączony z nadawcą, a nadawca z odbiorcą, myląc się przy tym pewnie z pięć razy. Rozumiem, że wiele osób pomyśli: „dobrze, ale jak to zrobić, jak to ogarnąć?". Często najpierw myślimy o tym, dlaczego coś miałoby nam nie wyjść. Zawsze odpowiadam ukochanym cytatem z *Zakochanego Szekspira*: „Będzie dobrze! Jakim cudem? Nie wiem, to tajemnica".

Historie powstawania prezentów są prześmieszne! W tym roku wylosowałam chłopaka, który jest fanem X-Mena, więc kupiłam świnkę skarbonkę i pomalowałam we wzór X-Mena. Trzeba było dużo wyobraźni, żeby zgadnąć, ale się ucieszył. Nie stałam się przez to lepszym rysownikiem, ale było fajnie. Ludzie potrzebują przyzwolenia na brak perfekcji, ale potrzebują też zabawy. Musimy się bawić, bo inaczej nas zeżre nastawienie na cel, praca, ciągła poza.

Oczywiście, co roku się stresuję, że nikt nie przyjdzie. Siedzę sama i mam wrażenie, że skonam ze strachu. Ale ludzie przychodzą. Myślę, że udało mi się – i to jest po części cel mojego bloga – stworzyć taką przestrzeń, w której bycie „nieogarem" jest fajne, a brak perfekcji jest okej. Z nikogo się nie będziemy śmiali, nikt się nie będzie nabijać, nie będzie fajniejszych dzieciaków, nie będzie grupy, która jest lepsza. Chociaż różnica wieku sięga ponad dwudziestu lat, wszyscy dobrze się bawią. Łączy ich to, że im się chciało. Bo jeśli każdemu chciało się zrobić prezent komuś, kogo nie zna osobiście, to znaczy, że mają ze sobą wiele wspólnego.

**No właśnie, jak inicjować spotkania towarzyskie? Jak pozbyć się obawy, że nikt nie pojawi się na naszej imprezie?**

To jest niesamowite, bo jeśli zapytasz kogoś, czy chce pójść z tobą do kina, to większość powie „tak" albo po prostu „nie mam czasu". Żyjemy w czasach lęku społecznego, prowadzimy ze sobą dialogi w głowie i zawsze przypisujemy innym najgorsze cechy. A paradoksalnie większość osób na pytanie „czy chcesz iść na koncert?" odpowie „chętnie" albo „nie mam czasu", albo „sprawdzę w kalendarzu". Strach, że ktoś pomyśli, że jesteśmy nolife'ami, jest dosyć śmieszny, bo ludzie, którzy nas znają, na pewno tak nie pomyślą, no a reszta... – najwyżej pomyśli. To dość naturalna selekcja.

Bardzo pomaga stosunkowo małe wyczulenie na to, co ludzie pomyślą. Nie chodzi o to, żeby się tego pozbyć całkowicie, bo to niemożliwe, ale żeby za każdym razem, kiedy podejmujemy decyzję, zastanowić się, czy nie podjęliśmy jej przypadkiem dlatego, że ta dziewczyna po drugiej stronie sklepu spojrzy na mnie krzywo, kiedy kupię tę czapkę.

Przepisem na dobre życie jest zadawanie sobie pytania, co nas motywuje. Nawet jeśli odpowiedź się nam nie spodoba (bo robimy coś z lenistwa albo ze strachu), to i tak jest lepsza niż udawanie przed sobą, że nie wiemy, dlaczego coś robimy.

**A gdzie poznać fajnych ludzi?**

Po pierwsze, należy pozwolić sobie na bycie sobą pod każdym względem. Ja na przykład dzielę się dość często anegdotami ze swojego życia na Facebooku i można z nich wywnioskować, że to cud, że przeżyłam – mój poziom nieogarnięcia jest dosyć duży. I ludzie bardzo lubią takich ludzi, którzy się siebie samych nie boją.

Po drugie, trzeba rzeczywiście szukać miejsc, w których bywają ludzie o podobnych zainteresowaniach. Przez całe życie jesteśmy skazywani na pewne towarzystwo, ludzi z tej samej klasy, z tej samej grupy na studiach. Dlaczego urodzenie się w tym samym roczniku ma nas automatycznie łączyć? Wśród moich znajomych jest rozrzut od osób, o których myślę „co za dziecko", do „chcę być jak ona, kiedy dorosnę". Jeśli dla mnie premiera jakiegoś filmu jest ważna, to chcę spędzać czas z ludźmi, dla których też jest ważna, albo z ludźmi, którzy potrafią zrozumieć to uczucie. Bo nie ma sensu tłumaczenie się całe życie z tego, kim jesteś.

Znalezienie ludzi podobnych do siebie jest teraz łatwiejsze dzięki internetowi. To nawet nie muszą być ludzie podobni do nas, ale tacy, którzy mają mniej więcej te same wartości. I, przede wszystkim, nie bójmy się znajomości przez internet. One wcale nie są gorsze, wyimaginowane ani dla ludzi, którzy nie mają życia. Bo jeśli poznajesz kogoś przez internet i z nim często rozmawiasz, to dlaczego miałby być gorszym przyjacielem od kogoś poznanego na imprezie u dalszych znajomych? Panuje przekonanie, że jeśli spotkasz kogoś na imprezie i przegadacie w pijanym widzie cały wieczór, to jest w porządku, ale jeśli spotkasz kogoś w internecie i piszecie przez dwa tygodnie na Facebooku na temat twoich ukochanych dzieł sztuki, to nie jest twój znajomy.

Jakieś dziewięćdziesiąt procent moich znajomych poznałam przez internet i moje życie byłoby bez nich dużo gorsze, bo zostali dobrani według klucza – mają może różną wrażliwość od mojej, ale ostatecznie wiem, że są porządnymi ludźmi. Nie łączy mnie z nimi ani wiek, ani wykształcenie, ani miejsce zamieszkania – i tak byśmy się mijali całe życie. Nie mam wyłącznie znajomych, którzy interesują się kinem, bo to by było koszmarnie nudne. Trzeba się zastanowić, czego szukamy w ludziach na takim głębszym poziomie. Ja na przykład nie przepadam za ludźmi, którzy nie są uczciwi, lojalni, empatyczni.

**No dobra, Kasiu, ale żeby pogodzić to wszystko, czym się zajmujesz, musisz chyba z czegoś zrezygnować. Opowiedz mi o rzeczach, których dla odmiany nie robisz. Wiem już, że nie sprzątasz, nie stawiasz przecinków i chyba nie śpisz?**

Śpię, ale nieregularnie – w niektóre dni chodzę później do pracy i wtedy się wysypiam. Przede wszystkim nie przejmuję się tym, co myślą inni ludzie. Kiedy wrzucam codziennie post na bloga, myślę „jest, jaki jest, lepiej nie będzie". Średnio raz na dwa miesiące trafia się coś naprawdę dobrego, ale jestem z tym pogodzona.

Mam również wrażenie, że ludzie wykonują dużo bardzo drobnych czynności, które ich odciągają od radości życia, na przykład prasowanie bielizny. Wymyślają mnóstwo małych wymówek, żeby nie robić tego, co powinni, i z tym warto walczyć.

Oczywiście jest to sprawa indywidualna, ale ludzie często zamiast coś robić, planują, co będą robić, i w ten sposób tracą czas. Gdy jestem śpiąca i zmęczona, nie piszę, bo nie ma sensu robić czegoś tylko dlatego, że to zaplanowałam, a wiem, że nic dobrego z tego nie wyniknie.

Nie chodzi o to, żeby zupełnie odpuścić, ale żeby wiedzieć, w którym momencie dnia jest się bardziej lub mniej produktywnym. Nauczyć się siebie, a nie jednego schematu, w który będziemy się wtłaczać na siłę. Wstaję rano, myślę, że trzeba napisać post, ale wiem, że nie ma szans, żebym to zrobiła przed trzynastą, bo tak funkcjonuję, więc rano idę do biblioteki i czytam.

Za bardzo się nastawiamy na to, że coś musi być zaplanowane, wykonane, nagrodzone. Im mniej wielkich granic do przekroczenia planujemy, tym lepiej dla nas.

# Zakończenie

Zakończenie to część książki, w której autor krótko podsumowuje to, co napisał, i życzy czytelnikowi powodzenia. I ja to na pewno zrobię. Ale jest to również fragment, który wyjątkowo dobrze zapamiętujemy, podobnie jak początek. Dlatego postanowiłam wykorzystać zakończenie na nadanie komunikatu, który być może nie wybrzmiał wystarczająco głośno w mojej książce, a nawet jeśli tak się stało, to warto go nieustannie powtarzać.

Wszystko jest z tobą w najlepszym porządku i niczego ci nie brakuje. Twoje niedoskonałości czynią cię wyjątkową. Chcesz nad czymś popracować? Świetnie, ale to tylko dodatek do już wartościowej całości.

Nie potrzebujesz do szczęścia ani idealnie prostych nóg, ani zawsze wspaniałego humoru, ani spektakularnej kariery, ani najmodniejszego hobby. Przyda ci się za to życzliwa znajomość siebie i swoich potrzeb oraz umiejętność docenienia tego, co masz.

Nie istnieje magiczny guzik z napisem „slow life", który możesz wcisnąć, by wszystko w twoim życiu automatycznie wskoczyło na swoje miejsce, a zmiany dokonywały się bez wysiłku. Ale jeśli zadasz sobie parę trafnych pytań i zaczniesz postępować w zgodzie ze sobą i swoim rytmem, to może się okazać, że zupełnie niezauważenie będzie ci się żyło po prostu radośniej.

Jestem pewna, że wiele z rzeczy, które przeczytałaś, podpowiadała ci wcześniej intuicja. Może nawet wydały ci się zwyczajne. Teraz pora na równie zwyczajne działanie. Krok po kroku, dzień po dniu.

Żyjemy, jakbyśmy ciągle na coś czekali. A przecież to nie próba, nie przygotowania. To noc premiery! Obawiam się nawet, że więcej przedstawień nie będzie. Przestań więc odkładać spełnione życie na nigdy nienadchodzące „później", tylko działaj. Tak, jak lubisz najbardziej.

Trzymam kciuki!

PS: Jeśli masz ochotę przeczytać więcej i poznać mnie lepiej, wiesz, gdzie mnie znaleźć:

- Mój blog, na którym piszę o ważnych dla mnie sprawach: styledigger.com
- Instagram, gdzie dokumentuję małe codzienne przyjemności: www.instagram.com/joannaglogaza.

# MANIFEST *SLOW LIFE*

## POMYŚL, CO JEST DLA CIEBIE WAŻNE

ANIM COŚ ZROBISZ, ZASTANÓW SIĘ, PO CO TO ROBISZ. PLANUJ I REALIZUJ, ALE NIE STARAJ SIĘ ONTROLOWAĆ WSZYSTKIEGO ZA WSZELKĄ CENĘ. ZOSTAW MIEJSCE NA ODDECH I SPONTANICZNOŚĆ.

## RAKTUJ SIĘ Z MIŁOŚCIĄ, ALE BĄDŹ STANOWCZA

ŚLI PRACUJESZ, PRACUJ UCZCIWIE. ODUCZ SIĘ ODWLE-ANIA NA WIECZNE „JUTRO". CZASEM ZRÓB SOBIE NIE-PODZIEWANE WAKACJE. DAWAJ Z SIEBIE WSZYSTKO, ALE AKCEPTUJ, ŻE NIE ZAWSZE BĘDZIE TO BARDZO DUŻO. NIE MNIEJSZAJ SWOICH SUKCESÓW I ZAWSZE JE ŚWIĘTUJ.

## CELEBRUJ CODZIENNOŚĆ

E ŻYJESZ W OKRESIE PRÓBNYM ANI W POCZEKALNI. JEŚLI OD-OCZYWASZ, NIE ZADRĘCZAJ SIĘ MYŚLENIEM O TYM, CO JESZCZE OGŁABYŚ ZROBIĆ. ZAMIAST ZAMARTWIAĆ SIĘ O PRZYSZŁOŚĆ, KUP SIĘ NA TYM, BY PRZEŻYĆ OBECNĄ CHWILĘ JAK NAJLEPIEJ. ĄDŹ DOBRA DLA SIEBIE, BY MÓC BYĆ DOBRA DLA INNYCH. UCZYŃ RIORYTET ZE SNU, DOBREGO JEDZENIA I AKTYWNOŚCI FIZYCZNEJ.

## DOCEŃ SWOICH BLISKICH

ĄDŹ ICH NAJWIĘKSZĄ FANKĄ, SIEDŹ W PIERWSZYM ZĘDZIE NA KONCERTACH, MACHAJ JAK SZALONA A MECIE MARATONU. RAZ W MIESIĄCU ZRÓB COŚ OWEGO ALBO WYJDŹ Z JAKĄŚ ŚMIAŁĄ INICJATYWĄ.

## WYZNACZ GRANICE

INACZEJ KTOŚ ZROBI TO ZA CIEBIE I Z PEW-NOŚCIĄ NIE NARYSUJE ICH TAM, GDZIE BYŚ CHCIAŁA. NIE TRAĆ CZASU NA SPEŁNIANIE OCZEKIWAŃ INNYCH. PRÓBUJ NOWYCH RZE-CZY – CZĘSTO. KWESTIONUJ TO, CO WYDAJE SIĘ OCZYWISTE. KIERUJ SIĘ CIEKAWOŚCIĄ. DOWIEDZ SIĘ, CO SPRAWIA CI NAJWIĘKSZĄ PRZYJEMNOŚĆ, I RÓB TO JAK NAJCZĘŚCIEJ.

## TO, KIM JESTEŚ, MA ZNACZENIE

PERFEKCJA JEST NUDNA, NIEDOSKO-NAŁOŚĆ JEST SEXY. DARUJ SOBIE KON-WENANSE, SZUKAJ PRAWDZIWEJ WIĘZI Z DRUGIM CZŁOWIEKIEM. OTWÓRZ SIĘ I PATRZ, JAK TWOJA RELACJA WZBIJA SIĘ NA WYŻSZE POZIOMY BLISKOŚCI.

## O NAPRAWDĘ JEST TAKIE PROSTE

# Biblioteczka

## Blogi

**Alexandra Franzen** (www.alexandrafranzen.com/new) – o korzystaniu z życia, tworzeniu i miłości.

**Jak Oszczędzać Pieniądze** (jakoszczedzacpieniadze.pl) – o tym, jak zapanować nad własnymi finansami, nauczyć się oszczędzać i zaplanować budżet osobisty.

**Mark Manson** (markmanson.net/archive) – o relacjach, dyscyplinie i pracy nad sobą.

**Olivier Emberton** (oliveremberton.com) – o poszukiwaniu swojej pasji i nieoczywistych wyborach życiowych.

**Pani Swojego Czasu** (www.paniswojegoczasu.pl) – o tym, jak się zorganizować, z kobiecej perspektywy.

## Książki

**Brené Brown**, *Z wielką odwagą* – o sile otwartości i wrażliwości.

**Ori Brafman, Rom Brafman**, *Click* – o tym, jak nawiązujemy nić porozumienia.

**Richard P. Feynman**, *Pan raczy żartować, panie Feynman!* – autobiografia fizyka noblisty, który żył pełnią życia.

**Viktor E. Frankl**, *Człowiek w poszukiwaniu sensu* – poruszające obozowe doświadczenia stały się dla autora punktem wyjścia do badań nad poczuciem sensu.

**Francine Jay**, *The Joy of Less: A Minimalist Living Guide. How to Declutter, Organize and Simplify Your Life* – rzetelny i rozsądny przewodnik po idei minimalizmu.

**Ronda Rousey**, *My Fight/Your Fight* – autobiografia mistrzyni sztuk walki, bardzo zgrabnie napisana opowieść o wytrwałości i poświęceniu.

**Sonja Lyubomirsky**, *Wybierz szczęście* – o tym, co sprawia, że czujemy się szczęśliwi.

**Greg McKeown**, *Esencjalista* – o tym, jak pozbyć się nadmiaru obowiązków i skupić na tym, co dla nas najważniejsze.

**Anna Mularczyk-Meyer**, *Minimalizm po polsku* – wstęp do minimalizmu osadzony w polskich warunkach.

**Ulrich Schnabel**, *Sztuka leniuchowania* – o tym, jak odpoczywać bez wyrzutów sumienia.

## Aplikacje

**Calm, Headspace** – pozwalają się wyciszyć.

**Evernote** – pozwala prowadzić i porządkować zapiski na każdym urządzeniu.

**Google Keep** – przechowuje notatki i sprawia, że zawsze są pod ręką.

**Spotify** – playlisty na każdą okazję, nieoceniona pomoc przy pracy lub relaksie, moje odkrycie roku.

**Librivox** – kopalnia darmowych audiobooków, znajdziemy tam zwłaszcza klasykę literatury.

**News Feed Eradicator** – pozbawia nas facebookowej ściany, przywraca mnóstwo wolnego czasu.

**Stay Focusd** – pilnuje, żebyśmy spędzali czas na tych stronach, na których powinniśmy.

**Strict Workflow** – jak wyżej, dodatkowo umożliwia pracę w interwałach.

**Pocket** – pozwala zapisać interesujący nas artykuł czy filmik na później i skupić się na pracy.

**Unroll.Me** – pozwala wypisać się z niechcianych newsletterów za jednym zamachem.

# Spis treści

*E-book dostępny na*

**woblink.com**